心理学における
量的研究
の論文作法

APAスタイルの基準を満たすには

ハリス・クーパー［著］

井関龍太・望月正哉・山根嵩史［訳］

Reporting Quantitative Research in Psychology
How to Meet APA Style Journal Article Reporting Standards,
Second Edition, Revised

Harris Cooper

keiso shobo

Reporting Quantitative Research in Psychology:
How to Meet APA Style Journal Article Reporting Standards,
Second Edition, Revised
by Harris Cooper

Copyright © 2020 by the American Psychological Association

This Work was originally published in English under the title of:
Reporting Quantitative Research in Psychology: *How to Meet APA Style
Journal Article Reporting Standards, Second Edition, Revised, 2020
Copyright* as publication of the American Psychological Association in the
United States of America. Copyright © 2020 by the American
Psychological Association (APA). The Work has been translated and
republished in the **Japanese** language by permission of the APA. This
translation cannot be republished or reproduced by any third party in any
form without express written permission of the APA. No part of this
publication may be reproduced or distributed in any form or by any
means or stored in any database or retrieval system without prior
permission of the APA.

Japanese translation published by arrangement with American
Psychological Association c/o RightsZone Ltd. through The English
Agency (Japan) Ltd.

謝　辞

　アメリカ心理学会学術論文報告基準（JARS）作業部会のメンバーの方々には，第1章の報告材料の手直しを承諾していただき感謝を申し上げます。また，JARS改訂委員会のメンバーにも感謝いたします。最後に，本書の初版にコメントを寄せてくださったサイイン・スティーンバーガン＝フー（Saiying Steenbergen-Hu）氏，第2章にコメントを寄せてくださったメアリー・リン・スカトリー（Mary Lynn Skutley）氏とリンダ・マルナシ・マッカーター（Linda Malnasi McCarter）氏，JARS勧告の新たな改訂についてフィードバックをくださったアート・ネヅ（Art Nezu）氏（臨床試験について），エヴァン・メヨ＝ウィルソン（Evan Mayo-Wilson）氏（非実験デザインについて），レックス・クライン（Rex Kline）氏（構造方程式モデリングとベイズ統計について）にも感謝を申し上げます。

目 次

謝　辞　i

第1章　心理学研究のための報告基準：
なぜ必要なのか，どんなものか……………………………………1
1. なぜ研究論文における報告基準が必要なのか　2
2. JARS 改訂版で何が変わったのか　3
3. JARS の表をどのように用いればよいか　4
4. 完全な報告と紙面の制約の間の緊張関係　9
5. 本書はどのようにあなたの研究に役立つか　11

付録 1.1　量的研究論文における報告基準（JARS-Quant）　12

第2章　舞台を立ち上げる：
タイトルページ，アブストラクト，序論…………………17
1. タイトルページ　17
2. アブストラクト　26
3. 序　論　30

第3章　行ったことを詳細に：方法のセクション……………………35
1. 参加者の特徴およびサンプリング手続き　36
2. サンプルサイズ，検定力，検定精度　45
3. 測度，データ収集の方法，測定の質，測定の詳細　51

目 次

4. 実験条件と実験デザイン　57
5. データの診断　58

第4章　研究デザインを書く：
　　　　実験操作を伴う研究と伴わない研究……………………………………61
1. 実験操作または介入を伴う研究　61
2. 実験操作を伴わない研究　81
　付録4.1　基礎的な量的研究デザインのための追加の学術論文報告
　　　　　　基準　86

第5章　データと統計的分析をまとめる：結果のセクション………………91
1. 参加者のフロー　92
2. 統計量とデータ分析　98
3. 効果量推定値　105
4. 推定問題　109
5. 統計ソフトウェア　110
6. 他の分析と付随的分析　111
　付録5.1　構造方程式モデリングとベイズ流の技法を用いた研究のための
　　　　　　追加的な学術雑誌論文報告基準　128

第6章　その他のデザイン上の特徴を報告する：
　　　　縦断研究，追試研究，単一被験者による研究，臨床試験………135
1. 縦断研究　135
2. 追試研究　143
3. 1被験者または1単位による研究（*N*-of-1デザイン）　149
4. 臨床試験　157
5. 参加者の特徴とサンプリング手続き　158
　付録6.1　縦断研究，追試研究，単一被験者・単位による研究，臨床試験
　　　　　　のための追加の論文報告基準　169

目　次

第7章　結果の解釈：考察のセクション……………………………………………175
　1.　一次的仮説に関する記述　177
　2.　他の研究との比較　181
　3.　結果の解釈　183
　4.　研究の長所　184
　5.　研究の限界や弱点　185
　6.　一般化可能性　186
　7.　研究の意義　189
　8.　今後の研究　190
　9.　結　論　191
　10.　実験操作を伴う研究の考察　192
　11.　実験操作を伴わない研究の考察　197
　12.　構造方程式モデリングを実施した研究の考察　201
　13.　臨床試験の考察　202
　14.　考察の内容の順序　204

第8章　リサーチ・シンセシスとメタ分析の報告……………………………………205
　1.　序　論　205
　2.　方　法　208
　3.　要約統計量：効果量　212
　4.　結　果　217
　5.　考　察　221
　付録8.1　メタ分析報告基準（MARS）　225

第9章　学術論文報告基準とメタ分析報告基準の成り立ちと
　　　　今後の活用………………………………………………………………………231
　1.　JARS 以前の状況　233
　2.　JARS の原案作成，審査，改良　237
　3.　MARS の開発　238

v

目　次

4. 改訂：量的研究のための JARS　238
5. 報告基準に関連するその他の問題　239
6. JARS の今後の活用　242

訳者解説　245
付　録　本書で例示された 16 の論文のアブストラクト　251
引用文献　269
索　引　277
著者・訳者紹介　281

1

心理学研究のための報告基準
なぜ必要なのか，どんなものか

三層のチョコレートケーキ

材料：

冷たいバターミルク　2分の1カップ

インスタントコーヒー　大さじ1

バニラエッセンス　小さじ2

薄力粉　1カップ

ココアパウダー（無糖）　小さじ6

塩　小さじ2分の1

ベーキングパウダー　小さじ4分の1

重曹　小さじ2分の1

卵（大きめ）　3個

無塩バター（室温にもどす）　2分の1カップ

作り方：

　オーブンを予熱する。直径8インチ，高さ1インチのケーキ型3つにバターを塗る。3つの型に底を敷く。バターミルク，インスタントコーヒー，バニラエッセンスを粉が溶けるまで混ぜる。薄力粉以降の5つの材料を大きなボウルにふるい入れる。卵とバターを加え，とろりとなめらかになるまで混ぜる。バターミルク液を加え，ふわふわになるまで混ぜる。生地を型に分ける。約20分焼く。

おいしそうでしょう？　問題は，材料リストから砂糖1と4分の1カップを省いたことです。もし砂糖を抜いたら，チョコレートケーキはどんな味になるでしょうか。また，オーブンを予熱するよう指示をしましたが，何度にするのか（350℉）を言い忘れています。オーブンを何度に設定すればいいのかが分からなければ，レシピ通りにケーキを作れる可能性はあるでしょうか（おっと，ケーキ型の高さは1インチではなく11インチでした。申し訳ない）。

1. なぜ研究論文における報告基準が必要なのか

　多くの場合，心理学の研究プロジェクトの報告にはレシピが含まれています。材料（操作と測度）と作り方（研究デザインと実施方法）を正確に記述しなければ，あなたが行ったことを他の人が再現することは不可能です。

　近年，社会科学や行動科学において，研究報告に記載されているレシピがしばしば役に立たないことがある，という認識が高まっています。これを受けて，2006年にアメリカ心理学会（American Psychological Association: APA）の出版・コミュニケーション委員会（P&C委員会）は，学術論文報告基準作業部会（Journal Article Reporting Standards: JARS ワーキンググループ）を設立し，この問題を検討しました。P&C委員会は，心理学の関連分野において開発されてきた報告基準について学び，『APA論文作成マニュアル』第6版（APA, 2010; 前田・江藤訳, 2023）において報告基準の問題をどのように扱うかを決定しようと考えたのです。

　P&C委員会はJARSワーキンググループに対して，既存の報告基準を検討し，それが望ましいものであれば，心理学者やその他の行動科学者が使用しやすい形にするよう要請しました。最初のJARSワーキンググループはAPAジャーナルの元編集者5名で構成されました[1]。それから7年後，P&C委員会は，JARSが研究者にどのように受け入れられてきたか，また，研究者のニーズをより満たすためにJARSをどのように改訂・拡大できるかを検討するために，7人のメンバーからなるワーキンググループを任命しました[2]。それと同

---

[1]　最初のJARSワーキンググループは，Mark Appelbaum, Harris Cooper（議長），Scott Maxwell, Arthur Stone, および Kenneth J. Sher の5名で構成されました。

時に，当初の JARS ワーキンググループは量的研究のみに焦点を絞っていたことを受け，P&C 委員会は質的研究の報告基準を作成するための別の委員会を任命しました[*3]。改訂された量的研究の JARS，および新たに作られた質的研究の JARS は，『APA 論文作成マニュアル』第 7 版（APA, 2020）に収録されています。あなたが今読んでいるこの本は，量的研究についての取り組みから生まれた報告基準の改訂版です。質的研究の報告基準については別の書籍が用意されています（Levitt, 2020; 能智・柴山・鈴木・保坂・大橋・抱井訳，2023）。便宜上，本書ではこれらの報告基準をいずれも元の名称である JARS と呼びます。ただし，質的研究のガイドライン（JARS-Qual; Levitt et al., 2018）と区別するために，JARS-Quant と呼ぶこともあります。JARS-Quant および JARS-Qual は APA スタイルの JARS とも呼ばれます。2 つの JARS はいずれも，より良いレシピを作成するためのわれわれのステップであると言えるかもしれません。なぜ報告基準が必要なのか，このトピックに関する文献からわれわれが何を見出したのか，JARS ワーキンググループがどのように報告基準を構築していったのかについて，より詳細な記述に興味のある方は，第 9 章を参照してください。

2. JARS 改訂版で何が変わったのか

JARS-Quant ワーキンググループは，改訂過程にしたがい当初の JARS ワーキンググループが確立したのと同じ手続きを用いました（第 9 章を参照）。JARS-Quant ワーキンググループの報告書は 2018 年に *American Psychologist* に掲載されました（Appelbaum et al., 2018）。

最も重要なことは，JARS-Quant が当初の基準には含まれていなかった種類の研究をカバーしていることです。その理由は，これらの研究では，実際に行

[*2] 量的研究の報告基準に関するワーキンググループのメンバーは Mark Appelbaum（議長），Harris Cooper, Rex B. Kline, Evan Mayo-Wilson, Arthur M. Nezu，および Stephen M. Rao でした。

[*3] 質的研究の報告基準に関するワーキンググループのメンバーは Heidi M. Levitt（議長），Michael Bamberg, John W. Creswell, David M. Frost, Ruthellen. Josselson，および Carola Suárez-Orozco でした。

われたユニークな特徴について、透明性を担保するために読者に知らせる必要があることが多いためです。かくして**臨床試験**（*clinical trials*）、すなわち健康に関連する治療介入の効果検証のための研究の報告基準がJARS-Quant ワーキンググループによって作成されました（第6章）。同様に、観察的、相関的、歴史的デザインを含む非実験的研究も、縦断的研究（第6章）や単一事例（*N*-of-1；第6章）を対象とした研究と同じように、それぞれの報告基準（第4章）を獲得しました。また、（研究デザインに関わらず）先行研究の追試である研究にも、それ特有の報告上の問題が生じます（第6章）。さらに、JARS-Quant 改訂版では、構造方程式モデリングとベイズ統計という2種類の統計解析の報告基準を定めています（第5章）。これらの分析では、一般的なJARSの表でカバーされている以上の手続きや統計的パラメータの設定が用いられます。最後に、当初のJARS表をより明確にし、過去10年間で一般的になったいくつかの新しい報告項目を追加するための改訂が行われました。

3. JARS の表をどのように用いればよいか

本書ではさまざまなJARSの表を、最初に取り上げた章の付録として示しています。これらの表はオンラインでも見ることができます（http://www.apastyle.org/jars/index.asp）。加えて、本文中で特定の材料について議論する際には、JARSの表の記載事項を言い換えた欄を設けています。JARSの推奨事項が別の表で繰り返されている場合もあります。これらについてその都度論じることはしませんが、それぞれの推奨事項が最初に出てきたときに取り上げ、次に出てきたときにはその議論を参照することにします。

本章の付録の表A1.1（p. 12）は、JARSが推奨する、今後のあらゆる量的データ収集を行う研究報告において含めるべき情報を示しています[*4]。しかし、これらの汎用的な推奨事項には、(a) 採用した研究デザインの種類、および(b) 基本的な統計分析に関する簡単な項目しか含まれていません。社会科学者や行動科学者は、これらの2つの方法論的側面に対して多くの異なるアプロ

[*4] もちろん、無生物であるJARSが実際に何かを「勧める」わけではありません。しかし、説明の簡略化のため、本文中ではJARSによる能動態で表記します。

3. JARS の表をどのように用いればよいか

ーチを用います。そのため，表 A1.1 とは別に，これらの方法をカバーする表が存在します。使用する研究デザインおよび分析に応じて，表 A1.1 の汎用的な項目に加えて適切な表を選ぶことになります。これらの追加の項目は，第 4章，第 5 章，第 6 章，第 8 章の付録にあります。ここでは，全体像をつかんでもらうための簡単な説明を行い，後の章で詳細を補足します。

第 2 章では，研究論文の最初に登場する材料について取り上げます。材料には，著者注記を含むタイトルページ，研究内容とその目的，結果，結論をごく簡単に要約したアブストラクト，および研究の背景，研究の必要性，仮説は何であったかを示す序論が含まれます。第 3 章は「方法」のセクションです。ここではサンプル，測度，研究デザインについて詳述します。

第 4 章では，基本的な研究デザインに関する JARS の報告基準を示します。表 A4.1（p. 86）は，2 つ以上の異なる被験者もしくは参加者の群間比較を含む研究デザインの報告基準を示しています[*5]。最初のデザインは，少なくとも 1つの計画的あるいは実験的操作と，少なくとも 1 つの対照群（異なる治療を受けたものであろうと，通常の治療を受けたものであろうと）を持つような研究をカバーしています。このデザインの特徴は，実験者が意図的に，各群の被験者が経験する状況を変化させることです。

表 A4.1 に加えて，表 A4.2a（p. 88）では各条件への被験者の無作為割り当てを用いた集団実験研究を報告するための項目を示しています。また，表 A4.2b（p. 89）では，計画的操作は行なっているものの，無作為割り当て以外の方法（自己選択，管理割り当てなど）を用いて被験者を条件に割り当てた研究の報告項目が示されています。したがって，実験的研究でどのように被験者を条件に割り当てるかに応じて，表 A4.2a もしくは A4.2b のどちらか一方を使用することになります。前者の無作為割り当てを伴うデザインは**実験**（*experiment*）と呼ばれ，後者の無作為割り当てを用いないデザインは**準実験**（*quasi-experiment*）と呼ばれます。

表 A4.3（p. 90）は，（表 A1.1 に記載された汎用的な項目に加えて）実験操作を

[*5] 本文中では，研究に参加する人々を指して被験者や参加者という言葉を使います。一般的に，実験操作を伴う研究では被験者，実験操作を伴わない研究では参加者と呼びます。

5

まったく用いない研究の報告基準を示しています。この種の研究の例としては，単に人々の行動を観察したり，調査票に回答してもらったり，すでに存在する記録を利用したりするものがあります。この表があなたの研究に関連することが明白であれば，表 A4.1 や A4.2a および A4.2b ではなく，こちらの表を使用することになります。

　第 5 章では，各条件に複数の参加者がいるような研究の統計的結果に関する一般的な報告要件を扱っています。統計解析の中には，それらを使用した場合に，特定の関連する情報を報告する必要があるものも多く存在します。そこで第 5 章では，構造方程式モデリング（表 A5.1，p. 128）とベイズ統計（表 A5.2，p. 132）という専門的な統計解析に対応した 2 つの表を掲載しています。

　第 6 章では，デザインに特有の要素を含む研究のための 4 つの追加の報告基準を扱います。これらは，（a）縦断的にデータを収集する研究，（b）以前に実施された研究の追試，（c）単一の被験者のみを使用する研究，かつ／または（d）臨床試験に関するものです。表 A6.1（p. 169）は，縦断的データ——すなわち，複数回測定されたデータ——を収集する研究に関連します。この種の研究は，個人が時間とともにどのように変化するかを調べたい発達心理学や，ある介入の効果が時間とともに持続するかどうかを調べたい臨床心理学や健康心理学で最も頻繁に行われます。表 A6.1 はデータ収集の頻度に関するものであるため，上記のどの表にも含まれていない側面をカバーしている一方で，どの表にも関連する可能性があります。したがって，表 A6.1 はあなたの研究デザインに関連する他の表に追加して使用することになります。複数回データを収集した場合にのみ，表 A6.1 が必要となります。

　表 A6.2（p. 170）は，先行研究の再現を意図した研究の報告基準を示しています。そのような研究では，元の研究とそれを追試した研究との間にどのような違いがあるのかを報告することが非常に重要になります。もし，追試研究で元の研究と同じ結果が得られなかった場合，なぜそのようなことが起こったのかを検討するために，これらの研究が行われる上でどのような点が異なっていたのかを知る必要があります。こうした問題は追試研究に特有のものです。表 A6.2 は，追試される先行研究のデザインに応じて，他の表と組み合わせて使用する必要があります。

3. JARS の表をどのように用いればよいか

　第6章では，*N*-of-1 あるいは単一事例デザインと呼ばれる，さらに独自な研究デザインも扱います。あなたの研究が，各条件について複数の被験者を持つのではなく，1人の個人または他の単一の対象，たとえば1つのクラスや職場に対して実施された場合には，この章が参考になるでしょう。*N*-of-1 の研究を行った場合，表 A1.1 とともに表 A6.3（p. 171）の要件を満たす必要があります。表 A1.1 の「序論」と「考察」にある項目は，どちらのデザインにも当てはまることに注意してください。「方法」のセクションで報告される項目も同様で，被験者の特徴やサンプリング手続き（この場合，1人の個人の人口統計学的特徴やどのように募集したか）が含まれます。しかし，「方法」と「結果」のセクションにあるその他の項目は，群間比較を行う研究と単一事例研究では全く異なるものになります。単一事例研究に独自の表が必要なのはそのためです。たとえば，単一事例研究では，予定サンプルサイズと達成サンプルサイズはともに1になります。したがって，被験者数を決定するための検定力分析は，*N*-of-1 研究には関係がありません。しかし，研究で使用した測度の特徴について完全に記述することが，それと同じくらい重要です。同様に，結果の報告に関する表 A1.1 の項目を見てみると，ほとんどが *N*-of-1 研究にも関連していることがわかりますが，報告の方法は明らかに異なります。

　特定の種類の実験的介入，すなわち健康への介入の効果を評価する研究は**臨床試験**（*clinical trials*）と呼ばれます。これらについても第6章で議論します。臨床試験には，心理療法やカウンセリングのような精神的健康への介入や，運動や食事プログラムのような身体的健康への介入に関連するものがあります。臨床試験には，(a) 新しい栄養プログラムをテストするために被験者を募集する場合など，実験者によって導入される操作的介入，もしくは (b) 学校で新しいランチメニューが導入され，研究者が生徒の健康（たとえば，生徒の体重，病気による欠席の頻度）への影響を評価するよう依頼される場合のような，自然発生的な介入などが該当します。

　臨床試験に追加の報告基準が必要になるのは，この種の研究では，治療において何が行われ，治療の構成要素が何であったか，そして治療効果が何であったかを適切に理解するために読者が知らなければならない詳細が多くなるからです。臨床試験には無作為または非無作為割り当て（表 A4.2a または A4.2b）を

7

用いることができますが，常に治療についての意図的な実験操作を伴います。この実験操作は，群デザイン（表 A4.1）または一部の単一事例研究（表 A6.3）でも生じます。表 A6.4（p. 172）は，臨床試験における追加の報告基準を示しています。したがって，臨床試験を実施した場合，表 A1.1（新規にデータを収集したあらゆる研究報告に含まれるべき情報），表 A4.1（臨床試験には必ず操作が含まれるため），表 A4.2a または表 A4.2b（被験者をどのように条件に割り当てたかによる）に加えて，表 A6.4 を使用することになります。また，臨床試験が単一被験者のみで実施された場合には，表 A4.2a または表 A4.2b を，表 A6.3 に置き換えることもできます。

　第 7 章では，すべての研究の考察セクションにおける JARS の基準を示しています。また，研究デザインあるいはデータの分析方法の種類に応じて議論すべき項目について，詳しく説明しています。

　最後に，第 8 章の表 A8.1（p. 225）は，リサーチ・シンセシスやメタ分析を行った場合に使用するものです。これらの研究に関する報告基準には，メタ分析報告基準（MARS）という別の名称があります。これらは，新しいデータを収集するのではなく，あるトピックに関する先行研究を特定し，要約し，統合することを目的とした特殊な研究です。

　研究デザインや分析に応じて異なる表を使用することにより，後日新しい表を追加することで，JARS をさらに拡張することが可能になります[6]。JARS の基準が開発されるにつれ，異なる表タイトルを，それに内包されるサブセクションの表とは別に与えることが可能になります（たとえば，JARS には現在，「実験操作を伴う研究の報告基準」；Appelbaum et al., 2018, p. 11 に加えて，「モジュール A：無作為割り当てを用いた研究の追加報告基準」と「モジュール B：非無作為割り当てを用いた研究の追加報告基準」；Appelbaum et al., 2018, pp. 11-12 といっ

＊6　JARS 作業部会は，自分たちの作業が一部の研究デザインのみを対象とする不完全なものであることを認識しています。将来的には，表 A1.1 と併せて使用可能な，他の研究デザインに対応した新しい表が基準に追加されることを望んで（期待して）います。また，研究報告のどの部分についても，追加の基準が採用される可能性があります（たとえば，Davidson et al., 2003 を参照）。これらはおそらく，今後の JARS（および本書）の改訂において追加されることになるでしょう。

図 1.1 研究デザインに応じて JARS-Quant を選択する際のフローチャート

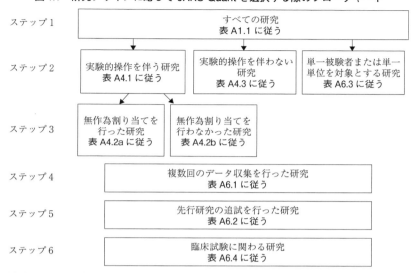

M. Appelbaum, H. Cooper, R. B. Kline, E. Mayo-Wilson, A. M. Nezu, and S. M. Rao, による「心理学における量的研究の学術論文報告基準：APA 出版とコミュニケーション委員会タスクフォース報告書（2018, *American Psychologist*, 73, p. 5）より再録。Copyright 2018 by the American Psychological Asscciation.

た表が存在します）。これらの表をどのようにラベル付けするかは，その研究デザインのバリエーションを完全に把握するために何が必要かに依存します。

図 1.1 は，どの JARS の表があなたの研究デザインに関連するかを判断するのに役立つフローチャートです。JARS の枠組みについて抽象的に捉えるのは大変かもしれませんが，あなたがよく知っている研究を思い浮かべ，チャートに当てはめてみてください。そうすれば，JARS の論理が明らかになるでしょう。

4. 完全な報告と紙面の制約の間の緊張関係

JARS の表の項目を見ながら，ある考えが頭をよぎったことでしょう。「なんてことだ！　これだけの情報をどうやって，一本の報告にまとめればいいのだろう。論文を投稿したいジャーナルにはページ数の制限があるのに…」。いい質問です。

第 1 章　心理学研究のための報告基準

　報告における透明性と，印刷媒体による紙幅の制限との間には，明らかに緊張関係があります。研究の記述が拡大するにつれ，それを報告するために必要なスペースも拡大します。しかし，JARS（および MARS）で推奨される項目のすべてが印刷物になる必要はありません。近年では，情報の電子保存の容量やアクセス性が向上していることから，このトレードオフがいつの日かなくなる可能性があります。たとえば現在でも，APA や他のジャーナルにおいて，印刷中の論文に関連する補足資料を保存可能なオンラインアーカイブが利用できるようになっています（APA, 2020, pp. 41-42, Section 2.14, Appendices; pp. 42-43, Section 2.15, Supplemental Materials, 訳書 pp. 42-45, セクション 2.14, 付録；pp. 44-45, セクション 2.15, オンライン補足資料）。同様に，電子ジャーナルに補足ファイルを含むウェブサイトへのリンクを示した短い研究報告を掲載することも可能です。

　したがって，JARS や MARS に含まれる情報の一部は，そのものとしては公刊論文には掲載されず，オンラインで入手できる補足資料に掲載されることがあります。たとえば，調査の教示が非常に長いものの，何を行ったかを理解するのに重要なものであった場合，オンラインの補足資料にそのまま掲載されることがあります。補足資料には，研究を通しての参加者の流れを示すフローチャートも含まれるかもしれません（第 5 章参照）。他にも，結果を示す大きな表（特に大きな相関行列や多くの研究を含むメタ分析の場合），音声またはビデオクリップ，コンピュータプログラム，メインデータもしくは補足のデータセット等が含まれるかもしれません。もちろん，査読を受けるために報告を提出する際には，これらの補足資料と共に提出する必要があります。

　どのような資料が補足的なもので，どのような資料が論文で提示されるべきものかを判断する際には，編集者や査読者もあなたをサポートしてくれるでしょう。しかし，**補足資料**という言葉が，そこに含まれる情報が論文本体に含まれる情報よりも重要性が低いかのような印象を与えるのであれば，それは誤解です。JARS が示唆するように，そして私が本書を通して主張しようとしているように，これらの情報の重要性が低いわけではありません。実際，研究がどのように行われ，何を発見したかについての詳細は，社会科学を発展させるために不可欠です。これらの情報は，あなたが何をしたのか，なぜしたのか，そ

10

して自分も同じことをする可能性があるのかを知りたい特定の読者にとって特に必要なものですが，そうでない者にとっても重要です。

5. 本書はどのようにあなたの研究に役立つか

　以上を踏まえて，この後の章では，JARS に含まれる報告すべき個々の項目についてより深く掘り下げていきます。各項目について説明する際には，その項目が含まれることの根拠を示すようにしています。ある項目については，その根拠はかなり明白でしょうが，さらなる説明を必要とする項目もあるかもしれません。チョコレートケーキに砂糖を入れることが重要な理由は皆知っていますが，なぜレシピに重曹が入っているのでしょうか。その後，JARS で求められている情報を提示する良い方法とそうでない方法の例を挙げます。

　研究報告を書きながら本書を読む場合，次の表は JARS の概要を示すためだけでなく，作業中のチェックリストとしても簡単に利用できます。また，『APA 論文作成マニュアル』は頻繁に参照するので，手元に 1 冊あるとよいかもしれません。

付録 1.1
量的研究論文における報告基準（JARS-Quant）

表 A1.1　量的研究論文における報告基準（JARS-Quant）：研究デザインに関わらず，新たにデータを収集し報告する論文に含めるべき情報

論文セクションと トピック	記載内容
タイトルおよびタイトルページ	
タイトル	検討する主な変数と理論的問題，およびそれらの関係について特定する。研究対象となる母集団を特定する。
著者注記	以下のような特記事項がある場合，それらに関する謝辞や説明を記載する。 ・登録済みの研究の場合には登録情報 ・過去の出版物に掲載済みのデータの使用 ・学位論文や学会における基礎データの報告 ・研究資金源もしくはその他の支援源 ・利益相反と見なされうる関係性や所属 ・研究実施地と異なる場合には，著者の前（あるいは現）所属 ・責任著者の連絡先 ・他のセクションに含めることが適切でない，読者にとって重要な追加情報
アブストラクト	
目　的	以下の内容を含め，検討する問題について述べる。 ・主要な仮説
参加者	被験体（動物実験の場合）あるいは参加者（人を対象とする場合）について，研究に関連する特性を記述する。動物実験を行う場合，その種族も含める。論文の本文では，参加者についてより詳しい情報を記述する。
方　法	以下の内容を含め，研究方法について記述する。 ・研究デザイン（例：実験研究，観察研究） ・サンプルサイズ ・使用した機材（例：実験器具，装置） ・結果測度 ・二次データの出所に関する簡単な説明を含む，データ収集の手続き。二次データの分析を行った場合，その旨を明記すること
知　見	効果量や信頼区間，もしくは統計的有意水準などの研究知見を報告する。
結　論	結果だけではなく結論を述べ，その意味や応用について報告する。
序　論	
問　題	理論的あるいは実際的な示唆を含め，問題の重要性について述べる。
関連する学術研 　究のレビュー	以下の内容を含め，関連する学術研究の簡潔なレビューを行う。 ・先行研究との関連性

付録 1.1 量的研究論文における報告基準（JARS-Quant）

論文セクションと トピック	記載内容
仮説，狙い，目的	・本研究の一部が既報の場合には，それらとの相違点 以下の内容を含め，具体的な仮説，狙い，目的を述べる。 ・仮説を導出するための理論やその他の手段 ・一次的仮説と二次的仮説 ・その他の計画された分析 仮説と研究デザインがどのように関連しているかを述べる。

方 法

包含基準と除外基準	人口統計学的特徴に基づく制約を含め，包含基準および除外基準を報告する。
参加者の特徴	主な人口統計学的特徴（例：年齢，性別，民族性，社会経済的地位）および研究固有の重要な特徴（例：教育的介入研究における達成水準）を報告すること。動物実験の場合は，属，種，系統番号もしくはその種を特定可能な情報（供給者名と所在，管理番号など）を報告する。動物の数，性別，年齢，体重，生理学的状態，遺伝子組み換えの有無，遺伝子型，健康・免疫状態，他の薬剤あるいは検査の実施歴（分かっていれば），以前に受けた可能性のある処置の内容について報告する。
サンプリング手続き	以下の内容を含め，参加者の選定手続きについて説明する。 ・計画的サンプリングが行われた場合，その方法 ・実際に研究に参加したサンプルの割合 ・研究参加において（個人あるいは学校や診療所などの単位での）自己選択が行われたかどうか データを収集した場所と状況，およびデータ収集日を記載する。 参加者との合意事項および謝礼について記載する。 施設内の倫理委員会による合意，倫理基準の充足，および安全性評価について記載する。
サンプルサイズ，検定力，検定精度	以下の内容を含め，サンプルサイズ，検定力，検定精度について記述する。 ・予定サンプルサイズ ・予定サンプルサイズが満たされなかった場合，達成サンプルサイズ ・以下の内容を含む，サンプルサイズの決定方法 　。検定力分析，あるいはパラメータ推定の精度を決定するために用いられた方法 　。中間解析および停止規則についての説明
測度と共変量	すべての一次的および二次的な測度と共変量を定義する（測定されたが報告に含まれていないものも含む）。
データの収集方法	データ収集に用いられた方法を記載する。
測定の質	以下の内容を含め，測定の質を向上させるために用いられた方法について記載する。 ・データ収集者の訓練内容および信頼性 ・複数回の観測の使用

付録 1.1　量的研究論文における報告基準（JARS-Quant）

論文セクションと トピック	記載内容
測定装置	検証済みの，もしくは個別研究のために独自に作成された測定装置（例：心理測定学的あるいは生物測定学的属性）に関する情報を提供する。
マスキング	参加者，実験操作の実施者，結果の評価者が実験条件の割り当てを認識していたかどうかを報告する。 マスキングを行った場合には，その方法とマスキングの成否の評価方法について記載する。
心理測定	可能であれば，分析された得点の（すなわち，本研究のサンプルにおける）信頼性係数を推定し報告する。必要に応じて，収束的妥当性や判別的妥当性の推定値も提供する。 以下の内容を含め，測度の信頼性に関連する推定値を報告する。 ・主観的に得点化された測度や評定における評定者間信頼性 ・縦断的研究において，再検査までの期間が研究の測定スケジュールと対応している場合，検査−再検査信頼性係数 ・研究で用いられた測定装置の性質の理解に寄与する場合，合成尺度の内的一貫性係数 研究対象以外のサンプル，たとえば検査のマニュアルや測定装置の規範化情報に記載されているようなサンプルについて信頼性や妥当性の係数を報告する場合，そのサンプルの基本的な人口統計学的特徴も報告する。
実験条件と実験デザイン	実験条件が操作されたものか自然観察されたものかを記載する。JARS-Quantの表に従って，デザインの種類を報告する。 ・参加者の無作為化を伴う実験操作 　。表 A4.2a ・無作為化を伴わない実験操作 　。表 A4.2b ・無作為化を伴う臨床試験 　。表 A4.2a および表 A6.4 ・無作為化を伴わない臨床試験 　。表 A4.2b および表 A6.4 ・非実験的デザイン（すなわち，実験操作を行わないもの）：観察研究デザイン，疫学研究デザイン，自然史研究デザイン，その他（単群デザインもしくは多群比較） 　。表 A4.3 ・縦断的研究 　。表 A6.1 ・追試研究 　。表 A6.2 ・単一事例研究 　。表 A6.3 ・JARS-Quant でカバーされていない研究デザインについては，その通称を報告する。
データの診断	以下の内容を含め，計画されたデータの診断方法について記載する。

付録 1.1　量的研究論文における報告基準（JARS-Quant）

論文セクションと トピック	記載内容
分析方針	● データ収集後に参加者を除外した場合，その除外基準 ● 欠測データを処理する時期の判断基準および欠測データの代入方法 ● 統計的外れ値の定義と処理 ● データ分布の特徴 ● データの変換が行われた場合，その方法 以下のそれぞれについて，推測統計および実験単位のエラーを防止するための分析方針について記載する。 ● 一次的仮説 ● 二次的仮説 ● 探索的仮説

結　果

参加者のフロー	以下の内容を含め，参加者のフローを報告する。 ● 研究の各段階におけるグループごとの総参加者数 ● 研究の各段階を通しての参加者のフロー（可能であれば図を示す。図 5.1 を参照）
募　集	参加者募集の期間および反復測定やフォローアップの期間を示す日付を記載する。
統計量とデータ分析	以下の内容を含め，使用した統計量およびデータ分析手法の詳細情報を提供する。 ● 欠測データ 　○ 欠測データの頻度やパーセンテージ 　○ 欠測データの原因に関する経験的証拠および／あるいは理論的根拠を示す。たとえば，完全無作為欠測，無作為欠測，作為的欠測など。 　○ 欠測データへの対処が行われた場合，その方法 ● 総サンプルおよび各サブグループについての，一次的および二次的な結果の説明（度数，平均，標準偏差，およびデータの特徴を示すその他の測度を含む） ● 以下の内容を含む，推測統計量 　○ 帰無仮説検定が行われた場合，正確な p 値や最低限の統計量（例：dfs，平均平方効果 [MS]，平均平方誤差）を含むすべての推測統計の結果 　○ 各検定に対応する効果量の推定値および推定値の信頼区間を可能な限り記載する 　○ 一次的仮説と対応する検定および推定値，二次的仮説と対応する検定および推定値，探索的仮説と対応する検定および推定値を明確に区別する ● 以下の内容を含め，構造方程式モデリング（表 A5.1 を参照），階層線形モデル，因子分析，多変量解析等の複雑なデータ分析について記載する 　○ 推定したモデルの詳細 　○ 分散−共分散行列あるいは相関行列 　○ 分析に使用した統計ソフト（例：SAS PROC GLM，特定の R プログラム）を明示する

付録 1.1　量的研究論文における報告基準（JARS-Quant）

論文セクションと トピック	記載内容
	● 推定問題（例：収束しない，解空間の不良），回帰診断，あるいは検出された分析上の例外およびそれらの解決策 ● 調整された分析を含め，その他のデータ分析の結果について，それらが予定されていたものか予定されていなかったものかも併せて記載する（ただし，一次的な分析の結果ほど詳細でなくともよい） 知見の妥当性に影響を及ぼす可能性のある統計的な仮定および／あるいはデータ分布の問題について報告する。
考　察	
当初の仮説の裏付け	以下の内容を含め，一次的か二次的かに関わらずすべての仮説について，支持・不支持の表明を行う。 ● 一次的仮説と二次的仮説を区別する ● 探索的分析の結果について，実質的な知見と統制不可能なエラー率の両側面から議論する
結果の類似性	報告された結果と先行研究の結果の類似点および相違点について議論する。
解　釈	以下の内容を加味して，結果の解釈を行う。 ● 潜在的バイアスや，内的および統計的妥当性を脅かすような影響源 ● 測定プロトコルの不正確さ ● 検定の全体的な数および検定間の重複 ● サンプルサイズの適切性およびサンプリングの妥当性
一般化可能性	以下の内容を加味して，結果の一般化可能性（外的妥当性）について議論する。 ● ターゲット母集団（サンプリングの妥当性） ● その他の文脈上の問題（設定，測定，時間。生態学的妥当性）
意　義	今後の研究やプログラム，政策等に対する意義について議論する。

注．本表は包括的に，幅広く適用可能なようにデザインされている。個別の研究報告においては，著者は当該研究に沿って項目を選択することが期待される。M. Appelbaum, H. Cooper, R. B. Kline, E. Mayo-Wilson, A. M. Nezu, & S. M. Rao による「心理学における量的研究のための論文報告基準：APA 出版およびコミュニケーション会議タスクフォース報告」（*American Psychologist*, 73, pp. 6-8）から採録。Copyright 2018 by the American Psychological Association.

2

舞台を立ち上げる
タイトルページ，アブストラクト，序論

　この章では，研究報告において研究がどのように実施され，何を発見したかを説明するための舞台を整える部分について検討します。タイトルとアブストラクトは，潜在的な読者に対して，あなたの研究が彼らの知ろうとしていることに関連しているかどうかを知らせるものです。報告の序論は，あなたの研究をより広い文脈の中に位置づけ，なぜあなたの研究が重要だと考えるのかを読者に伝えるものです。

1. タイトルページ

タイトル

報告のタイトルには以下の内容を明記しましょう
- 検討した主要な変数と理論的課題
- それらの関係
- 研究対象となる母集団

　シェイクスピアのジュリエットは，「バラがどのような名前で呼ばれようとも，同じように甘い香りがするでしょう」（『ロミオとジュリエット』第2幕，第2場面，43-44行）と訴えました。彼女にとって最も重要なのは，それが何と呼ばれるかではなく，その香りの特徴だったのです。しかしながら，科学の研究報告においては，名前は非常に重要です。研究報告につけられたタイトルは，その報告が読者のニーズに合っているかどうかの理解に役立つ（あるいは不明

17

瞭にする）ことになります。

　たとえば，PsycINFO を使って文献検索を行う場合，最初にしなければなら
ないことは，検索用語の選択です。次に，その用語を見つけるためにコンピュ
ータがスキャンすべき領域（文書や記録の範囲）のリストを指定します。
PsycINFO では，このリストにはさまざまな文書領域が含まれています。参照
するデータベースによっては，最初にリストにある領域は「全文」かもしれま
せんが，「タイトル」および「アブストラクト」もオプションとして用意され
ています。この３つの領域が，検索の際に最も頻繁に使用されるパラメータで
はないでしょうか。

　「読者が文書全体を検索できるのであれば，タイトルにどのような用語が含
まれていても違いはないのではないか」と思われるでしょうか。実際のところ，
多くの検索者が全文検索を見送る傾向にあります。たとえ検索者が複数のキー
ワード（および AND 検索）を使って検索結果を絞り込んだとしても，関心の
ある問いとは関係のない文書があまりにも多く検索されてしまうからです。た
とえば，検索者がバラ（rose）に関する研究を探している場合，全文検索では，
"The subjects then rose from their chairs and proceeded into an adjoining
room.（被験者は椅子から立ち上がり，隣の部屋に進んだ）" という文章を含む研
究も結果に含まれます。指定した用語が本文のどこかに含まれているすべての
文書を調べるとなると，他の作業に費やすべき多くの時間を消費してしまいま
す。用語がタイトルやアブストラクトに現れる場合，その用語は文書の内容の
中心である可能性が高くなります。

　全日制幼稚園が子どもたちの学業成績と心理的ウェルビーイングに及ぼす影
響を調査した研究についての報告を書いているとしましょう。適切なタイトル
を考えるにあたり，考慮すべき点がいくつかあります。まず，**全日制幼稚園**，
学業成績，**心理的ウェルビーイング**という用語をタイトルに入れたいと考える
ことでしょう。しかし，全日制幼稚園の効果を比較するための対照群（たとえ
ば，半日制幼稚園群，幼稚園なし群）については明記すべきでしょうか。また，
心理的ウェルビーイングは幅広い概念です。そこには幸福感，自信，楽観性と
いった他の構成要素も含まれるかもしれず，使用した尺度の中にもそれらが含
まれていたかもしれません。こういった，より狭義の概念に関心のある読者に

18

1. タイトルページ

も，報告を見つけてほしいと思うことでしょう。したがって，完全に説明的であるために“全日制幼稚園と半日制幼稚園および通園のない子どもたちにおける学業成績および幸福感，自信，楽観性を含む心理的ウェルビーイングの相対的比較”というタイトルをつけることもできます。

『APA 論文作成マニュアル』（第 7 版，2020, p. 31）では論文タイトルの長さは規定されていませんが，著者らにはタイトルを簡潔にすることが推奨されています。したがって，たとえば“全日制幼稚園が学業成績および心理的ウェルビーイングに及ぼす影響”のような簡潔なタイトルが望ましいといえます。このタイトルは明確かつ簡潔（そして，関心のある母集団についての情報を含んでいます）ですが，必ずしも正確ではありません。タイトルだけでは，子どもの幸福感，自己概念，楽観性に関する研究を探す検索者が報告を見逃すのではないかと心配になることでしょう。そうなる可能性もありますが，これは必要なトレードオフなのです。しかしながら，アブストラクトに追加の用語を含めることで，報告が見逃される可能性を最小限に抑えることができます。そうすることで，よりおおまかなレベルで文書のスクリーニングをしている検索者も報告を見つけられるでしょう。

タイトルに含める用語を選ぶ際には，他の文献において同様の概念を表すどのような用語が用いられているかも考慮する必要があります。たとえば，全日制幼稚園（full-day kindergarten）の効果に関する文献を調べているうちに，これを**終日制幼稚園**（all-day kindergarten）と呼ぶ著者がいることに気づくかもしれません。**終日制幼稚園**という用語を使用する検索者が論文にたどり着けるようにすることが重要です。この代替用語をタイトルに含めるべきではありませんが，アブストラクトにおいて**全日制幼稚園**という語が初めて使用された直後に，括弧で囲んでこの語を記載することができます。タイトル（およびアブストラクト）を作成する際には，同じ構成概念について別の用語で検索した人があなたの報告書を見つけることができるよう，こうした他のラベルについても考慮することが重要なのです。

論文著者らはしばしば，タイトルにキャッチーなフレーズを含めたがるものです。検索が手作業で行われていた時代には，こうした試みが読者の興味を引き，論文をじっくりと見てもらえたかもしれません（そしておそらく，こういっ

19

たフレーズが著者の教養を示していたのでしょう）。近年では，このような習慣は薄れてきています。著者らは巧妙なタイトルに含まれる余計な要素が，コンピュータによる検索の妨げになることに気づいています。まれに例外はありますが，気の利いたタイトルは検索される無関係な文書の数を増やすだけであり，今日では著者らは他の検索者が同様の事態で煩わされないことを望んでいます。たとえば，あなたが論文のタイトルを「バラはどのような名前で呼ばれようとも甘く香る：ラベルが主観的評価に与える影響」と題したとします。この論文は**バラ**，**香り**，**甘い**という，あなたの論文とは関係のない用語でも抽出されることでしょう。タイトルの他の部分で捉えられないような，研究の特徴的な性質を伝えられるのであれば，巧妙なフレーズを用いても構いませんが，検索エンジンの検索結果が無関係な文書で埋め尽くされないように注意する必要があります[*1]。

著者一覧

　原稿の1ページ目のタイトルの下には，研究および研究報告に対する相対的な貢献度の高い順に著者を記載します。このことは，あまりに自明であるためか，学術論文報告基準（JARS; Appelbaum et al., 2018）には記載されていません。これらの著者に対する謝辞には，研究が実施された時点での完全な所属も記載すべきです。

　『APA 論文作成マニュアル』（第7版；APA, 2020, pp. 24-25，訳書 pp. 25-26）および『心理学者の倫理原則と行動規範（Ethical Principles of Psychologists and Code of Conduct）』（以下，APA 倫理規定；APA, 2017）において，誰がどのような順序で著者のクレジットを得るべきかについての指針が提供されています。例示 2.1 に，APA 倫理規定の該当箇所を転載しました。著者権の問題については，Cooper（2016）にさらに詳細な記述があります。

[*1] 多くの著者が引用で序論を始めます。ジュリエットを引用したいのであれば良い方法なのかもしれません。

1. タイトルページ

例示 2.1　著者のクレジットに関する心理学者の倫理原則と行動規範からの抜粋

8.12　出版クレジット
(a) 心理学者は，自分が実際に行った仕事，または自分が実質的に貢献した仕事に対してのみ，著者のクレジットを含む責任とクレジットを得る。（基準 8.12b「出版クレジット」も参照のこと）。
(b) 筆頭著者の資格およびその他の出版クレジットは，関係する著者らの相対的な地位とは無関係に，研究への科学的または専門的貢献の度合いを正確に反映する。学科長など，組織内の役職に就いているだけでは，著者のクレジットを得ることは正当化されない。研究への貢献や出版物の執筆への貢献が軽微な場合は，脚注や序文などに謝辞を記載する。
(c) 例外的な場合を除き，学生の博士論文をベースとした複数著者による論文においては，学生が筆頭著者となる。指導教員は，可能な限り早期に，また研究および出版プロセスの全体を通じて，適宜，学生と出版クレジットについて話し合う。（基準 8.12b「出版クレジット」も参照のこと）。

注：アメリカ心理学会 2017 年版の『心理学者の倫理原則と行動規範』（2002, 2010 年 6 月 1 日および 2017 年 1 月 1 日改正）から抜粋（http://www.apa.org/ethics/code/index.aspx）。Copyright 2017 by the American Psychological Association.

著者注記

報告の著者注記には以下の内容を含めましょう
- 事前登録された研究である場合，登録情報を提供する
- 公刊論文，学位論文，学会発表における過去のそのデータの使用について記述する
- 研究の資金源や，研究への貢献に対する謝辞を記載する
- 潜在的な利益相反について明示する
- 研究実施時と異なる場合には，著者全員の所属を明示する
- 責任著者の連絡先，および読者にとって重要な情報（他の部分に記載されていないもの）を記載する

　タイトルページには著者注記も記載されます（APA, 2020, pp. 35-37, 訳書 pp. 36-38）。著者注記の最初の段落には，著者が ORCID[*2] の ID 番号（iD）を持っ

＊2　訳註：ORCID（Open Researcher and Contributor ID; https://orcid.org/）は，学術文書の著作者を特定するための研究者識別子（ORCID iD）の付与を行う国際的な組織です。

ている場合，著者名，ORCID iD のシンボル，ORCID iD の完全な URL を記載します。著者が ORCID の iD を持っていない場合，この段落は省略します。

著者注記の第 2 段落には，以下の情報を記載します。

- 著者の所属の変更があった場合，所属変更に関する情報

著者注記の第 3 段落には，以下が含まれます。

- 事前登録された研究である場合，その登録情報
- データが他の出版物や学会，学術大会での発表に使用された場合，その出版物の所在を開示する
- データが修士論文または学位論文に使用された場合，その所在を開示する
- 研究の実施に協力したが，著者になるような形で貢献したのではない（例：労力や専門知識などの提供）人物への謝辞
- 資金源またはその他の支援元
- 利益相反と見なされる可能性のある関係性や所属

あなたの研究が一般に公開され検索可能なデータベースへの投稿という立派なステップを踏んだならば，著者注記に登録情報と，読者があなたの研究を見つけるために必要な番号を記載します。通常，この登録はデータ収集を開始する前に行われます。登録される研究情報には，研究開始前に立てられた，何のデータをどのように収集するかの計画（**研究プロトコル**と呼ばれます）も含まれます。これらの登録情報は，現在どのような研究が進行中であるかを他の人に知らせるものです。これは，他の誰かがあなたと似たような研究を行おうと考えている場合に非常に役立ちます。また，あなたの研究方法が，計画された方法と実際に実施された方法とで，どのように変わったかを読者が確認するのにも役立ちます。さらに，研究が完了した後，まだ発表されていない（あるいは発表されないかもしれない）場合に，研究を見つけやすくすることにもなります。研究開始前に，類似の研究が登録されていないかを調べ，また，自身の研究を事前登録することを検討すべきでしょう。

第 3 段落では，あなたの研究報告のデータやその他のユニークなアイデアが，過去にどのような文書で公表されたかを明らかにします[*3]。したがって，そ

の研究があなたの修士論文や博士論文の全部または一部であった場合，あるいはその研究報告が公的な文書として保存されている場合（たとえば，研究助成機関への報告）には，著者情報にその旨を明記する必要があります。このような場合には，「この研究はキャピュレット大学でロミオ・モンタギューの博士論文として行われたものである」と書くことができます。通常，学術会議や学会での口頭発表については，その会議録が印刷物として出版されない限り，報告する必要はありません。

自身のデータが以前に公開文書で報告されたものであることを示しておくことは極めて重要です。これを示しておかなければ，あなたは倫理違反に問われる可能性があります。APA 倫理規定（APA, 2017）では，「心理学者は，過去に発表されたデータをオリジナルデータとして発表してはならない。ただし，適切な開示情報が添えられている場合は，データの再出版を妨げない」（基準 8.13, p. 12）とされています。たとえば，次のような場合は著者注記で開示する必要があります。

- あなたの研究に縦断的データの分析が含まれ，第1波の収集データが以前に公表されている場合
- データがより大きなデータセットの一部であり，その一部が以前に公表されている場合

このような開示は，新しい報告書における測度が以前の測度と重複しているか否かに関わらず，行われるべきです。これらのデータは他にも多くの点で共通しています。たとえば，同じ参加者，データ収集者，データ収集の設定や時期などです。

なぜこのことが重要なのでしょうか。『APA 論文作成マニュアル』（第7版；APA, 2020, pp. 17-20, Section 1.16, Duplicate and Piecemeal Publication of Data, 訳書 pp. 17-20, セクション 1.16, データの二重出版および分割出版）はこのことを明

---

*3　APA は Center for Open Science と提携し，PsyArXiv（https://psyarxiv.com/）を立ち上げました。このサイトは，研究者がワーキングペーパーや未発表の著作物，査読中の論文（プレプリント）などの文書を投稿し，他の研究者や一般の人々が無料でアクセスできるようにするものです。

確に述べています。簡単に説明すると，二重出版は（a）ある知見が再現されていないにもかかわらず，再現されているように見せかけ，科学的記録を歪める可能性がある，（b）他の価値ある報告が出版されるスペースを奪う可能性がある，（c）著作権法に違反する可能性がある，ということです。『APA 論文作成マニュアル』の Section 1.16 を丁寧に読み，それでも自分の取るべき行動が明確でない場合には，投稿を希望する雑誌の編集者に連絡して指示を仰いでください。

　研究に貢献したが著者になる程ではない協力者がいた場合，著者情報でその人物への謝辞を記載します。通常，謝辞には「（人物名）に感謝します」という表現が用いられ，それに加えて貢献の内容を簡潔に記述します。たとえば，「モンタギュー卿には原稿の初期バージョンについてコメントをいただきました。感謝申し上げます」，「統計的分析に際してキャピュレット夫人にご協力いただきました。御礼申し上げます」等です。

　2つ目の謝辞は，個人の労力や専門知識以外の研究支援源に対するものです。報告する研究が，金銭的または他の形での物的支援を受けて実施された場合には，著者注記にそのことを明記します。資金提供に関しては，このような形で謝辞を述べることを求める機関もあれば，そうでない機関もあります。著者注記を書く前に，資金提供者に確認する必要があります。また，資金提供を受けた者の名前と登録番号も記載します。これは，あなたの研究の履歴を追いたい読者の役に立ちます[4]。資金提供者によっては，研究が資金提供団体の見解を反映したものでないことを示す免責事項を記載することを要求するかもしれません。著者注記のうち，金銭的支援への謝辞は以下のように書くとよいでしょう。「この研究は，ジュリエット・キャピュレット財団からロミオ・モンタギューへの助成金（助成番号：123456）による支援を受けました。ただし，報告内容は必ずしもジュリエット・キャピュレット財団の見解を反映するものではありません」。

---

[4]　資金提供者への感謝の意を表すだけでなく，資金源について記すことは，あなたの研究に興味を持ち，支援元を探している読者の役に立つでしょう。あなたの助成金の履歴は，彼ら自身の研究と関連する研究に対して，どのような助成が得られるのかを知る助けになります。

1. タイトルページ

　また，支援は金銭以外の形で得られることもあります。たとえば，ショッピングモールが買い物客からデータを収集するためにテーブルを設置することを許可してくれたり，コミュニティセンターが参加者にインタビューするための部屋を提供してくれたり，他の研究者が以前の研究で使用した機器，刺激材料，測度を利用させてくれたりするかもしれません。このような現物提供による研究へのあらゆる貢献に対しても，提供者の同意を得たうえで，謝辞を述べたほうがよいでしょう。このような場合，謝辞は以下のようになります。「本研究で使用した香料を提供してくださったキャピュレット・ファーマシー社に感謝致します」。もちろん，謝辞で研究協力者の守秘義務を損なうようなことがないように，十分注意する必要があります。

　次に，著者情報において利益相反の可能性を開示します。利益相反とは一般に，あなたや共著者が，研究報告内で使用あるいは言及した製品やサービスについて，経済的または商業的な利害関係があることを指します。ここでも，『APA 論文作成マニュアル』に利益相反の可能性があるかどうかを判断するのに役立つ議論が掲載されています（第 7 版；APA, 2020, pp. 23-24, Section 1.20, Conflict of Interest, 訳書 pp. 23-24, セクション 1.20, 利益相反）。もし疑問が残る場合には，『APA 論文作成マニュアル』だけでなく投稿先の雑誌の編集者にも相談するとよいでしょう。

　データが公表済みかどうかと利益相反の問題については，特に慎重を期すことをお勧めします。もし，これらの問題のどちらかについて懸念があるのであれば，最初に論文を投稿する際に，著者情報にその旨を記載しておくとよいでしょう。もしその懸念が重要でなかった場合に該当の情報を後から削除する方が，後でその情報が重要だと判断された場合に，なぜそれを省略したのかを説明するよりも簡単だからです。また，APA ジャーナルに原稿を投稿する際（他の雑誌も同様ですが），投稿用フォームにおいて APA の倫理指針を遵守していること，および潜在的な利益相反を開示していることを確認するよう求められます。

　著者注記は，あなたの研究の実施方法に関連する情報のうち，研究報告の他のどこにも当てはまらないものを提供する場所でもあります。ここまでの提案は，めったに使われることのない包括的なものであるかもしれません。しかし

ながら，完全な情報開示の重要性を強調する一助にはなるでしょう。

著者注記の最後の段落には，より詳しい情報を求める読者への対応に責任を持つ著者への連絡方法が記載されます。連絡方法には通常，郵送先と電子メールアドレスが含まれます。

2. アブストラクト

報告のアブストラクトは以下の内容を簡潔にまとめるのがよいでしょう。
- 主要な仮説を含む，検討する問題
- 参加者あるいは被験者の最も重要な特徴。動物研究の場合はその属・種についての情報を含む
- 以下の内容を含む，研究の方法
  - 研究デザイン（例：実験研究，観察研究など）
  - サンプルサイズ
  - 使用された材料および機材（例：実験器具，装置など）
  - 測定指標
  - データ収集の手続き
- 効果量や信頼区間，統計的有意水準等を含む知見
- 結論，含意，応用

『APA 論文作成マニュアル』（第 7 版；APA, 2020, pp. 73-75, Section 3.3, Abstract Standards, 訳書 pp. 73-76, セクション 3.3, アブストラクトの基準）は，研究報告のアブストラクトは「論文の中で最も重要な 1 段落になり得る」(p. 73) と指摘します。既に述べたことではありますが，アブストラクトが重要なのは，多くの研究者にとって，アブストラクトの内容がコンピュータによる文献検索で論文が抽出されるかどうかを決めるものであるからです。いったん抽出されたなら，アブストラクトはあなたの研究について検索者が読むことになる最初の（ひょっとしたら唯一の）情報となります。『APA 論文作成マニュアル』によると，アブストラクトは正確で，評価的でなく（すなわち，事実に忠実で断定はしない），まとまりがあり，読みやすく簡潔であることに加えて，情報に満ちて

いなければなりません。

　アブストラクトの構成要素として JARS が求めるものはかなり自明です。良いアブストラクトの例として，図 2.1 に 2 つの異なる心理学分野の研究のアブストラクトを，公刊論文の最初のページに掲載される他の情報とともに掲載しました。まず，どちらのアブストラクトも掲載誌の分量制限を満たしていることに注目してください。これらの制限は，通常 150 語から 250 語の範囲です。また，Bricker et al.（2009）のアブストラクトの例では，5 つの太字の見出しを使って研究に関する情報を強調していることにも注意してください。この 5 つの見出しは，JARS で求められている情報にうまく対応しています。このタイプのアブストラクトは**構造化アブストラクト**（*structured abstract*）と呼ばれ，医学分野ではよく見られます。APA が発行するジャーナルの編集者は，経験的研究に関する論文にこのスタイルを自由に採用することができるので，*Health Psychology* 等の学術誌でこの構造化された形式が頻繁に使用されるのはさほど驚くべきことではありません。その目的は，著者が重要な情報を確実にアブストラクトに含めるようにすることです。

　どちらのアブストラクトも，検討中の問題について簡潔に記述しています。Burgmans et al.（2009）はそれを 3 文で行っているのに対し，Bricker et al.（2009）は 1 文です。次に，各アブストラクトは，研究の主要なデザイン上の特徴と参加者サンプルの重要な特徴を紹介しています。実際には，Bricker et al. では彼らの研究が集団準拠の縦断的研究であることには言及されていませんが，これはタイトルから明らかです。Burgmans et al. では，データ収集のために使用した重要な装置（磁気共鳴画像）について述べており，Bricker et al. は，彼らの研究で測定された結果変数について述べています。各アブストラクトは，続いて主要な知見を示しています。Bricker et al. は，（JARS で求められているように）彼らの知見に関係するいくつかの統計的結果と確率水準を示していますが，Burgmans et al. のアブストラクトは示していません（彼らの論文には，アブストラクトに含めることが可能な *t* 検定の結果と効果量の推定値が含まれていました）[*5]。最後に，各アブストラクトは彼らの知見について解釈する 1, 2 文で締めくくられています。

　最後のポイントとして，どちらのアブストラクトにも，文献検索の際に研究

第2章　舞台を立ち上げる

図 2.1　APA 学術誌におけるアブストラクトおよびキーワードの例

Neuropsychology,
2009, Vol. 23, No. 5, 541–550

皮質灰白質萎縮の有病率は健康な加齢脳において
過大推定されているかもしれない

Saartij Burgmans, Martin P. J. van Boxtel,
Eric F. P. M. Vuurman, Floortje Smeets,
and Ed H. B. M. Gronenschild
Maastricht University

Harry B. M. Uylings
Maastricht Uni-versity and VU
University Medical Center
Amsterdam

Jelle Jolles
Maastricht Universi-ty and VU University Medical Center Amsterdam

正常な脳の加齢は皮質灰白質の大幅な萎縮によって特徴づけられるというのが通説である。しかし，こうした結論の根拠となっている先行研究は，前臨床性認知症のような潜在性認知障害を有する被験者をデータに含むことの影響を受けている可能性がある。本研究では，磁気共鳴画像を用いてこの仮説を検証した。3年以上にわたって認知機能が安定していた認知的に健常な被験者（AM年齢＝72歳，範囲＝52～82歳）を，認知機能が著しく低下した被験者と比較した。スキャン後6年以内に認知症を発症した被験者は除外した。7つの皮質領域における灰白質の体積をT1強調MRIスキャンにより描出した。認知機能が低下していない被験者では，灰白質の体積に年齢による影響はみられなかった。反対に，認知機能が低下した被験者は，7領域すべてにおいて有意な加齢効果を示した。これらの結果は，健常な加齢に関する研究において，皮質灰白質の萎縮が過大評価されてきたのは，ほとんどの研究が重度の非典型的な認知的機能低下や前臨床認知症の患者を除外できなかったためであることを示唆している。この結果は，今後の正常加齢に関する研究において，厳格な包含基準を確立することの重要性を強調するものである。

キーワード：健常な加齢，灰白質萎縮，認知機能低下，大脳皮質，MRI

＊5　加えて，このアブストラクトは『APA論文作成マニュアル』の第7版（APA, 2020）で規定されている，現在のAPAスタイルの要件を満たすような形で更新されていないことにも注意してください。たとえば，Bricker et al.（2009）のアブストラクトでは，2つの帰無仮説検定について $p < .05$ および $p < .001$ と報告しています。新しいガイドラインのもとでは，これらの有意確率は $p <$ ではなく $p =$ を用いて正確に報告されることになります。Bricker et al. の論文が発表された当時は，彼らが行ったことは完全に容認されていました。

2. アブストラクト

図2.1　APA 学術誌におけるアブストラクトおよびキーワードの例

Health Psychology,
2009, Vol. 28, No. 4, 439-447

タイトル：青年期の喫煙移行における心理学的・社会的リスク因子：
集団準拠の縦断的研究

Jonathan B. Bricker, K. Bharat Rajan, Maureen Zalewski, M. Robyn Andersen,
Madelaine Ramey, and Arthur V. Peterson
Fred Hutchinson Cancer Research Center & University of Washington

目的：本研究では，青年期の喫煙移行の予測変数として，三者影響理論（TTI）に合致する心理学的・社会的リスク因子を縦断的に検討した。**デザイン**：青少年 4,218 名を対象に，5 つの心理学的リスク因子（親への非追従，友人への追従，反抗性，低い達成動機，スリル希求）を 9 年生（14 歳）で，2 つの社会的リスク因子（親および親しい友人の喫煙）をそれぞれ 3 年生（8 歳）と 9 年生（14 歳）で評価した。**主な測定指標**：第 9 学年と第 12 学年（14 〜 17 歳）の間に生じた青年期の喫煙移行。**結果**：5 つの心理学的リスク因子のそれぞれについて，特定の喫煙移行の全体的確率に対する寄与率は以下の通りであった。喫煙未経験から喫煙試行への移行：22％から 27％，喫煙試行から毎月の喫煙への移行：10％から 13％，毎月の喫煙から毎日の喫煙への移行：11％から 16％。喫煙試行の予測において，これらの心理学的因子の寄与率は，親や親しい友人の喫煙の寄与率よりも高かった。青少年の親が喫煙している場合，親への追従は喫煙試行の確率に高い寄与を示し（$p<.05$），友人が喫煙している場合，友人への追従は喫煙試行の確率に高い寄与を示した（$p<.001$）。**結論**：これらの心理学的・社会的要因は青年期の喫煙移行に重要な影響を及ぼす。TTI および喫煙予防介入への示唆について議論された。

キーワード：心理学的影響，親，友人，青年期，喫煙

報告を特定するために使用できるキーワードが続いています。実際のところ，APA 学術誌に掲載されるすべての論文著者は，論文のキーワードを提供することが義務付けられています。例示されているキーワードの中には，タイトルやアブストラクトに現れる用語と重複するものもあれば，そうでないものもあることに注目してください。さらに，タイトルやキーワードにない用語がアブストラクトの中にあれば，参考文献データベースの検索対象となる可能性が非常に高くなります。Bricker et al.（2009）については**三者影響理論**（*theory of triadic influence*）や**達成動機**（*achievement motivation*），Burgmans et al.（2009）については**認知症**（*dementia*）などもキーワードとして加えることを提案します。

3. 序　論

報告の序論には以下の内容を含めましょう
- 検討中の問題と，その理論的または実際的な重要性（特に公衆衛生への影響）の説明
- 以下の内容を含む，関連する学術研究の簡潔なレビュー
  - 先行研究との関係
  - 本研究のデータが過去に報告されている場合，本研究がそれらの先行研究とどのように異なるか
- 以下の内容を含む研究仮説
  - 仮説の導出に使用した理論またはその他の手段
  - 一次的仮説および二次的仮説
  - その他の計画された分析
- 仮説と研究デザインが互いにどのように関連しているかの説明

　JARS に含まれる序論セクションの要素は，『APA 論文作成マニュアル』（第7 版；APA, 2020, pp. 75-76, Section 3.4, Introduction Standards, 訳書 pp. 76-77，セクション 3.4，イントロダクションの基準）の文章としっかり対応しています。『APA 論文作成マニュアル』では，研究報告の冒頭で守るべき 3 つの基準が示

3. 序　論

されています。

- 問題の重要性を説明する
- 歴史的背景を簡潔に述べる
- 研究目標を明確にする

　これらのほとんどは自明であるため，ここでは JARS に含まれる 2 つの要素のみに焦点を当てます。(a) 仮説が一次的なものか，二次的なものか，もしくは分析は計画されているが仮説と関連付けられていないものかを述べること，および（b）仮説と研究デザインの関係を記述することの 2 点です。

一次的仮説と二次的仮説，およびその他の計画された分析

　仮説を一次的な関心事と二次的な関心事にグループ分けすることは重要です。こうすることで，あなたや読者が結果を解釈しやすくなります。これは，統計的検定の結果を読み取る際にとりわけ重要になります。たとえば，ラベルが香水や香料の評価に与える影響について研究を行ったとします。無作為に半数に分けた被験者のうち，一方には（先行する試行で「穏やかで心地よい」と評価された）ある香りに**バラ**というラベルを貼り，残りの半数には**肥やし**というラベルを貼って提示しました。香りを嗅いだ後，被験者にその香りについて，たとえば 5 つの次元（快 – 不快といったもの）で評価してもらいました。あなたの一次的仮説によれば（帰無仮説に相当するジュリエットの予測に反して），**バラ**とラベル付けされた香りは，**肥やし**とラベル付けされた同じ香りよりも，心地よいと評価されます。

　さらに，あなたは被験者に，その香水を購入するか，友人に勧めるか，などの質問をしました。これらの測度においては，ラベルの効果を見出せる見込みは低いかもしれません。なぜなら，ラベルの効果自体は大きくなく，他の考慮すべき要因によってその影響が不明瞭になると考えられるからです。たとえば，購入意図は，香りの好みだけでなく，被験者がいくらお金を持っているかにも影響されるかもしれません。あるいは，被験者はすでに好きな香水を持っているかもしれません。したがって，購入意図はあなたにとって興味深いが，あくまでも副次的な検討事項であり，この仮説はあなたの一次的な関心に対して二

次的なものになります。

あなたの研究では、データを下位グループに分け、たとえばラベルの効果が男性被験者で大きいか女性被験者で大きいかを調べるといった、交互作用についての探索的分析も行ったとしましょう。あなたは、検定結果がどうなるかについての具体的な予測は持っていませんが、将来的な研究の指針となる可能性のある効果に興味を持っています。もし女性の被験者が男性の被験者よりもラベルに影響されることがわかったとしたら、それはなぜでしょうか。あなたはこうした結果について推測し、そして新たな仮説を検証するための追試を計画することもできます。

仮説を一次的なものと二次的なものに分け、それ以外を探索的な仮説とすることで、2つのことが達成されます。まず、仮に仮説の事前のグループ分けを行わなかったとします。あなたは、帰無仮説をいくつかの対立仮説と比較するために、(20の従属変数に対応した)合計20回のt検定を実行します。そのうち3つの検定が有意 ($p < .05$) であることを発見したとしましょう。この結果は、これらの分析においてあらゆる数値が偶然に生成されたとしても、有意な結果が1つは生じると期待されることを考慮すると、それほど印象的なものではありません(ジュリエットの正当性が証明されたことになります)[6]。一方で、3つの一次的な測度のすべてで有意な結果が得られ、すべてが予測された方向であったとしましょう。この場合には、あなたの仮説をより説得力のあるものにすることができます。

同様に、他の17回の統計的検定は二次的または探索的とされているので、読者にはこれらの結果が別の文脈で解釈されることがわかります。購入意図についての結果が有意でないことが示されたとしても、読者は前もって、この検定があなたの主要な仮説について診断するものではないことを知ることになります。反対に、男性と女性でラベルの効果に差があった場合には、なぜ一方の性別が他方の性別よりラベルの影響を受けたのか、事後的な説明を与えなけれ

---

*6 **実験単位のエラー率**(*experiment-wise error rates*)という概念をご存じでしょうか。これは、複数回の統計的比較を行ったために、帰無仮説の誤った棄却が少なくとも1回起こる確率が、個別の比較における確率よりも大きくなることを指す用語です。検定の数が増えるほど、実験単位のエラーが発生する可能性は高くなります。

ばなりません。この事後的説明が，あなたの研究の一次的仮説のような信憑性を得るためには，さらなる検証が必要となります。このように，仮説を事前にグループ分けすることは，あなたと読者の双方が結果を解釈するのに役立ちます*7。

仮説と研究デザインの関係性

　序論では，研究デザインおよびなぜその研究デザインがあなたのリサーチクエスチョンに答えるのに適しているのかを簡単に述べておくことも重要です。たとえば，あなたのリサーチクエスチョンが因果関係（香りのラベルによって人々の反応は異なるのか）を扱うものであれば，実験的もしくは準実験的な研究デザインが適しています。あなたの問いが単純な関係性（肯定的に評価される香りのラベルは，香り自体に対する肯定的な反応と関連しているか）に関するものである場合，単純な相関分析で答えが得られるかもしれません。人々がどのように異なるかに興味があるなら，被験者間デザインが必要です。人々が時間とともにどのように変化するかに興味があるのであれば，被験者内デザインが最も適切です。

　JARS では，論文の序論において，リサーチクエスチョンと研究デザインの適合性についての分析を読者に提供することを推奨しています。なぜ，この問いに答えるためにこの研究デザインを選んだのか。このデザインはどの程度，問いに答えることができるのか。これらの質問に対する回答は，読者があなたの論文を評価する上で非常に重要です。もしあなたの問いが因果関係についてのものであるにもかかわらず，研究デザインが因果関係についての解釈に対応していなければ，あなたは間違いを犯したことになります。序論でこのことを明確に示すことで，推論のミスを犯す可能性が低くなり，読者が結果を誤解する可能性も低くなります。

　時には，あなたの意図（実行したかったデザイン）が，研究実施中に直面する

---

*7　実験単位のエラーの問題に対処するもう１つの方法は，因子分析等の方法で関連する測度を合成し，より少ない検定回数で済むようにすることです。実験単位のエラーに対処する最適な方略は，両方を行うことかもしれません。すなわち，関連する測度同士を合成し，それらを一次的なものか二次的なものかにグループ分けするのです。

第 2 章 舞台を立ち上げる

現実によって妨げられることがあります。たとえば，肥やしの匂いを嗅ぐよう
に求めた条件では多くの被験者が離脱するのに対し，バラの条件では離脱する
被験者が少ないという事態が生じたとします。すると，実験開始前に 2 つの条
件の被験者数が異なっていたことになります。最終的に，あなたが望んだ推論
とデザインは一致しないことになります。このような場合，方法のセクション
（第 3 章と第 4 章で説明します）においてこれらの問題に言及し，考察のセクシ
ョン（第 7 章で説明します）でそれが意味にすることついて述べる必要があり
ます。

3

行ったことを詳細に
方法のセクション

　論文の方法セクションは，あなたがどのように研究を実施したかを記述する場所です。ここで共有される情報には，誰が参加したか，どのような手続きを踏んだか，どのような装置や測度を使ったか，どのようにデータを扱い分析する予定だったかなどが含まれます。大まかに言えば，方法セクションを書く際に答えるべき最も重要な問いは以下のようなものになります。

- 読者があなたの研究の結論の妥当性を評価し，結果を解釈するために必要な情報は何か
- 読者があなたの研究を追試しようと考えた際に必要な情報は何か

　あなたの論文や研究が他者にとって最大限に役立つためには，これらの質問にすべて答える必要があります。

　1つ目の問いに完全に答えようとすると，ほぼ間違いなく不安になることでしょう。完璧な研究を実施することは難しく，自分の研究の欠点を明らかにしなければならないという，居心地の悪い状況に陥ることになるからです。研究内容の説明後に研究に参加しないことを選んだ参加者の数を報告すべきでしょうか。信頼性が低かったり，多くの参加者に誤解されたりしたために分析されなかった測度について報告すべきでしょうか。答えは「イエス」であり，これらの不具合は報告されるべきです。

　2つ目の問いに答えるためには，あなたが研究結果を得るために重要であった事項について考える必要があります。再現性こそ科学の中心です。他の誰かがあなたの研究をやり直すことによって，あなたの発見を検証できるように，良いことも悪いことも含めて十分な詳細を提供することは，常にあなたの利益

第3章　行ったことを詳細に

になります。

　研究の方法について書く際には，学術論文報告基準（JARS; Appelbaum et al., 2018）を，ある研究がどのように解釈され，再現するために何が必要となるかに関して大きな影響を与えうることが知られている，研究方法の諸側面を体系化する試みと見なすことができます。JARS の項目は，研究の方法を報告する際に，当て推量を排除するものです。また，意図的に報告しなかったという非難からあなたを守るためのものでもあります。ただし，ここでも，心理学の特定の領域における特定の研究は，JARS の項目のいくつかを無効にするような，特有の特徴を持つ一方で，他の重要な項目を報告に含める必要があるかもしれません。

　こういった理由から，JARS のさまざまな項目についての例を紹介するために，幅広いトピックにわたる 16 の論文を用います。論文から論文へと飛び飛びに紹介しているので，これらを改めて紹介する際には，各研究の重要な特徴についてリマインドします。それらを見失った場合は，巻末の付録に著者名のアルファベット順に各研究のアブストラクトを掲載しています。これらを参照すれば，ついて来ることができるでしょう。例には第 5 章から第 8 章で登場する研究も含まれており，これらは特定の研究デザインやデータ分析手法を用いたものです。

1. 参加者の特徴およびサンプリング手続き

　報告の参加者の特徴に関する記述には以下の内容を含めましょう

- 参加者を選ぶ際に用いた包含基準と除外基準（人口統計学的特徴に基づく制約を含む）
- サンプルの主要な人口統計学的特徴（たとえば，年齢，性別，民族性，社会経済的地位等）および研究上重要な特徴（たとえば，教育的介入を行う研究における達成水準等）
- 動物を対象とする研究の場合には，
  - 属，種，系統番号もしくはその種を特定可能な情報（供給者の名前と所在，型番等）

1. 参加者の特徴およびサンプリング手続き

- 。数や性別，年齢，体重，生理学的状態，遺伝子組み換えの状態，遺伝子型，健康・免疫状態に加えて，もし既知であれば薬物や検査の実施の有無
- 。当該動物が過去に受けた可能性のある検査あるいは処置の履歴

サンプリング手続きの説明には，以下の内容を含めるのがよいでしょう

- 計画的なサンプリングが行われた場合，その方法
- 研究参加を依頼した数に占める参加者数
- 研究参加は（個人あるいはユニットによる）自己選択であったか，管理者（たとえば，学校教職員，診療所長等）による選択であったか
- データ収集の環境と場所および日付
- 参加者との合意事項と謝礼
- 施設内委員会による合意と倫理基準の充足，および安全性評価

　ほとんどの場合，方法セクションは誰が研究に参加し，どのように募集されたかの説明から始まります。ある個人は他の個人よりも研究参加の可能性が高く，その理由はしばしば，募集が容易であるという単純なものになりがちです。たとえば，あなたが行った香りのラベリング研究は，心理学における多くの研究と同様に，学科からの要請で，あるいは少なくとも心理学に関心があるという理由で集められた，心理学科の参加者プールに含まれる学部生を対象として実施されたかもしれません。高等教育機関に近い地域社会から参加者を集めた研究も，地理的な意味でいえばある種の制約があります。全国を代表することを意図したサンプルであっても，たとえば言語や情報へのアクセス可能性に基づく制約が含まれることがあります。

　あなたの参加者募集の手続きが，研究に参加する人々の属性を制約した可能性を特定し，それを報告することが重要です。参加者の制約は，データの解釈に影響を与えるかもしれません。読者は「この研究結果は誰に当てはまるのか」と尋ね，あなたは考察のセクションでこの問いを明確に取り上げることになります。具体的には，あなたや読者は次のような問いかけをすることになるでしょう。

第3章　行ったことを詳細に

- 研究上の問いにふさわしいターゲット母集団は何か
- 研究参加者はターゲット母集団から抽出された人々か。この質問に対する答えが「ノー」であるならば，あなたの研究は当該の課題に関係していない可能性がある。もし答えが「イエス」であるならば，3つ目の問いは次のようなものになる。
- 研究参加者は，何らかの意味でターゲット母集団の制約された一部といえるか。もしそうであれば
- その制約によって，研究の結果が母集団の全員ではなく，一部にのみ当てはまる可能性があるか

　この最後の問いこそが肝要です。ターゲット母集団から無作為に（各母集団の構成員が等しい確率で選ばれるように）サンプルを抽出することは理想的です。しかし，研究者はこれが実現可能であることはめったにないことを知っています。そう考えると，最も重要なことは，(a) サンプルとターゲット母集団の性質の違いが，母集団についての推論に無関係であるかどうか，および (b) サンプルの制約によって，ターゲット母集団内の特定の下位サンプルについての推論がどの程度制限され得るかを（考察のセクションで）注意深く指摘することです。

　香りのラベリングに関する研究例において，ターゲット母集団は何だったのでしょうか。アメリカの女性を想定したマーケティング研究でない限り，おそらく対象はすべての成人でしょう。参加者となった学部生はこの母集団から選ばれたでしょうか。その通りです。参加者は全成人の，もしくはアメリカ人女性のうちの，制約された下位サンプルでしょうか。これもその通りですが，果たしてそのことは重要でしょうか。あなたのデータと推論に関するこの非統計的な問いに答えるためには，読者（そしてあなた）はサンプルの特徴と募集方法についてできるだけ正確に知る必要があります。

　公刊された研究論文において，参加者の特徴やサンプリング手続きがどのように記載されているか，いくつかの例を見てみましょう。Goldinger et al. (2009) は，「異人種間の顔学習における困難：眼球運動と瞳孔計測からの洞察」と題する論文を *Journal of Experimental Psychology: Learning, Memory, and Cog-*

nition に発表しました。彼らは**自人種バイアス**（*own-race bias*）という，自分の人種の顔の方が他の人種の顔よりも認識・識別が得意であるという現象について検討しました。彼らは白人とアジア人を対象に 2 つの実験を行いました。Goldinger et al. の最初の研究における，被験者についての説明は以下の通りです。

> **参加者**　最初のサンプルはアリゾナ州立大学の学生 46 名で，全員がコースクレジットの提供を受けたボランティアであった。すべての参加者が，正常視力か矯正視力かを申告した。サンプルからは 6 名のデータが除外された。2 名はアジア人であり，3 名はアイトラッキングにおける追跡失敗時間が多すぎ，1 人は再認テストを完了できなかった。最終的なサンプルは 40 名であり，各学習時間条件につき 20 名であった。全員が白人で，アジア人の顔に特別ななじみはないことを報告した。(p. 1107)

この記述は簡潔ですが，Goldinger et al.（2009）は，被験者の特徴やサンプリング手続きの記述に関する JARS の要求にうまく対処しています。彼らは，被験者がアリゾナにいること（場所），大学の被験者プールから抽出されたこと（環境），参加することでコースクレジットを得たこと（合意および謝礼）を明確に示しています。彼らの 2 つの研究のうち，最初の研究では被験者は白人でなければならず（2 つ目の研究ではアジア人でなければなりませんでした），かつアジア人の顔に特別ななじみ（これがどのようなものであるかは定義されていませんが）がないことが参加者の選定基準でした。被験者の視力は正常もしくは矯正視力でした。

この研究の批判的な読者として，あるいは潜在的な追試者として，あなたは必要な情報を得られたでしょうか。多くの情報が欠けている，とはいえないでしょう。たとえば，サンプルの男女構成は明らかにされていませんが，そのことは重要でしょうか。現段階では，おそらくそうではないでしょう。自人種バイアスに関する理論によれば，この現象が男女で異なって作用すると考える理由はありません[1]。

Goldinger et al.（2009）は，4 人の被験者がアイトラッキングの失敗や不完全なデータといった手続き上の理由によって除外されたと報告しています。こ

第3章　行ったことを詳細に

れは最初のサンプルのごく一部であり，心配するほどの規模ではないでしょう。
しかし，もし8人あるいは18人といった数の被験者を実験から除外しなけれ
ばならなかったとしたらどうでしょうか。その場合には，参加者の除外基準が
自人種バイアスと関係していないかどうか，考える必要があるかもしれません。
強いて言えば，この研究の被験者となったのは大学生だけです。すべての人間
について推論したい場合に，大学生が彼らよりも年少者や年長者，あるいは学
歴が高い者や低い者よりも，自人種バイアスの影響を受けにくい（もしくは受
けやすい）ということはあり得るでしょうか。これらは，あなたの関心をそそ
る問題かもしれません。JARSの観点からすると，この著者らはこうした被験
者の特徴の潜在的な影響について考慮するために必要な情報を与えています。

　サンプリング手続きと，その結果としての参加者の特徴について，より複雑
な記述のある他の例を見てみましょう。これはFagan et al. (2009)の「父親関
与への道筋：非同居の父親に及ぼすリスクとレジリエンスの縦断的効果」とい
う，*Developmental Psychology*に掲載された論文です。研究者らは，リスク因
子（父親の薬物問題，投獄，失業など）がレジリエンス因子（父親の前向きな態度，
職業訓練，宗教への関与など）や父子の関わりと関連しているかに関心がありま
した。Fagan et al.のサンプリング手続きおよび参加者の特徴についての記述
は以下の通りです。

> 　FFCW [Fragile Family and Child Wellbeing Study（脆弱な家族と子どもの
> ウェルビーイングに関する調査）] は，1998年から2000年にかけてアメリ
> カで生まれた約5,000人の子どものコホートを追跡調査したものである
> (McLanahan & Garfinkel, 2000)。この研究では未婚カップルの出生を過剰
> にサンプリングしており，重み付けをすれば，今世紀に入ってからのアメ
> リカ大都市における非婚者の出生に関する代表的データとなる。サンプル

＊1　後になって，知覚者の性別が自人種バイアスの潜在的な調整要因と見なされるように
　　なったとしたら，将来この研究を追試する研究者は，性別に関する情報があればよかった
　　と思うかもしれません（そして，メタ分析者はこの情報が与えられなかったことに不満を
　　持つでしょう）。しかし，この予見性の欠如をもってGoldinger et al. (2009)を非難するこ
　　とはできません。とはいえ，結果を理解する上で将来的に重要となる可能性のある研究参
　　加者の特徴を予見し，記述することができれば，研究の長期的価値はより高まるでしょう。

40

は 3,712 組の未婚カップルと 1,186 組の既婚カップルで構成されている。

　本研究では，出生時（ベースライン），1 年後（1 年目），3 年後（3 年目）の父親と母親のデータを利用した。サンプルはいくつかの段階を経て選択された。まず，ベースライン時に参加した父親のうち，結婚しておらず，母親と同居していない父親を選択した。…既婚者や同棲カップルを除外したのは，子どもが生まれた時点で最も脆弱な家族に焦点を当てた研究を行うためである。次に，1 年目の調査にも参加した父親が選択された。ベースラインと 1 年目の両方に参加した 815 人のうち，130 人はデータが不足していたためサンプルから除外した。その結果，685 人の父親が抽出された。次に，3 年目に面接を受けていない父親を除外し，569 人の父親をサンプルとした。569 人の父親のうち，約 4％は 3 年目のデータが大幅に欠落しており，代入不可能であった。これらの父親を除外した結果，最終的に完全なデータを持つ父親 549 人のサンプルが得られた。

参加者

　ベースライン時の父親の平均年齢はおよそ 26 歳であった。父親の大多数はアフリカ系アメリカ人（72.3％）で，次いでヒスパニック系（16.2％），白人（9.5％）であった。父親の 40％近くが高校卒業未満，もしくは general equivalency diploma[*2] 未満であった。時間の経過とともに，父母間の関係の質的変化が生じた。子どもが生まれて 1 年後，ほとんどの父親は母親と恋愛関係にあり（51.9％），6.4％が結婚しており，28.4％が友人，13.2％が知人であった。3 年目の追跡調査では，9％の父親が結婚しており，36％が母親と恋愛関係にあり，35％が友人であった。1 年目（37.7％）と 3 年目（41.2％）において，かなりの割合の父親が子どもと同居していた。(pp. 1392–1393)

　Fagan et al.（2009）の研究で使用されたサンプルは，より広い地理的空間か

＊2　訳註：General Equivalency Diploma（GED）はアメリカ合衆国およびカナダにおける，後期中等教育修了程度の学力を有することを証明する資格です。

第 3 章　行ったことを詳細に

ら抽出され，アメリカ内の非婚者の出産を代表するものであることが意図され
ていました。彼らはまた，サンプルに適用した一連の除外基準について，読者
に丁寧に説明しました。除外基準の中には，彼らの関心のある集団の特定に関
連するものもあれば，残念ながら，データが完全でないためにサンプルに含ま
れなかった家族のような，データの欠落に関連するものもあります。

　この記述の 2 つの側面に注目してみましょう。第一に，Fagan et al.（2009）
は，脆弱な家族と子どもの幸福に関する他の研究において用いられたデータセ
ットを使用していることを明確にしています。彼らは読者に対して，より大規
模なサンプルに関する詳細な情報をどこで入手できるかを示しています
（McLanahan & Garfinkel, 2000）。したがって，Fagan et al. の記述は詳細ではあ
りますが，JARS の要求すべてに答えているわけではありません。ですが，心
配はいりません。McLanahan & Garfinkel（2000）が，彼らのワーキングペー
パーにおいて，これを行っているからです[3]。実際，ワーキングペーパーの
ほぼすべてが，調査方法，サンプリング手続き，サンプルの特徴についての詳
細な説明に充てられています。オリジナルの報告がインターネットで簡単に入
手できるのに，Fagan et al. がこれらの情報をすべて再掲していては，雑誌の
スペースを有効に使えなかったでしょう。その代わりに，彼らは最初のサンプ
ルからどのように再サンプリングを行ったか，そしてその結果得られた下位サ
ンプルの特徴の記述に焦点を当てたのです。

　第二に，この研究で使用された最終的なサンプルの説明が非常に詳細である
ことに注目してください。著者らは，本文中に記載されている情報よりも具体
的な情報を表（本書では表 3.1 として再掲しています）としても示しています。
これによって，この調査結果を再現しようと考えた将来の研究者が，Fagan et
al.（2009）が使用したサンプルと自分たちのサンプルを比較することが非常に
容易になります。この記述は，サンプルの代表性を確保しながら抽出が行われ
る場合に，サンプリングの手続きと参加者の特徴をどのように報告するかにつ

---

[3]　McLanahan & Garfinkel（2000）は，「本サンプルは（サンプリングされた）各都市の
　非婚者の出産を代表するものであり，人口 20 万人以上の都市に住む非婚の両親の出産を
　全国的に代表するものである」と述べています（pp. 14, 16）。

42

1. 参加者の特徴およびサンプリング手続き

表 3.1　サンプルの人口統計学的特徴を報告する表の例

Table X
サンプルの人口統計学的特徴

変　数	ベースライン	1 年目	3 年目
父親の年齢　平均（標準偏差）	25.65　(7.36)		
父親の人種・民族　*n*（%）			
白人	52　　(9.5)		
アフリカ系	397　(72.3)		
ヒスパニック系	89　(16.2)		
その他	11　　(2)		
父親の学歴　*n*（%）			
高校卒業未満	213　(38.8)		
高校卒業資格	146　(26.6)		
General equivalency diploma	55　　(10)		
大学生	95　(17.3)		
技術訓練	19　　(3.5)		
大学卒業	13　　(2.4)		
大学院生	8　　(1.5)		
両親の関係性　*n*（%）			
恋愛関係	436　(79.4)	285　(51.9)	198　(36.1)
友人	71　(12.9)	156　(28.4)	192　　(35)
知人	42　　(7.7)	72　(13.2)	85　(15.5)
婚姻関係		35　　(6.4)	51　　(9.3)
別居中		1　　(0.2)	23　　(4.2)
父子が同居している　*n*（%）		207　(37.7)	226　(41.2)
子の性別　*n*（%）			
男性	276　(50.3)		
女性	273　(49.7)		
父親に他の生物学上の子がいる　*n*（%）	280　　(51)		

注：J. Fagan, R. Palkovitz, K. Roy, and D. Farrie による「父親関与への道筋：非同居の父親に及ぼすリスクとレジリエンスの縦断的効果」（2009, *Developmental Psychology*, 45, p. 1393）より再掲。Copyright 2009 by the American Psychological Association.

いての優れた例であるといえます。この記述は JARS の基準を満たしています。批判的な読者として，この文書と先のワーキングペーパーを読めば，ターゲット母集団が誰なのか，研究のサンプルがターゲット母集団とどのように異なるのか，そしてその違いが重要であるのかどうかを判断するのに必要なものはすべて揃っています。研究の潜在的な追試者であるあなたとしてはそれ以上の情報を求める必要はないでしょう。

第 3 章　行ったことを詳細に

　Goldinger et al.（2009）も Fagan et al.（2009）も，施設内の審査委員会の許
可を得て研究を実施したことや，その際に倫理基準に従ったことは明言してい
ません。これらについて表明を求めることは，比較的新しい慣行であり，今後
はこの慣行に従うべきです。ラベリング効果の研究では，「キャピュレット大
学の施設内審査委員会が研究を承認した」と書くことになるかもしれません。
このような記述は，方法のセクションではなく著者注記で目にすることもあり
ます。

　最後に，実験動物を扱う研究者は，設定や参加者の特徴という点では大きく
異なるものの，その詳細な説明を提供する同様の義務を負っているということ
を指摘しておきましょう。たとえば，*Journal of Experimental Psychology: An-
imal Behavior Processes* に掲載された「条件づけと消去の力学」と題する論文
における，Killeen et al.（2009）の研究で使用された動物の説明を以下に示しま
す。

被験体

　実験参加経験のある 6 羽のデンショバト（*Columba livia*）成体を，12 時
間の明暗サイクルを持つ部屋に収容し，午前 6 時に照明をつけた。ハトは
ケージ内で水と砂を自由に摂取可能であった。実験時の体重は安定体重
（被験体が自由に飼料を得られた時の体重）の 80％をわずかに上回る程度に
維持された。ハトの体重が実験時の体重を 7％以上上回った場合，実験か
ら除外した。必要に応じて，Ace-Hi ハト用ペレット（Star Milling 社製，
Perris, CA）を毎日の終わりに，実験セッション実施の 12 時間以上前に与
えた。この補助的な給餌の量は，現在の体重の逸脱度と過去 15 セッショ
ンにおけるサプリメント量の移動平均に基づいて決定された。（p. 449）

　この研究においては，明らかにハトの種類だけでなく，ハトの体重も重要な
考慮事項でした。動物研究の分野によっては，研究者は属，種，系統番号，あ
るいは供給者の名前と所在や管理番号といった，動物を特定するために必要な
特徴を報告することが求められます。他にも，動物の性別，年齢，その他の生
理学的状態の報告が求められる場合もあります。研究において，被験体となる
動物について何を報告すべきかを判断するための根拠は，人間について何を報

44

告すべきかを判断する際の根拠と変わりません。『APA 論文出版マニュアル』にあるように、「研究参加者を適切に特定することは、科学および心理学の実践において、とりわけ知見を一般化し、追試研究間で比較を行い、研究の統合や二次的なデータ分析の証拠として用いるために重要である」（APA, 2020, p. 82）といえます。

2. サンプルサイズ，検定力，検定精度

> サンプルサイズ，検定力，および検定の精度について説明する場合，報告には以下の内容を含めましょう
> - 予定されたサンプルサイズ
> - 予定サンプルサイズが満たされなかった場合，達成されたサンプルサイズ
>   - 予定サンプルサイズの決定方法
>   - 検定力分析やその他のパラメータ推定精度を決定するための方法の実施の有無
>   - 使用した中間解析および停止規則の説明

　本章で提供されるサンプリング手続きと参加者の特徴に関する記述では、いずれも研究に参加した参加者の総数と、様々な下位グループに含まれる参加者の数が示されています。JARS はそれ以上のことを求めています。(a) 実際に研究に参加した人数が予定された人数と異なっていた場合には、予定人数、(b) なぜこの参加人数になったのか、(c) 検定力分析を行ったかどうか、(d) 中間解析を行ったかどうか、もしくは参加者からのデータ収集をいつ中止するかを決めるために、何らかの停止規則を用いたかどうか、といった内容の報告が求められます。説明を簡単にするため、それぞれの内容について逆順で簡単に取り上げます。

停止規則

　停止規則（*stopping rule*）とは、追加の参加者からのデータ収集を停止するの

第3章 行ったことを詳細に

にふさわしいと思われる統計的結果を判断するために，事前に決めておく基準のことです。一般的に，これは許容可能なタイプ I エラー率，すなわち帰無仮説が真である場合に誤って棄却する確率と関係しています。ラベリング研究を例に挙げると，2つの群（バラ群と肥やし群）の差についての統計的検定において，$p < .05$ という有意水準で差がないという帰無仮説が棄却されるまでデータを収集することを決めたとします。つまり，あなたは新たな被験者からデータを収集する度に頻繁に有意水準をチェックし，p 値が所定の水準に達したらデータ収集を中止するつもりです。

　心理学のほとんどの分野では，停止規則はめったに使用されません。停止規則を用いたとすると，研究者は偶然もうかる可能性があります。すなわち，参加者からデータを収集する際に幸運が重なり，観察されたサンプルにおける一次的な従属変数の群間差が，母集団における真の差よりも大きくなる可能性があります。より多くの参加者が研究に参加した場合，観察された差の推定値は小さくなってしまうかもしれませんが，母集団の差に近づくかもしれません[4]。

　停止規則は医学研究や，健康や医療に関係する一部の心理学研究において最も頻繁に使用されます（ただし，ラベリング研究では使用しません）。研究者が重要な治療——たとえば抗がん剤の有効性——の評価を行いたい場合に，停止規則が利用されやすくなります。このような研究では，証拠が十分に集まるまで治療を差し控えることで命が失われる可能性があるにもかかわらず研究を中止しないことに対して，倫理的な懸念が生じるためです[5]。

---

*4　一例として，白血病の治療法の研究では，当初は異常に大きな効果が見られましたが，そのまま評価が続けられました。データが増えるにつれ，その効果は消失しました。このことから，Wheatley & Clayton（2003）は次のように提案しています。

　　この例から学ぶべき教訓は，次のようなことである。あらかじめ決められた値に基づく固定的な停止規則を使用すべきではなく，無作為化を終了するかどうかの決定は，治療効果の大きさについての医学的妥当性など，他の要因を考慮して行われるべきである。偶然による効果は実際に，そして多くの臨床医が思っている以上に頻繁に生じる。（p. 66）

　また，治療効果がないと思われる実験を中止するために，停止規則を用いることもできます（Lachin, 2005）。

中間解析

　中間解析は停止規則とよく似ていますが，より事後的な決定です。ラベリング研究において，各ラベル条件で15人の参加者からデータを収集し，そのデータを見た上で，結果が統計的に有意になったかどうかを判断することに決めるかもしれません。結果が統計的に有意であれば，研究終了となるでしょう。有意でなければ，収集したデータから効果量を計算し，これを用いて検定力分析を行うかもしれません。この検定力分析の結果は，追加で何人の被験者が必要かを決定するために使用されます。Pocock（1993）において，医学研究における停止規則と中間解析に関する倫理的・統計的問題が簡単に扱われています。

効果量

　先ほど紹介した2つの用語，**効果量**（*effect size*）と**検定力分析**（*power analysis*）について定義しておきましょう。Cohen（1988）は，効果量を「現象が母集団において存在する度合い，または帰無仮説が偽である度合い」（pp. 9-10）と定義しました。効果量を表す統計量は数多くありますが，文献で最もよく使われているのは，標準化平均値差，r指標，オッズ比の3つです。

　1つ目は**標準化平均値差**（*standardized mean difference*），もしくはd指標と呼ばれるものです。これはラベリング研究においても使用される統計量です。d指標は，2群の平均値の差についてのスケールフリーな測度です。香りのラベリング研究の例では，d指標はバラと肥やしの群平均の差を標準偏差の平均で割ることで計算されます[6]。つまり，$d=0.50$であれば，2つの群平均は標準偏差の半分だけ離れていることを意味します。

　効果量の2つ目の統計量は，r指標，あるいはピアソンの積率相関係数です（この効果量はよくご存知かもしれません）。通常，これは2つの連続変数間の線形関係を測るのに用いられます。たとえば，現在市販されている香水の名前に

---

[5]　停止規則は，他の統計的文脈でも使用されます。たとえばステップワイズ回帰（モデルに追加する変数やモデルから除去する変数の数を決定するため）や因子分析（保持する因子数を決定するため）などです。

[6]　d指標の計算にはより詳細な議論がありますが，ここでは触れません（Cummings, 2012を参照）。

対する人々の感情評定と，香りそのものに対する反応（たとえば，1＝**非常に不快**から 10＝**非常に心地よい**までのスケール）の関係を研究する場合には，この測度を用いることになるでしょう。

　効果量の 3 つ目の統計量はオッズ比です。これは，両方の変数が二値であり，結果が度数または比率として得られる場合に使用されます。2 つのラベルと参加者がその香水を購入すると答えたかどうかの回答の関係の強さを表すために，オッズ比（またはいくつかの関連する指標）を使用することになるかもしれません。オッズ比を計算するには，各条件における購入確率を求めます。たとえば，肥やしの条件では 6:1，バラの条件では 3:1 といった具合です。この状況でのオッズ比は 2 であり，香りが「バラ」と呼ばれるときの方が，「肥やし」と呼ばれるときよりも，購入確率が 2 倍大きいことを意味します。

　あなたの研究で期待される効果量を知るにはどうすればよいでしょうか。今こそ中間解析の出番です。中間解析を使って，期待される効果量を推定しましょう。あるいは，同じテーマで同じような方法を用いた過去の研究で見出された効果量を調べることもできます（メタ分析は特にこの目的に適しており，その結果には常に効果量の推定値が含まれます）。もう一つの選択肢は，理論的あるいは実際的に意味のある効果の大きさを決めることです。たとえば，香水の会社が香水の名称を決定する際に，売上高の差がどの程度の大きさであれば有意義か，といった具合です。

検定力分析

　検定力分析は，十分な見込みで帰無仮説を棄却したい場合に，どれだけの参加者を研究に含めるべきかを決めるためによく使われます。検定力分析を行う際には，（a）期待する効果量（または意味のある効果量）[7]，（b）帰無仮説を棄却するために使用する p 値の水準，および（c）母集団において真に関係性が

＊7　この値も，過去の研究で判明したこと，あるいは理論的または実際的な重要性によって決定することができます。それでも，誤って肯定的な結論を出したり，反対に肯定的な結論を見逃したりすることに対する許容範囲を設定しておくことに加え，研究の検定力は，あなたが判断しようとしているまさにそのこと（の推定上の影響力）に対するあなた自身の期待に依存することを心に留めておくことが重要です。

2. サンプルサイズ，検定力，検定精度

存在する場合に，帰無仮説を棄却できる見込みの3つを事前に決めておきます。この最後の数値が研究の検定力と呼ばれます。検定力が .80 の場合，定められた統計的有意水準，サンプルサイズ，期待される効果量が満たされていれば，帰無仮説を棄却できる可能性が80%あることを意味します[*8]。たとえば，$d =$ 0.50 の効果量を期待し，$p < .05$（両側検定）で帰無仮説を棄却する確率を80%にしたいとします。これらの3つの数値があれば，検定力を計算することができます。あるいは，検定力の表に相談してもよいでしょう（Cohen, 1988 を参照。表はインターネット上でも見つけることができます）。80%の検定力を得るためには，各条件で64人の参加者が必要であることがわかります。

　検定力分析をどのように報告すべきかの例を，*Journal of Consulting and Clinical Psychology* に掲載された Amir et al. (2009) の論文「全般性社交恐怖患者における注意トレーニング：無作為化比較試験」から引用します。著者らは全般性不安障害（GAD）に関する実験研究を報告し，脅威となる社会的刺激から注意をそらすように訓練する注意修正訓練法の有効性を検討しました。

> 　GAD と診断された個人のサンプルにおいて，本研究と同様の不安の症状に対する8セッションの注意バイアス修正手続きの効果を調べた先行研究（Amir et al., 2009）を基に，一次的な従属尺度における平均効果量を（$d =$）1.0 と推定した。α を .05 に，検定力（$1-\beta$）を .80 に設定した場合，社交不安の症状の一次的な結果測度について，AMP（注意修正プログラム）群と ACC（注意統制条件）群の間でこの大きさの効果を検出するには，1群あたり少なくとも17人のサンプルサイズが必要であった。（Amir et al., p. 966）。

　Amir et al. は，一方の条件に22人，もう一方の条件に26人の参加者を割り当てました。

[*8] 研究が行われ，帰無仮説が棄却されなかった際に，後から検定力分析が行われることもあります。研究者は，結果の有意性を判断するには検定力不足であった（すなわち，サンプルが少なすぎた，あるいは効果が微細すぎた）と主張したいのかもしれません。

予定されたサンプルサイズ

　研究者が研究に含めようとしていたサンプルサイズが明示されるのは稀なことです。それよりも，他の情報から判別できることの方が多いでしょう。Amir et al. (2009) は，必要な最小サンプルサイズが各条件 17 名であることを明確にしており，実際の参加者数はこの数を上回っています。他の例では，研究者は対象となる母集団または下位集団の総人数を提示しており，予定されたサンプルサイズの目安とすることができます。たとえば，O'Neill et al. (2009) は，*Journal of Occupational Health Psychology* に「怒り，知覚された組織的支援，および職場成果の関係の検討」と題する研究を報告しています。彼らは，組織的支援の知覚と従業員の怒り，離職率，欠勤，および仕事中の事故の関係を検討しました。

> 　回答者は，アメリカ南東部に本社を置く全国的な小売組織の 21 店舗の従業員 1,136 人であった。21 の店舗で合計 4,274 人の従業員が働いており，1,495 人（35％）がアンケートに回答し，そのうちの 76％が本研究の目的に照らして使用可能な回答を提供した。…まとめると，21 店舗の全従業員の 27％から使用可能なデータが得られたことになる。1 店舗あたりの平均回答者数は 71 人で，その範囲は 36 人から 138 人であった。(O'Neill et al., 2009, p. 323)

　予定されたサンプルが 21 拠点の全従業員（$N = 4,274$）であったことは明らかでしょう。

　異なる条件の人々を比較する研究を実施する場合，サンプルサイズに関する完全な情報を確実に提供する最善の方法は，図 5.1（p. 94）のフローチャートのバリエーションを使用することです。このフローチャートは，サンプリング過程の各ステップをガイドし，いつ，どのような理由で参加者が研究から脱落したかを記録するのに役立ちます。図 5.1 は，あなたや読者があなたの研究から行い得る（人々についての）正当な一般化がどのようなものかを判断する際に，また，あなたの研究が帰無仮説を棄却するのに十分な検定力をもっていたかどうか，あるいは効果量という用語で言えば，あなたの研究が十分な精度で効果量を推定できたかどうかを判断する際に役立ちます。図 5.1 の使用例について

は，第5章で研究結果の報告方法について述べる際に示します。

3. 測度，データ収集の方法，測定の質，測定の詳細

> 報告に使用した測度に関する記述には以下の内容を含めましょう
> - 一次的な測度と二次的な測度，および共変量として使用されたすべての測度の定義（これには測定されたが報告には含まれていない測度も含む）
> - データ収集に用いた方法
>
> さらに，以下の内容を含めて測定の質に関する情報を提示しましょう
> - 測定の質を高めるために用いた方法
>   - データ収集者の訓練内容と信頼性
>   - 複数回の観測を利用したか
> - 個別研究のために独自に作成した装置の妥当性に関する情報（たとえば心理測定学的もしくは生物測定学的属性）

　　JARS は方法のセクションに，参加者から収集されたすべての測度の定義を記載することを推奨します。測度の定義は，その測度があなたの研究における一次的な結果変数であるか二次的な結果変数であるか，あるいは結果の分析において共変量として使用したかどうかにかかわらず，提供すべきです。また，収集はしたものの報告された分析では使用しなかった測度についても記載します。これらの未分析の測度については簡単に，ときには脚注等で述べるとよいでしょう。あるいは，同じデータに基づく既に出版された学術誌の論文，学位論文，テクニカルレポート等，一般に入手可能な別の文書にそれらが記載されている場合は，単にその文献情報を記載しておくこともできます。

　　このサブセクションでは，測度を収集するために使用した方法についても記述します。質問紙，面接，行動評価や観察などを使用したでしょうか。一次的測度と二次的測度の区別については，本書の第2章（一次的仮説と二次的仮説，およびその他の計画された分析のセクションを参照）で述べたので，ここで繰り返すことはしません。**共変量**（*covariates*）は，あなたの研究の結果変数と関連

第3章 行ったことを詳細に

している可能性のある変数です。これらはデータの分析に際して，（a）結果変数の誤差を減らし，他の変数の影響に対してより敏感な統計的検定を行うため，もしくは（b）参加者が条件に無作為に割り当てられなかった（または無作為化が失敗した）ために，群間の（共変量と関係する，したがっておそらく結果変数にも影響する）介入前の差を調整するといった目的で使用されます。

　JARS の基準を満たす測定についての記述例として，*Rehabilitation Psychology* に掲載された Tsaousides et al. (2009) の論文「外傷性脳損傷後の雇用関連自己効力感と生活の質の関係」によるものを挙げます。

> **予測変数**
>
> 　**雇用関連自己効力感**　雇用関連自己効力感を測定するために，Bigelow Quality of Life Questionnaire（ビゲロー QOL 調査票；BOQ; Bigelow, McFarland, Gareau, & Young, 1991）の Perceived Employability（知覚された雇用可能性尺度；PEM）の下位尺度を用いた。PEM は，個人が仕事を見つけ，維持することに対する自信を評価する 8 項目から構成されている（例：仕事を探しに出かけることに，どの程度安心感がありますか？）。項目は 4 段階のリッカート尺度で評価され，合計得点が高いほど効力感が高いことを示す。本研究では，PEM の下位尺度 8 項目のうち，…適切な内的一貫性（Cronbach の α 係数 = .72）を満たした 5 項目のみが含まれている。(p. 301)

　この記述から，著者らの関心のある構成概念（雇用関連自己効力感），その測定方法（質問紙が使用されました），そしてその測定には 5 つの質問項目があり，4 つの選択肢があることがわかります。

マスキング

> 　使用した測定に関する研究報告の記述には，（a）被験者が割り当てられた実験条件，あるいは（b）研究の一次的仮説の 2 点について，データ収集を行った者が既知であったかどうかの情報を含めるのがよいでしょう

　マスキング（*masking*）とは，被験者，介入や実験操作を行う者，および結

52

3. 測度，データ収集の方法，測定の質，測定の詳細

果の評価を行う者に対して，被験者がどの条件に割り当てられたかを隠す手続きのことを指します。測定の文脈では，被験者から直接データを収集したり，記載された回答データをスプレッドシートに転送したりする者の認識が問題となります。データ収集者が研究の一次的仮説を知っている場合，被験者の回答や転送されるデータに影響し得る微妙な（時には無意識の）方法でデータ収集手続きを変更する可能性があります。

　たとえば，香水の実験において，被験者が嗅いだ香りが**バラ**であるか**肥やし**であるかを知っているデータ収集者は，被験者がバラの香りを嗅いでいるとき，より微笑んだり，より友好的に振る舞ったりするかもしれません。データ収集者にボトルのラベルを見せないことで，このバイアスを防ぐことができるでしょう。データの収集者や記録者から被験者の状態を隠すために実施された内容は，心理測定に関するセクションに記載されます。他の文脈でのマスキングについては，第4章で改めて述べます。

心理測定

　使用した測度の心理測定学的特徴に関する記述には以下の内容を含めましょう
- 分析した得点の信頼性の推定値
  - 主観的に得点化された測度や評定における評定者間信頼性
  - 縦断研究における再検査信頼性係数
  - 合成尺度における内的一貫性係数
- 該当する場合は，収束的妥当性および弁別的妥当性の推定値

　報告された信頼性と妥当性についての情報が，あなたのサンプルから得られたものではなく，他の情報源から得られたものである場合は，その情報源におけるサンプルの基本的な人口統計学的特徴を報告しましょう

　Tsaousides et al.（2009）の記述例では測度の内的一貫性も示されており，これは適切であるとも述べています。Tsaousides et al. は項目間の相関を用いて内的一貫性を推定するクロンバックのアルファ係数を提供しています。内的一

第 3 章　行ったことを詳細に

貫性には他の測度も数多く存在しています（T. J. B. Kline, 2005）。もし著者ら
が自分たちのデータからクロンバックのアルファ係数を計算せず，別の情報源，
たとえばビゲロー QOL 調査票を引用した元の論文のアルファ係数を報告して
いたとしたら，JARS は著者らに元の研究で使用されたサンプルの人口統計学
的情報も報告することを勧めます。この情報があれば，読者は元のサンプルと
新しいサンプルの特徴を比較し，それらの類似点と相違点に基づいて，元のア
ルファ係数の推定値が新しいサンプルに当てはまるかどうかを判断することが
できます。

　Fagan et al.（2009）は，父親が子どもと一緒に活動に参加する頻度に関する
2 つの測度の相関を測定しました。

　父親と母親の子どもへの関与に関する報告は，1 年目と 3 年目において
互いに中程度の相関があった（それぞれ rs = .56 および .58）。(p. 1393)

　これは，2 つの測度が同じ構成概念（父親の関与）を測定する 2 つの異なる
方法（母親または父親への質問）であることから，2 つの測度の収束的妥当性の
測度となります。したがって，両者の相関が高ければ，それぞれが関心のある
構成概念を測定しているという確信が高まります。

　再検査信頼性と併存的妥当性の推定を行った研究が，Vadasy & Sanders
（2008）によって行われました。この研究のタイトルは「反復的な読解介入：
結果および読者のスキルと教室での指導の交互作用」であり，*Journal of Edu-
cational Psychology* に掲載されました。この研究では，2 年生と 3 年生の読書
の流暢性に対する読書介入の効果が検討されました。以下は，著者らがその測
度について記した内容の一部です。

　児童は，ランダムに並べ替えられた 5 つの文字（a, d, o, p, s）からな
る刺激項目が 10 項目印字されたカードを提示され，できるだけ早く文字
名を回答するよう求められた。児童がすべての文字の名前を言うのに要し
た合計の秒数を得点とした。検査のマニュアルで報告されている再検査信
頼性は，小学生で .87 である。また，併存的妥当性の推定のため，数唱検
査を併せて実施した。文字命名検査と数唱検査（秒数）の相関は .79 であ

3. 測度，データ収集の方法，測定の質，測定の詳細

った。(p. 277)

　なお，再検査信頼性に関する情報として，著者らはこの研究のサンプルが，元のサンプルと同様の学年から集められたということ以上の情報を提供していません。併存的妥当性の推定は，サンプル内での比較に基づいたものです。

　Tsaousides et al. (2009) では質問紙の項目例も示されています。これは，質問の内容が明確でない場合や，測度に複数の項目が含まれ，それらを合計することで参加者の得点が計算されるような場合には特に有効な方法です。測度の全体と，その測定上の特性を説明した文書を付録として提供するか，オンラインの補足的なアーカイブへのリンクを（項目例と併せて）提供し，読者に測度の全体を提供することが最善の方法です。

　以下は，*Journal of Educational Psychology* に掲載された Moller et al. (2008) の論文「都市部の 70 の幼児教室における学級の年齢構成と発達的変化」から引用した，幼児教室の質を行動ではなく観察者の評価に基づいて測定した研究における，測定尺度の説明の好例です。

Early Childhood Environment Rating Scale—Revised（幼児環境評価尺度改訂版；ECERS-R）　ECERS-R は，幼児教室の質を客観的に評価するために最も広く使われている観察ツールの一つである (Henry et al., 2004; Howes & Smith, 1995; Scarr, Eisenberg, & Deater-Deckard, 1994)。ECERS-R が測定する教室の質は，「空間と調度品」，「身の回りの世話」，「言語と推論」，「活動」，「相互作用」，「プログラムの構造」，「保護者とスタッフ」の 7 領域である。各領域には，その領域のさまざまな構成要素を表す 5 ～ 10 項目が含まれる。本調査では，教室の質を総合的に測定するため，7 領域すべての得点を平均した。…

　ECERS-R による教室の質の観察は，24 人の観察者によって学年の半ば（2 月，3 月，4 月）に実施された。初年次の観察者は，15 時間の ECERS-R 観察者としてのトレーニングに参加し，ECERS-R の著者からトレーニングを受けたマスター・オブザーバーと 85％一致という評定者間信頼性を達成した。2 年目の観察者は，追加の 4 ～ 5 時間のトレーニングに参加し

> た。すべての観察者が80%一致という評定者間信頼性を維持し，残りの
> 20%の観察がチェックを受けた。(pp. 744-745)

　Moller et al.（2008）は，読者がこの測度に関する追加情報を見つけることが
できる参考文献をいくつか挙げています。この測度には観察が含まれるため，
著者らは評定者がどのように訓練されたか，また彼らの評定がどの程度信頼で
きるかを注意深く記述しています。Moller et al. は，評定者間信頼性の測度と
して一致率を示しています。評定者の同等性については，他の測度も報告され
ています（T. J. B. Kline, 2005）。

　最後に，**生物測定学的属性**（*biometric properties*）とは，個人の物理的または
生理学的な構成を指します。年齢などのいくつかの生物測定学的属性は，非常
に信頼性が高く，かつ収集が容易です。これらの中には詳細な記述が必要なも
のもあります。たとえば心電図（EKG）は，参加者の皮膚に定められた通りに
電極を配置することで得られる心臓の電気的活動の測定値です。*Psychology
of Addictive Behaviors* に掲載された Taylor & James（2009）の論文「物質依
存のバイオマーカー候補についての証拠」では，著者らは物質依存の有無によ
る，予測可能あるいは予測不可能なホワイトノイズのバーストに対する反応の
差異について調べる研究において，心電図を1つの測度として使用しています。
心電図データの収集方法についての記述は以下の通りです。

> 　すべての参加者について，心電図は Contact Precision Instruments 社の
> AC アンプを通して，固形化した Ag-AgCl 使い捨て電極で記録された。ロー
> パスフィルターは30 Hz，ハイパスフィルターは0.3 Hz に設定した。す
> べてのデータは100 Hz でオンラインでデジタル化された（以前の研究では
> 128 Hz であった）。すべての生理学的データは，IBM 互換コンピュータ上
> で動作する Contact Precision Instruments 社のソフトウェアを用いて取
> 得した。(p. 493)

　それぞれの生物測定学的マーカーはそれ特有のパラメータ設定を持っており，
これらは報告される必要があります。心理学的測度による測定と同様に，
JARS は他の読者が測度の妥当性を判断し，結果を再現できるよう，十分な情

報を提供することを推奨します。

4. 実験条件と実験デザイン

報告の研究デザインには以下を含めましょう
- 実験条件が操作されたものか，自然に観察されたものか
- 研究デザインの種類（第4章，第6章，第8章の付録を参照）

JARS でカバーされていない研究デザインである場合，以下のような追加の関連情報も報告しなければなりません
- そのデザインに関連する一般的な名称
- 他者（たとえば学術団体や雑誌）によって開発された，報告の指針となるような基準

　方法のセクションには研究デザインと，それを実施するために使用した手続きに関する情報も含める必要があります。研究デザインの選択に関する基本的な問題については他所で述べています（Cooper, 2006）。簡単にいえば，研究計画がリサーチクエスチョンに答えるために適切かどうかを判断するには，3つの大きな問いに答える必要があります。

1. 研究結果は数で表現すべきか，言葉で表現すべきか
2. 研究上の問いは事象の記述，事象間の結びつき，事象の因果的説明のどれに該当するか
3. 研究上の問いまたは仮説が以下のいずれかを扱っているか。（a）あるプロセスが，個人または他の単位において，時間とともにどのように展開するか，もしくは（b）参加者または参加者のグループ間のばらつきに関係がある何か，またはそれらを説明する何か。

　本書で紹介する JARS の資料は，数で表現される性質の分析を通して得られるような説明を試みる研究デザインのみを対象としています。最初の質問に「言葉で」と答えた方は，研究報告のガイドラインとして Levitt（2020）および Levitt et al.（2018）を参照するとよいでしょう。

第3章 行ったことを詳細に

　第4章では，結果を数で表すような研究デザインにおける報告基準を示します。第4章では以下のような研究デザインのバリエーションを取り上げます。

- 選択した結果変数あるいは従属変数に対する操作の効果を調べるため，実験的あるいは意図的に条件を操作する
    - このタイプのデザインでは，無作為あるいは無作為でない方法（たとえば自己選択や管理者による選択）で，参加者をいずれかの条件に割り当てます。**バラ**と**肥やし**のラベリング効果に関する研究は，無作為割り当ての実験例です
- 実験操作を含まず，自然に発生する事象を観察する

第6章では，以下のような研究のデザイン上の特徴を紹介します。

- 複数回のデータ収集
- 過去に実施された研究の追試
- 1人または1単位のみを対象とする研究
- 臨床試験を含む研究

　第8章では，研究の統合とメタ分析の報告基準について述べます。ここでも図1.1を使って，あなたの研究に最も当てはまる表を選ぶことができます。
　第2章（研究計画の設定），第5章（データと統計解析の記述），および第7章（結果の解釈）の内容と同様に，参加者の特徴やサンプリングの手続き，測定の特徴をカバーするJARSの項目は，どのような研究計画であるかに関わらず，すべての研究に関連していることを，本章で取り上げた様々な研究例が示しています。いずれにせよ，JARSが推奨する極めて重要な点は，研究報告に研究デザインの記述を含めることであり，あなたが選択したデザインとその実施方法によって，あなたが望む推論を導くことができるかどうかを，読者が判断できるようにすることです。

5. データの診断

計画されたデータの診断に関する記述には以下を含めましょう

5. データの診断

- データ収集後に被験者を除外する基準がある場合には，その基準
- 欠測データを処理する時期の判断基準および欠測データの代入方法
- 統計的外れ値の定義と処理
- データ分布の特徴
- データの変換を行う場合，その方法

　報告には，計算される推測統計量の分析計画と，以下のそれぞれの仮説について，どのように実験単位のエラーを防止するかについても記述しましょう

- 一次的仮説
- 二次的仮説
- 探索的仮説

　データの診断と分析計画の詳細を，なぜ結果のセクションではなく方法のセクションで提示する必要があるのか不思議に思われるかもしれません。その答えは，**計画された**という言葉にあります。方法のセクションでは，実際にデータを収集し，それを検討し始める**前に**，データの収集と分析についての計画がどのようなものであったかを簡潔に説明する必要があります。JARS がこの情報の提供を求めているのは，データ収集が始まったり完了したりした後に，しばしば計画が変更されることがあり，この計画の変更によってデータから得られる結論が変わってしまう可能性があるからです。

　不測の事態が発生した場合，計画を変更することは構いません。しかし，結果を見て，そしておそらく何か気に入らないものを目にした後で，データに対するアプローチを変えることは許されません。たとえば，香りの心地よさに関するデータを収集し，**バラ**の香りと**肥やし**の香りの評定に差がないことを発見したとします。ただし，それらの香りが一般的に非常に低い評定を得ていること，つまりスコアが右に偏っていることを後から発見したとしましょう。そこで，データを対数変換してみると，2つのラベル群の間に差が現れました。

　この状況における結論は，分析の前から実験には悪臭を使用し，データを変換するという計画を立てていた場合に得られる結論とは異なります。なぜでしょうか。なぜなら，これはあなたが実施した2度目の仮説検定であり，しかも

事後的なものだからです。したがって，この新たな発見が偶然の産物である可能性が高くなります。あなたの発見を再現するのは難しくなるかもしれません。このような事後分析を行う場合は，まず何をするつもりだったのか，それを行った結果何がわかったのか，次に何をしたのか，そして何がわかったのかを順に述べる必要があります。最初に計画した分析と，それによって明らかになったことを無視することはできません。このトピックについては，第5章でいくつかの診断および分析手続きについて個別に説明するときに，改めて触れることにしましょう。

　データの診断と分析計画を方法のセクションで報告するのは，まだかなり稀なことです。しかし，JARSや他の報告基準で報告の必要性が注目されるようになった今，そうでなくなることを望みます。この新たなセクションを方法部分の最後に追加する目的は，研究者らにデータの取り扱いに関する計画を完全に報告するよう奨励することです。そうしておけば，研究者がデータの削除やデータ変換，その他の怪しいデータ解析につながるようなデータの診断を報告しようとするとき，それらがあらかじめ正当化されていない限り，読者は何らかの怪しい気配を感じることでしょう。

4

研究デザインを書く
実験操作を伴う研究と伴わない研究

　第1章で触れたように，研究プロジェクトが新しいデータの収集を伴うなら
ば当然表A1.1が埋まるはずでしょう。この表は，どんな研究デザインや統計
的分析を用いたとしても，すべての研究報告に含めるべき一般的な材料を一覧
にしています。しかし，研究デザインによっては別の側面を報告する必要もあ
ります。本章はこれらの実験操作を伴うデザインによる研究についての基準を
述べます。

　表A4.1は，目的のある，すなわち，実験操作を伴うすべての研究デザインに
ついての報告基準を述べたものです。表A4.2aは，被験者の条件への無作為割
り当てを使った研究を報告するための個別の項目を挙げたもの，表A4.2bは目
的のある操作を使っているが被験者が無作為割り当て以外の手続きを使って条
件に割り当てられた研究を報告するためのものです。表A4.2aか表A4.2bのい
ずれかを使うことを選び，両方を使わないようにしてください。表A6.4は，臨
床試験を報告するための追加的な報告基準を示しています。また，この表はア
ブストラクトと序論についての2，3の追加の報告基準を強調しています。こ
れらは主に臨床試験の場合の特定の重要事項を強調するために含めたものです。

1. 実験操作または介入を伴う研究

　量的研究論文のための報告基準（JARS; Appelbaum et al., 2018）の勧めによる
と，研究報告は，実験操作を伴う研究において被験者が経験するすべての異な
る条件の詳細な記述を含むものです（表A4.1）。JARSの他の項目の例を示す
ために，ここでは主に *Journal of Experimental Psychology: Human Percep-
tion and Performance* に掲載された Adank et al.（2009）の「聴き取りづらい

61

聴取条件のもとでのなじみのある母語アクセントとなじみのない母語アクセントの理解」というタイトルの論文を使います。この研究者らは2つの聴取群を設けました。1つの聴取群は，英国のロンドン在住者から選ばれました。彼らは標準的な英語（standard English: SE）かグラスゴー英語（Glaswegian English: GE）で話された文の録音を聞きました。彼らは前者にはなじみがあるが後者にはなじみがないと仮定されていました。第二の聴取群は，スコットランドのグラスゴーから選ばれ，同じ録音を聞きましたが，（メディアでの接触のために）どちらのアクセントにもなじみがあると仮定されました。また，録音には3つの音量のノイズが加えられ，4つのノイズ条件が作られました（1つはノイズなし条件でした）。したがって，8つの実験条件がありました。デザインの概観において，Adank et al. は読者に以下のように述べています。

> 96の真か偽の文を参加者に提示した。つまり，実験条件ごとに12の文があった。文は条件間でカウンターバランスしたので，聴取群内のすべての被験者を通してすべての条件において96すべての文を提示した。すべての聴取者は4つすべての条件で文を聞いた。これをSE・GE聴取群についてくり返し，どちらの群についてもすべての条件ですべての文が確実に提示されるようにした。さらに，一人の話者による3つ以上の文が続けて提示されないようにした。これは，一人の話者からの2文程度で慣れが生じるというClarke & Garrett（2004）の知見による。(p. 521)

そこで，Adank et al. は，2要因（2×4）の被験者内デザインに被験者間要因として機能する追加的な個人差――被験者はSEかGEを話す――を加えた混合要因の実験デザインを用いました。この研究は知覚過程に焦点を当てて実験室で行われました。

実験操作

研究が実験操作を伴う場合には，報告では以下の内容を述べましょう
- それぞれの研究条件（比較条件を含む）で意図された実験操作の詳細
- 操作がいつどのように実際に行われたか

1. 実験操作または介入を伴う研究

- 具体的な実験操作の内容（教示の要約やパラフレーズは，そのまま提示したものである場合も，一般的でないものでない限りは不要）
- 実験操作実施の方法（モデルや製造業者による特殊な装置や実験におけるその機能など，装置の記述と使用した材料を含む）

　Adank et al.（2009）において英語話者による文を実現するために用いた方法と材料は，まず録音文刺激材料を作ることでした。彼らは操作をどのように実現したかについて感銘を受けるほど多くの詳細を提供しています。まず，Adank et al. は，録音をどのように作ることで話者のアクセントが録音文を通して多様であることを保証したのかを述べました。

　すべての話者について，SCOLP［言語処理のスピードと能力：Speed and Capacity of Language Processing］テスト（Baddeley et al., 1992）のバージョンAの100文の録音を行った。文はノートPCの画面に提示し，話者は文を静かに読んだ後で，平板な調子で発音するよう教示された。すべての文は一回録音された。しかし，話者が間違った場合には，面接者が2文戻して，話者はその両方をくり返すよう教示された。…

　GEの話者は，Tascam DA-P1 DAT レコーダー（Tascam Div., TEAC Corp., Tokyo, Japan）上に AKG N6-6E プリアンプを取り付けた AKG SE 300B マイク（AKG Acoustics, Vienna, Austria）を用いて音響室で録音された。それぞれの刺激は，Kay Elemetrics 社の DSP ソナグラフ（Kay Elemetrics, Lincoln Park, NL）を用いてハードディスクに直接に転送された。…SE話者の録音は無響室で，Brüel and Kjær 2231 騒音計（Brüel and Kjær Sound & Vibration Measurement, Nærum, Denmark）をマイク／アンプとして用いて行われた。このマイクは4165マイクカートリッジに合わせ，A/C出力は Sony 60ES DAT レコーダー（Sony Corp., Tokyo）のライン入力を受け，DAT レコーダーからのデジタル出力を Dell Optiplex GX280 パーソナルコンピュータ（Dell Corp., Fort Lauderdale, FL）の Delata 66 サウンドカード（M-Audio UK, Watford, UK）のデジタル入力に送った。…2つの話者群の間での録音条件の違いは録音では気づかないほどのものであっ

たので，2つのアクセントの明瞭さに影響する見込みは小さい。

　次に，すべての文をはじめから終わりまでゼロクロッシングにトリムして（最初と最後の発話音のオンセットとオフセットにトリムするか，可能な限り近づけた）ファイルに保存し，22,050 Hz にリサンプルした。その後，8名すべての話者の間での発話速度の違いを均したので，すべての文は8名すべての話者を通して同じ長さになった。このことは，従属変数の直截的な解釈を保証する（すなわち，結果をミリ秒で表現できるようにする）ために必要であった。まず，96 の文のそれぞれについて，すべての話者を通しての平均持続時間を計算した。次に，Praat ソフトウェアパッケージ（Boersma & Weenink, 2003）に実装された，Pitch Synchronous Overlap Add Method, すなわち PSOLA（Moulines & Charpentier, 1990）を用いて，話者ごとに別々に文をデジタルに短くしたり長くしたりした。短くしたり長くしたりしたことの効果は一部の場合にはぎりぎり聞き取れるものだったが，操作は比較的微量で，実験におけるすべての話者のすべての文を通して実行されたので，この操作による効果は無視できるほど小さいことが期待された。(p. 522)

　このレベルの詳細さが『APA 論文作成マニュアル』（APA, 2020）では求められています。

　機械装置を用いて刺激材料の提示やデータの収集を行った場合には，手続きの記述に，装置のモデルナンバーと製造業者（神経イメージング研究など，重要な場合），重要な設定やパラメータ（たとえば，パルス設定），解像度（たとえば，刺激伝達，記録精度に関して）を含めること。(p. 85, 訳書 p. 86)

　この詳細さのレベルは，この研究領域がおそらくはごく微細で微妙な効果を扱っていることも示唆しています（発話速度に向けられた注意に注目しましょう）。このことは，刺激材料として何をどのように提示したり産出したりしたのかについて，実験者に多大な制御を要求します。Adank et al. は実験の録音が行われた場所（ロンドンとグラスゴー）にも言及していることに注目しましょう。

1. 実験操作または介入を伴う研究

Adank et al.（2009）は次にノイズ操作をどのように実現したのかについての記述に進みます。

> 最後に，発話形式のノイズを付加した。…この発話形式のノイズは，男性と女性の声を組み合わせた，長期の平均的な発話スペクトラムに近似させたものに基づいた。…3分の1オクターブ帯ごとの二乗平均レベルをスペクトラムレベルに変換し，オクターブ尺度上にプロットした。3ライン近似を用いて，60 Hz から 9 kHz の形状の主要な部分を捉えた。これは，120 Hz 以下の 17.5 dB／オクターブで発音される低周波数部分と 420 Hz 以上の 7.2 dB／オクターブで発話される高周波部分，一定の中間のスペクトラム部分からなった。文ごとに，ノイズサウンドファイルを発話形式のノイズの内外（6秒）断片からランダムな位置でカットしたので，ノイズは文ごとにランダムにばらついた。発話形式のノイズは文と同じ持続時間であり，文のオンセットで始まりオフセットで終わった。文とノイズの二乗平均を決定し，SNR（信号－ノイズ比）レベルにフィットするように尺度化し，最終的に加算して組み合わせた。最後に，Praat を用いてピークを正規化し，サウンドファイルを 70 dB の音圧レベル（SPL）の強度に尺度化した。（p. 522）

実施者

> 研究が実験操作を伴う場合には，以下の内容を述べましょう
> - 実施者（以下の情報を含む）
>   ◦ 操作を実施したのは誰か
>   ◦ その人の専門的訓練のレベル
>   ◦ その人の具体的な実験操作の訓練のレベル
> - 実施者の数
> - 各実施者の扱った人数または単位数の平均，標準偏差，範囲

Adank et al.（2009）については，操作の実施者は声を記録された人々から構成されるでしょう。

第4章 研究デザインを書く

> 　4名のSE話者と4名のGW話者について録音を行った。すべての話者は中流階級の男性であり，20歳から46歳であった。男性話者のみを選んだのは，両性を含めると喉頭の大きさと声道の長さの性差に関連する望ましくない違いが生じるためであった。…GE話者はグラスゴーで録音し，SE話者はロンドンで録音した。(p. 552)

　さらなる用心をして，研究者たちは録音を作るのを手伝った人についても述べています。

> 　われわれの研究チームは南部英語アクセントを話すので，〔話者が〕南部英語に発話を調整する可能性を避けるため (Trudgill, 1986)，GE の録音はGE が母語のインタビュアーが行うように手配した。…SE の録音はSE が母語のインタビュアーが行った。(p. 522)

　実験条件をどのように実現したかについて，これらの著者が提供する詳細さのレベルには感銘を受けます。部外者にとってはささいな詳細のように見えるものが，その分野にどっぷり浸かった人には，ある研究から強い因果推論を導くために重要なものとなりうるのです。何がそうした詳細に当たるのかということは，どうしたらわかるでしょうか。あなた以前にその領域で研究をしてきた人々の詳細な報告を読むほかないでしょう。

環境，接触，時間スパン

研究が実験操作を伴う場合には，以下の内容を述べましょう
- 実験操作が生じた環境
- 接触の量と持続時間（以下の情報を含む）
  - 何回のセッション，エピソード，イベントを実現することが意図されたか
  - それらはどのくらいの長さ続くことが意図されたか
  - 時間スパン，すなわち，操作がそれぞれの単位に対して実現されるのにどのくらいの時間がかかったか

1. 実験操作または介入を伴う研究

　Adank et al.（2009）の実験手続きについての記述は，実験室の物理的特徴，操作実現のモード，被験者がどんな反応をすることになっていたかに焦点を当てるものでした。

　　手続き　SE 聴取者はロンドンでテストされ，GE 聴取者はグラスゴーでテストされた。すべての聴取者は静かな部屋でノートパソコンの画面に向かって個別にテストされた。聴取者は書面で教示を受けた。聴取者はノート PC のキーボードを使って反応した。半数の参加者は真反応のときには左人差し指で q キーを，偽反応のときには右人差し指で p キーを押すように教示された。反応キーは残り半数の参加者については逆転させた（すなわち，真に p，偽に q）。聴取者は利き手についてスクリーニングされなかった。刺激はすべての参加者に対して一定に保った音量でヘッドフォン（Philips SBC HN110; Philips Electronics, Eindhoven, the Netherlands）を通して提示された。刺激提示と反応の収集は，Matlab（Mathworks, Cambridge, UK）のもとで走る Cogent 2000 ソフトウェア（Cogent 2000 Team, Wellcome Trust, London, UK）によって行った。May et al.（2001）の SCOLP 課題のコンピュータ版にしたがい，反応時間は音声ファイルの終わりに対して測定した。
　　各試行は以下のように進んだ。まず，刺激文を提示した。次に，プログラムは次の刺激を再生するまで 3.5 秒待って，参加者が反応を行えるようにした。参加者が 3.5 秒以内に反応しなかった場合，試行は反応なしと記録された。参加者にはできるだけすばやく反応するよう求め，文が終わるまで待たなくてもよいと告げた（反応時間は音声ファイルのオフセットから計算したので，負の反応時間もありえた）。
　　実験の開始前に慣熟試行を提示した。慣熟文は男性の SE 話者によって産出されたものだった。この話者は本実験には含めず，10 の慣熟文についても同様であった。実験の所要時間は 15 分であり，休憩は挟まなかった。(pp. 522-523)

第4章 研究デザインを書く

コンプライアンスを高めるための活動

研究が実験操作を伴う場合には，コンプライアンスや遵守性を高めるために取り組んだ活動について詳細に述べましょう（たとえば，インセンティブ）

Adank et al.（2009）はコンプライアンスを高めることに関してはほとんど述べていませんが，この種の研究では，あまり必要でないことが多いでしょう。彼らが読者に説明したのは，彼らの研究の被験者がロンドンとグラスゴーから募集されたことと，「全員が参加に対して謝礼を支払われた」ことでした（p. 522）。謝礼はコンプライアンスを高めるための方法と見ることができます。

英語以外の言語の使用

研究が実験操作を伴う場合には，英語以外の言語の使用と翻訳方法について述べましょう

Adank et al.（2009）の研究では，SE 以外の言語の使用が実験操作の一つでした。JARS の推奨によると（表 A4.1 を参照），研究報告はその研究を行うために用いた言語が英語以外であったかどうかを明らかにすべきです。『APA 論文作成マニュアル』によると，

装置を開発された言語以外の言語に翻訳するときは，翻訳の具体的な方法を述べること（たとえば，結果を比較する上で十分に同等であることを保証するために，文章を別の言語に翻訳してから元の言語に翻訳しなおすバックトランスレーションの実施）。（APA, 2010, p. 32）

追　試

研究が実験操作を伴う場合には，追試ができるように十分な詳細を含めましょう（以下の情報を含む）

> - 手続きのマニュアルの参照やそのコピー（すなわち，手続きのマニュアルが利用可能であるかどうか，利用できるならどのようにして他者が入手できるか）

　上に示したデザインの記述は詳細の優れた例であり，他者が優れた忠実性をもって研究を追試できるようにするためにはこのようにするのがよいでしょう。Adank et al.（2009）の報告は十分な分量を使って研究の操作，装置，実施者，環境を述べています。

実施と分析の単位

> 　研究が実験操作を伴う場合には，実現の単位——つまり，実施の際に参加者をどのようにグループ化したか——について述べましょう（以下の情報を含む）
> - 操作の効果を評価するために分析した最小の単位（実験の場合には，条件への無作為な割り当て）の記述（たとえば，個人，ワークグループ，クラス）
> - 分析の単位が実現の単位と異なる場合には，これを説明するのに用いた分析方法の記述（たとえば，マルチレベル分析を用いて，デザイン効果によって標準誤差推定値を調整する）

　JARS は実験操作の実施の際に被験者をどのようにグループ化したかの記述を求めています。操作を個人ごとに実施したのでしょうか，少数から多数のグループでしょうか，まるごと〔グループの全員〕でしょうか，自然に生じたグループでしょうか。データ分析において用いた最小の単位も述べることを勧めます。
　この情報を報告することを勧める理由には，読者が操作の実施と分析の方法を知る必要があるという以上のものがあります。ほとんどの場合，実施の単位と分析の単位は統計的検定の仮定を満たすためには同じである必要があります。具体的には，問題になるのは，分析における各データポイントが他のデータポ

イントとは独立であるという仮定です。被験者がグループでテストされると，各グループにおける個人が従属変数の得点に影響するような仕方で互いに影響を与え合うことが考えられます。

　香りラベルの研究を行うと考えてください。各5名の被験者からなる10のグループには**バラ**とラベルを付けた香りを，別の10のグループには**肥やし**とラベルを付けた香りをかがせます。被験者には香りを評定させる前に，グループディスカッションに参加することを認めるものとします。ディスカッションはグループによっては大きく違ったものになるかもしれません。肥やしグループの一つでは大きな声で話す一番目立つ人が「**肥やし**と名付けられた香りを買うなんてありえない！」などと言ってグループ全体のディスカッションを枠づけるかもしれません。一方，別のグループでは，一番目立つ人が「**肥やし！**なんて大胆な販売戦略なの！」と言うかもしれません。そのような発言は，それぞれ，グループ全員の評定を下げたり上げたりする可能性があります。したがって，グループ内の評定はもはや独立ではありません。被験者のグループを知ることによって，肥やし条件およびバラ条件の中でさえ，そのグループにいなかった他の被験者のそれよりも評定が低いか高いかについて何がしかがわかることになります。

　もちろん，この例は実際には起こりそうにないものです（そう私は願います）。明らかに，被験者はこの種のラベル付け研究に個別に参加するはずです。ラベリングに及ぼすグループの影響を調べるというリサーチクエスチョンでもない限りは（また，この場合にはフレーミング発言は実験的に操作されるでしょう）。しかし，グループに適用される処遇が目的に沿って形成されたり（たとえば，集団療法），自然に形成されたりする（たとえば，教室）多くの場合があります。それでも，これらの場合の多くには，個々の参加者を分析の単位としてデータ分析を行う誘惑に駆られるでしょう。そうすれば，（a）分析が簡単になったり，（b）参加者を分析の単位として用いることで利用可能な自由度が増えることによって検定の検定力が増したりするからです。ラベル付け実験をグループで行った場合，100名の被験者がいてもグループは20にしかなりません。

　一部のデータ分析技法はグループ内での得点の潜在的な依存関係を考慮します（Luke, 2004）。そのような分析手法を用いた場合，そのことを明記しなけれ

70

1. 実験操作または介入を伴う研究

ばなりません。これらの技法について述べることは，本稿の議論の射程を超え
ます。今のところは，なぜ JARS がこの情報を求めるのかの背景にある理由を
理解することが重要です。

　実施と分析の単位の問題に取り組んだ研究を行ったのが，Vadasy & Sanders
(2008) です。彼らは 2 年生と 3 年生の読解の流暢性に読解介入が及ぼす効果
を調べました。介入は 2 名の児童からなるグループで実施しました。ここには，
Vadasy & Sanders が実現の単位を構成する彼らの方法をどのように述べたか
を示します。

> 　グループ割り当ては二段階の過程であった。第一に，乱数発生器を用い
> て，年長の児童を学年内および学校内で二人組（生徒のペア）に無作為に
> 割り当てた。二人組内での児童間の極端なミスマッチを最小限にするため
> には児童を教室内で無作為に二人組に割り当てることが好ましかったが，
> 同教室内の年長の児童が少なかったためにこれは実現できなかった。とは
> いえ，（学校内の）学年内での二人組の無作為割り当てについては十分な数
> の年長の児童がいた。学年内の児童の数が偶数でない学校については，無
> 作為選抜を用いて参加から事後的に除外する単独者を決めた。その後，二
> 人組を 2 つの条件の一方に無作為に割り当てた。処遇条件（補足的流暢性
> チューター教示）と統制条件（チューターなし，教室教示のみ）であった。
> (p. 274)

これらの研究者は続いて分析の単位とデータ分析方略の選択の根拠を述べるこ
とに取りかかりました。単純に以下のように述べています。

> 　本研究デザインに存在するネスト構造のため，プレテストとゲインで
> のグループ差の分析にはマルチレベル（階層）モデリングアプローチを採
> 用した。(Vadasy & Sanders, 2008, p. 280)

無作為割り当てを用いた研究

> 　被験者を条件に配置するために無作為割り当てを用いた場合には，以下
> の内容を述べましょう

第 4 章　研究デザインを書く

- 無作為化の単位
- 何らかの制約の詳細も含めて，無作為割り当て系列を生成するのに用いた手続き（たとえば，ブロック化，層別化）

　ある研究において被験者が条件に無作為に割り当てられたのか，何らかの自己選択や運用手続きを通して割り当てられたのかを知ることは，その研究が因果関係を明らかにする可能性を読者が了解するために決定的に重要です。無作為割り当ては，操作が生じる前に実験グループ間に何らかの違いが生じる見込みを下げます（Christensen, 2012; 表 A4.2a を参照）。被験者を無作為割り当てを使って実験群に配置した場合，それらのグループは従属変数に関連するであろう特徴について違いがないと仮定できます[*1]。

　グループ分けが自己選択もしくは管理者選択の場合には，操作を導入する前に多くの次元についてグループが異なっていて，これらの次元の一部が従属変数に関連するということは実にありそうなことです。この可能性は，研究が自己もしくは管理者割り当て技法を用いてその操作についての強力な因果推論を導く能力を損ないます。たとえば，ラベル付け研究の被験者が最初に「バラ」と名付けられた香りをかぎたいか「肥やし」と名付けられた香りをかぎたいかを尋ねられた後に好みのグループに割り当てられたとしたら，香りの事後評定がラベル付け効果によって生じたのか，被験者が研究にもたらした個人差（おそらくは肥やし条件の被験者は農場で育った人が多いのではないか）によって生じたのかを単純に決める術はありません。この理由のために，無作為割り当てを用いた研究は**実験**もしくは**無作為化区画試験**（*randomized field trials*）と呼ばれるのに対して，無作為でない割り当てを用いた研究は**準実験**と呼ばれます。

[*1]　もちろん，無作為割り当ての使用は割り当てを行った後に生じるグループ間の違いを排除しません。たとえば，肥やしと名付けられた香りをかぐ群に割り当てられた参加者は，バラと名付けられた香りをかぐ群に割当てられた参加者よりも，研究参加を中断するという選択をより多く行うかもしれません。参加をやめるという意思決定は，参加者がかぐものを好む気質と関係する可能性があります。このことは，**損耗の違い**と呼ばれており，第 6 章でくわしく論じます。また，ときに無作為割り当てが失敗するのは，単純にそれが偶然の産物だからです。運が悪いというだけで，従属変数に関して異なるグループができることがあるのです。

無作為割り当ての種類　被験者を条件に割り当てるのにどんな手続きを用いたのかが読者に伝わる報告にすることが必須です。無作為割り当てを実験の文脈で用いたときには，無作為割り当てを行ったとだけ述べるのでまず十分でしょう。しかし，無作為割り当て系列をどのように生成したのかを付け加えることもできます——たとえば，乱数表を用いた，壺無作為化法を用いた，統計ソフトを用いたなど。

　研究がさらに洗練された無作為割り当て技法を伴うこともあります。たとえば，ある実験における被験者の数が少ないときに，まず条件の数に等しい被験者数を含むグループを作り，それからそのグループのメンバーを各条件に無作為に割り当てるのは優れた慣習です。この技法は**ブロック化**（*blocking*）と呼ばれ，各条件に最終的に等しい数の被験者が割り当てられることを保証するものです。

　ときおり，**層別無作為割り当て**（*stratified random assignment*）を使って，グループが被験者の重要な層を通して等しくなるようにすることがあります——たとえば，ブロック化方略を使って女性の各ペアと男性の各ペアを2つのラベル付け条件に割り当てることを考えます。このやり方なら，バラ条件と肥やし条件が各性別について等しい数の被験者となることを保証できます。このことが重要であるのは，香り評定が性別を通して異なると考える場合です。研究がそのような技法を用いた場合，報告においてそのことを述べるべきです。

無作為割り当ての実装と隠蔽の方法

　研究が無作為割り当てを用いた場合には，実験操作が割り当てられるまでその系列を隠したのかどうか，また，どのように隠したのかを述べましょう。また，以下について述べましょう

- 誰が割り当て系列を生成したのか
- 誰が参加者を登録したのか
- 誰が参加者をグループに割り当てたのか

　次の JARS の推奨は，配置過程の隠蔽の問題に関するものです。人々を研究

第4章 研究デザインを書く

に登録した人が次にどの条件が来るのかを知っていたかどうかの問題が持ち上がります。ほとんどの心理学の実験室実験では、このことはそれほど重要性を持ちません。登録はコンピュータによってなされるからです。

無作為でない割り当てを用いた研究：準実験

無作為割り当て以外の方法を使って被験者を条件に配置した場合には、以下を述べましょう

- 割り当ての単位（すなわち、研究条件を割り当てた単位。たとえば、個人、グループ、コミュニティ）
- 何らかの制約の詳細も含めて、単位を研究条件に割り当てるのに使った方法（たとえば、ブロック化、層別化、最小化）
- 選択バイアスを最小限にするために採用した手続き（たとえば、マッチング、傾向得点マッチング）

無作為でない過程を用いて被験者を条件に割り当てるときには、グループをできるだけ等しくするために、典型的にはいくつかの他の技法が用いられます（表 A4.2b；このことがどのように行われるかについては、Shadish et al., 2002 を参照）。頻繁に用いられる技法に含まれるのは、(a) 重要な次元についてグループを通して人々をマッチングしうまくマッチしない被験者のデータを取り除く、(b) 共分散分析や重回帰分析を用いて、結果測度に関連すると思われる変数を事後的に統計的に制御〔統制〕するなどです。

Evers et al. (2006) は *Consulting Psychology Journal: Practice and Research* で公刊された「マネジメント・コーチングの効果に関する準実験的研究」という論文で準実験の報告例を提供してくれています。この研究では、実験群はコーチングを受けることに署名した（自己選択した）マネージャーから構成されました。その後で、Evers et al. はコーチングを受けない比較群を作るという問題に直面しました。ここでは、彼らがこの過程をどのように記述したかを見ましょう。

74

1. 実験操作または介入を伴う研究

実験群

われわれは様々な部署のスタッフマネージャーにどのマネージャーがコーチングを受けることになっているのかを尋ねた。…われわれはコーチングに登録されることになっている 41 名のマネージャーの名前を入手した。30 名のマネージャーはわれわれの準実験に参加することに同意した。うち 19 名は男性（63.3%）で 11 名が女性（36.6%）であった。彼らの年齢は27 歳から 53 歳にわたった（$M=38.8; SD=8.20$）。マネージャーとしての平均年数は 5.34 年（$SD=5.66$）で，現在の地位にいる平均年数は 1.76 年であった（$SD=2.52$）。

統制群

われわれは住宅都市開発部の 77 名のマネージャーに質問紙に回答することを求めた。このグループのうち，22 名は回答せず，48 名は準実験の最初と最後の両方の質問紙に回答した。われわれは給与体系を手がかりにグループをマッチさせた。連邦政府の給与体系は地位の重みを示しているからである。また，性別と年齢によってもできる限りグループをマッチさせた。結果的に，統制群は 30 名のマネージャーで，うち 20 名（66.7%）は男性，10 名（33.3%）は女性となった。年齢は 26 から 56 歳の範囲であり，平均 43.6 歳（$SD=8.31$）であった。このことは，統制群の年齢が平均4.8 歳年長であることを意味する。マネージャーを務めている平均年数は8.64 年（$SD=7.55$）であり，実験群のメンバーよりも 3.3 年長くこの地位で働いていることになる。統制群のメンバーは現在の地位で平均 2.76 年（$SD=2.39$）働いており，実験群のメンバーより 1 年長かった。

実験群と統制群は…性別（$\chi^2(1)=0.14, p=.71$），マネージャーとしての年数（$t(58)=1.91, p=.06$），現在の地位にいる総年数（$t(58)=1.58, p=.12$）については等しかったが，年齢については違った（$t(58)=2.25, p=.03$）。(pp. 176-177)

まず，JARS が勧めるように，Evers et al.（2006）の記述からは，個々のマネージャーが割り当ての単位であることがはっきりしています。最初の文は，

被験者がコーチング条件に無作為に割り当てられたのではないことを読者に告げています。割り当ての方法は自己選択か実施者選択でした。被験者がコーチングをリクエストしたのか，指名されたのか（あるいは，その両方なのか）についてはわかりませんが（そして，研究者はこのいずれもしていないのではないかと私は疑っていますが），コーチング群のマネージャーは明らかに複数の点ですべてのマネージャーとは異なるであろう人々でした。彼らがコーチングを必要とするのはジョブパフォーマンスが低いためか，さらによくなりたいという高い動機づけを持つ優れたマネージャーであるためかでしょう。参加するよう招かれた，コーチングを受けないマネージャーのグループは，年収が同じくらいであったために選ばれました。

　研究者らが述べるところでは，77 名のマネージャーが統制群に参加するよう求められ，うち 48 名が必要なデータを提供しました。これらの数は，条件割り当てに関連する問題以上に統制群のマネージャーの代表性の評価に大きく関わるものです。次に，応答のあった招待者の中で，マネージャーの性別と年齢に基づいてさらなるマッチングが行われました。このことは，コーチング群のマネージャーと最もよくマッチする 30 名からなる統制群を作り上げました。

　最後に，Evers et al.（2006）は彼らのマッチング手続きが性別と経験については同等であるが年齢についてはそうでないグループを生じたことを読者に告げました。研究者らが見出したところによると，コーチングを受けたマネージャーは高い結果の期待と自己効力感の信念を持っていました。コーチング群とコーチングなし群は年齢においても違ったため，これらの 2 つの変数について得点の高かったマネージャーは，単にこれらの 2 つの自己信念が年齢増加の関数としてより正の方向にあったということがありえます。

無作為および非無作為割り当てマスキングを用いた研究を報告する方法

　被験者を実験条件に配置するのに無作為割り当てを用いたのか，別の方法を用いたのかにかかわらず，方法のセクションでは以下の内容を報告しましょう
- 参加者，実験操作を実施した人，結果を評価した人が条件の割り当て

> に気づいていたか
> - マスキングがどのように達成されたか，マスキングの成功をどのように評価したかに関する言明
>
> マスキングを用いなかった場合，そのことを同じく明記するのがよいでしょう

　第3章で述べたように，**マスキング**とは，被験者，介入や実験操作を実施した人，結果を評価した人が，各被験者がどの条件に当たっていたのかに気づかないようにするためのステップをいいます。マスキングは，条件を知っていることそのものが被験者の行動や彼らとやり取りする人に影響しうる環境で採用されることが多いです。たとえば，香りラベル付け実験では，被験者は他に何と名づけられた香りに応答する条件があるのかを知らないはずです。とはいえ，彼らが香りそのものではなく割り当てに応答する可能性もあります（「なぜ私は**肥やし**をかがなければならないのか」）。

　被験者とやり取りする人も，目の前の被験者にどのラベルが当たっているのかを知らないはずです。もし知っていたら，故意にか無自覚にか，その人がどうふるまうかに影響するかもしれません（たとえば，バラ条件の被験者にはより笑顔を向けるなど）。また，たとえば，誰かに香りをかいだ後の被験者の表情を評定させるような場合，評定にバイアスがかかることを防ぐため，その人々には被験者の条件に気づいてほしくないでしょう。

　マスキングは**盲検法**（*blinding*）と呼ばれることもあり，単盲検，二重盲検実験が参照されるのを見かけることはいまもめずらしくありません。単盲検は被験者が自分がどの条件に当たっているのかを知らない研究を指し，二重盲検は被験者も実験者も条件を知らない研究を指します[*2]。たとえば，Amir et al. (2009) の「全般性社交恐怖患者における注意トレーニング：無作為化比較試験」という論文は検定力分析について説明する際にも取り上げました。この研

[*2] 盲検法という用語は，隠喩的な意味において障害を表すため1980年代中盤にAPAによって放棄されたものです。この用語は20年以上APAのガイドラインで使われていませんでしたが，いまでもAPAの論文誌に見られます。個人的には，マスキングも好ましいと思えず，私は代わりとして**わからないようにした**（were kept unaware）を使っています。

究では，バイアスをもたらす可能性のあるすべての人々に条件の割り当てをわからないようにしました。臨床家は結果測度を評定しましたが，被験者が実験処遇を受けたのかプラセボなのかを知りませんでした。

> 測　度
> 　アセスメントの前後に臨床家の評定と自己評定による測度バッテリーを用いた。臨床家評定は，処遇条件を知らない評定者によって行われた。（Amir et al., 2009, p. 964）

また，被験者と実験者には被験者の条件がわからないようにしてありました。

> 手続き
> 　各実験セッションの前に，参加者はコンピュータに自分のファイルのナンバーを入力した。…参加者はそのナンバーがどの条件を表すのかを知らなかった。参加者に働きかけるリサーチアシスタントは封筒の中のナンバーを見ることができなかった。したがって，参加者，実験者，面接者は，すべての処遇後アセスメントが行われるまで参加者の条件がわからない状態であった。（Amir et al., 2009, p. 985）

さらに，研究者らは被験者に条件がわからないようにする手続きがうまくいったかを評価しました。

> 　参加者がそれぞれの実験条件に気づかなかったかを評価するため，アセスメント後に参加者に自分が積極的な介入を受けたと思うか，プラセボ介入を受けたと思うかを尋ねた。回答を行った参加者のうち，AMP［注意修正プログラム］の 21％（4/19）の参加者と ACC［注意制御条件］の 28％（5/18）の参加者が自分は積極的な処遇を受けたと考えていた（$\chi^2(1, N=37)=0.23, p=.63$）。これらの知見は，参加者がそれぞれの実験条件を系統的には予測していなかったということの確信を高める。（Amir et al., 2009, p. 965）

Amir et al. (2009) は考察において，彼らが用いたマスキング手続きには 2つの限界があったことを指摘しています。

1. 実験操作または介入を伴う研究

> 評価者と参加者は参加者の条件について無知ではなかったので追跡データは注意を持って解釈したほうがよい。… (p. 969)
> 参加者のグループ割り当てに関する面接者や実験アシスタントの推測についてはデータを集めていなかったので，すべてのクラスで面接者とアシスタントが参加者の条件について無知であったかを決定的に確立することはできない。(p. 971)

　これらの記述から，処遇条件についての知識が研究の結果に影響していそうか（そんなことはなさそうですが，疑ってみることにします）を読者は容易に評価できますし，追試者は Amir et al. が行ったことを再現したり改善したりするには何が必要かを容易に知ることができます。

統計的分析

> 　被験者を実験条件に配置するのに無作為割り当てを用いたのか，別の方法を用いたのかにかかわらず，方法のセクションでは使用した統計的方法について述べましょう
> - 主な結果についてグループを比較するために用いた方法
> - サブグループ比較や調整しての分析（たとえば，無作為割り当てを使わなかったときにプレテストでの差をモデル化したりそれらを調整したりするための方法）などの追加的な分析
> - 媒介変数分析や調整変数分析（使用した場合）

　研究報告は「統計的分析」や「分析方略」といったタイトルのサブセクションで方法のセクションを終えるのがよいでしょう。あるときには，これらは方法のセクションのサブセクションとして提示されます。他のときには，それぞれの分析方略の記述がその分析の結果が述べられる直前に結果のセクションに現れます。どこに現れるにしても，データを分析するのに用いたおおまかな方略を示し，その選択の根拠を提供するのがよいでしょう。

　非実験データを用いた研究において分析方略がどのように述べられるかの一

例として，Tsaousides et al.（2009）が有効性の信念と脳損傷についての研究における二段階の分析アプローチをどのように記述しているかを見るのがよいでしょう。

データ分析

まず，人口統計学的データ，関連する損傷，雇用状態，予測変数（PEM［知覚された雇用可能性尺度の下位尺度］と IND［ビゲロー QOL 調査票の独立性下位尺度］），結果変数（PQoL［生活の質の知覚］と UIN［満たされていない重要なニーズ］）の関係性を探るため，相関係数を算出した。その後，各予測変数の各結果変数への順当な貢献を決定するため，2 つの階層的回帰分析を行った。予測変数に加えて，いずれかの結果変数と緩やかに相関する（$r \leq .20$）すべての人口統計学的変数とすべての損傷関連変数を回帰分析に含めた。…雇用状態の自己効力感変数への予測的価値を比較するため，雇用状態を両方の回帰分析に同様に含めた。（p. 302）

Amir et al.（2009）は，分散分析（ANOVA）を用いた実験についての分析方略の報告の仕方の例も提供しています。彼らの注意訓練についての研究の統計的分析のサブセクションは本文の一段落にもわたっています。以下では，主な測度について何を書いているかの部分を見ましょう。

従属変数に及ぼす注意訓練手続きの効果を調べるため，自己報告と面接者測度による参加者の得点を一連の 2（グループ：AMP，ACC）× 2（時点：アセスメント前，アセスメント後）の第二要因を反復測度とする ANOVA に投入した。概念的に関連する測度には多変量 ANOVA を用いて…障害測度には単変量 ANOVA を用いた。有意な多変量効果には対応する単変量検定により下位検定を行った。有意な交互作用にはグループ内単純効果分析（t 検定）に加えて，アセスメント前得点を共変量とするアセスメント後得点に対する共分散分析によって下位検定を行い，アセスメント前後で AMP が関連する従属測度に有意な変化を生じさせたのかを判断した。…一連の 2（グループ）× 2（時点）× 2（場所：UGA［ジョージア大学］，SDSU［サンディエゴ州立大学］）の分析は，主な従属測度に対する場所の有意な効

果がなかったことを確立した（いずれも $ps > .20$）。症候変化の度合いは，(a) グループ内効果量＝（アセスメント前平均－アセスメント後平均）／アセスメント後標準偏差，(b) グループ間統制効果量＝（アセスメント後 ACC 共変量調整平均－アセスメント後 AMP 共変量調整平均）／プールした標準偏差を計算することによって確立した。(Amir et al., 2009, pp. 966-967)

　この研究者らは主に関心のある変数を読者に伝えることから始めています。次に，最初のデータ分析が研究デザインをどのように反映するかを述べました。2つの実験群があり，各参加者は2つの時点で測定されたので，測定の時点を反復測定要因とする2×2のデザインとなります。概念的に関連する変数をグループ化することで実験単位の誤差の増大を防ぎ，有意な多変量効果のみを単変量検定で追加分析しました。有意な交互作用（処遇の効果の強さに影響する可能性がある潜在的な媒介変数の検定）にはサブグループの単純検定によって追加分析を行いました。最後に，効果量をどのように計算したかを読者に告げました——この場合には，標準化平均値差，すなわち，d 指標でした。この記述は JARS の推奨に完全に合致します。

2. 実験操作を伴わない研究

　心理学における多くの研究は実験者や他の誰かによって操作された条件を伴いません。これらの研究の主な目標は，関心のある変数間に自然に生じた関係を記述し，分類し，推定し，探索することでしょう。そうした研究は，ときに観察研究，相関研究，自然史的研究と呼ばれます。観察研究では，研究者は何らかの仕方で参加者の行動に影響を与えることを試みることなく，参加者を観察し，関心のある変数を測定します。参加者の立ち位置は，自然に生じた特徴，環境，履歴によって決定され，（少なくとも意図的には）研究者による影響を受けたものではまったくありません。もちろん，観察は実験研究でも同様に起こりえます。

　相関研究では，研究者は参加者を観察して質問を行ったり，アーカイブから彼らについての記録を集めたりします。そうして収集したデータについて互いに相関を計算し（あるいは，第5章で論じるような複雑なデータ分析の対象とし），

第 4 章　研究デザインを書く

それらが互いにどのように関係するかを調べます。ここでも，重要なのはできる限り自然な環境のもとで，何の実験操作もなくデータを集めることです。

　自然史研究は医学で非常によく用いられますが，心理学的現象の研究にも同じく適用できます（特に，メンタルヘルスの問題に関わる研究）。その名が意味するように，自然史研究はある問題（疾病や心理学的状態）について時間を経てのデータを集めるものなので，研究者は時間の経過に伴ってどのように状態が変化したり出現したりするかについての記述を作り出せるようになります。期待されているのは，変化の進展によって，どのようにすれば，また，どんなときにその状態を最もよく取り扱えるのかについての洞察がもたらされることです。したがって，自然史研究は特殊なタイプの観察研究と考えることができます。

　リサーチクエスチョンの性質を考えれば，そのような研究はデザインやサンプリング計画に関して特殊な特徴を備えることになるかもしれません。こうした研究は展望的になるかもしれません——つまり，将来的に計画通りのデータを集める意図をもって時間をかけて人々を追跡します。あるいは，その研究は回顧的になるかもしれません——つまり，過去における参加者の状態や境遇が現時点での自己報告，他者からの報告，アーカイブ記録から少しずつ集められます。

　コホート研究は非実験デザインの一種であり，展望的にも回顧的にもなります。展望的コホート研究では，参加者は潜在的な因果効果が生じる前に登録されます。たとえば，貧困が児童に及ぼす効果を追跡する研究では，貧しい妊婦が参加のために登録されるかもしれません。回顧的コホート研究では，母親が出産しその子どもが就学前に発達的問題を示した後など，従属イベントが起こった後で研究が始まります。

　ケースコントロール研究では，結果変数について異なる既存のグループを互いに比較して，過去のイベントが結果変数と相関するかを調べます。たとえば，就学レベルで読みに困難を抱える生徒と同じ就学レベルの生徒を比較して，彼らが異なる境遇（おそらくは，貧困のうちか否か）のもとで育ったかを調べます。

　これらは多くの非実験デザインのうちの数例に過ぎません。表 A4.3 はこれらの種類の研究を報告するための JARS の追加の基準を示しています。これらの

82

2. 実験操作を伴わない研究

基準を JARS に追加したのは，STROBE（Strengthening the Reporting Observational Studies in Epidemiology; Vandenbroucke et al., 2014）基準の一部だからであり，一般的な JARS を精緻化したり，追加的な情報を求めたりしてくれるからです。表 A4.3 は表 A1.1 とともに用いられることを意図しています。STROBE ガイドラインは全般的には JARS よりも詳細であり，非実験デザインに特有のものであるので，各 STROBE 項目の例と説明を含む Vandenbroucke et al. (2014) による論文が非常に参考になります[*3]。

参加者選抜

研究が実験操作を含まない場合には，
- 参加者を選択する方法（たとえば，観察したり分類したりする単位）について述べること（これには以下の内容を含む）
  - 各グループに参加者を選んだ方法（たとえば，サンプリングの方法，募集の場）
  - 各グループにおけるケース数
  - マッチングを使った場合には，マッチング基準（たとえば，傾向スコア）
- 使用したデータのソースを特定すること（たとえば，観察のソース，アーカイブ記録）。また，該当する場合には，参加者を選択したり記録をリンクしたりするためのコードやアルゴリズムを含めること
- すべての変数を明確に定義すること（以下の内容を含む）
  - 提示
  - 潜在的な予測変数，交絡変数，効果調整変数
  - 各変数の測定法

[*3]　STROBE ガイドラインは https://www.strobe-statement.org/checklists/ からオンラインで見ることができます。「コホート，ケースコントロール，クロスセクション研究のための STROBE チェックリスト（結合済み）」というタイトルの文書を選んでください。

第4章　研究デザインを書く

　デザインが実験的でない研究をすでに複数紹介してきました。Fagan et al.（2009）を使って説明した研究は，父親の薬物問題，投獄，失業などのリスク要因がレジリエンス要因に，究極的には，父親の子どもへの親としての関与に影響するかに注目しました。O'Neill et al.（2009）は，（a）小売店の従業員の怒り，離職率，欠勤，仕事中の事故の関係性と（b）自分が働いている組織がどのくらい万全に自分をサポートしてくれるかについての従業員の捉え方についての研究を報告しました。これらの変数のすべては測定されたものであり，操作されたものではありませんでした。

　Moller et al.（2008）は，学級の年齢構成（具体的には，同じ就学前クラスにおいて子どもたちの年齢がどのくらいばらついているか）と子どもたちが経験する発達的変化の関係性について検討しました。この研究は相関研究でもありました。これらの研究者らは学級の年齢構成のばらつきと児童観察記録（Child Observation Record）の認知，運動，社会下位尺度での得点を測定しました。そして，彼らはこの得点と教室の年齢構成のばらつきを関連づけました。最後に，Tsaousides et al.（2009）は，コミュニティベースの訓練センターに通っていた外傷性脳損傷を負った人の自己報告による自己効力信念と生活の質の知覚の測度の関係性に注目しました。

　これらの研究のうち最後の3つは，第3章で「予定されたサンプルサイズ」のサブセクション，「測度，データ収集の方法，測定の質，測定の詳細」のセクションのもとで，測度の報告の仕方の優れた記述の例として提示しました。ここで再度述べることはしませんが，読者はページを戻って，非実験デザインにおける測度の報告についてのJARSの要求をどのようにしたら満足させられるかを確認することもできます。測度についての優れた記述は常に重要ですが，このことは，研究が操作を含まないときに特に重要です。操作が存在するときには，目的に沿って作られた条件についての記述も詳細にかつ透明になされなければなりません。

アセスメントの比較可能性

　研究が実験操作を含まない場合には，方法のセクションにはグループを

2. 実験操作を伴わない研究

超えてのアセスメントの比較可能性について述べるのがよいでしょう（た
とえば，各グループにおける介入の効果とは無関係な理由からの結果変数の観
測や記録の見込み）

　非実験研究の方法セクションの追加的な報告基準が研究者に求めるのは，グ
ループを通して比較可能な条件のもとで測定がなされたのかを記述することで
す。このことが特に重要であるのは，研究が完全なグループ（すなわち，研究
が始まる前から存在するグループ）を比較するときです。そのようなグループは
関心のある測定変数における違いだけでなく，異なる時点，異なる環境で，異
なるデータ収集者によって測定が行われたために異なることがあります。この
ことがあなたの研究に該当する場合，JARS が示唆するのは，報告においてそ
のことに言及し，静的なグループ間の違いが測定におけるこれらの違いによっ
て生じたものではないことをあなたがどのように示したのかを述べることです。
　例として挙げたいずれの論文も静的なグループを伴わないので，デモのため
にある論文を複雑にしてみましょう。ある小売会社が何らかの問題をもってあ
なたに接触してきたとします。彼らは無断欠勤と従業員離職率が異様に高い
（チェーンにおける）店舗を抱えています（O'Neill et al., 2009 と同様に）。それが
なぜなのかを知りたいのです。その店舗のマネージメントチームが援助的でな
いとスタッフに見られているのではないかと彼らは考えています。そこで，彼
らはあなたに懸案の店舗と同じチェーンの他の店舗での労働者の調査を求めま
した。従業員は店舗に無作為に割り当てられていないので，特に慎重になって
無断欠勤（どちらの店舗も無断欠勤を数える際に同じ仕方で個人的な欠勤と病欠を
扱っているか），離職（どちらの店舗も離職の事例を配置換えの要求とみなしている
か），組織支援の知覚（質問紙，実施者，実施環境がどのくらい同様であるか）が
比較可能な仕方で測定されているかを判断する必要があるでしょう。報告では
これらの努力を述べることが必要です。さもなければ，読者は測度におけるこ
れらの潜在的なバイアスの源の重要性を評価できません。
　方法のセクションの記述を終えたなら，研究の結果についての JASR 報告基
準に進みましょう。

付録 4.1 基礎的な量的研究デザインのための追加の学術論文報告基準

付録 4.1
基礎的な量的研究デザインのための追加の
学術論文報告基準

表 A4.1　実験操作を伴う研究のための報告基準（表 A1.1 に示した材料への追加）

論文セクションと 　トピック	記載内容
方　法	
実験操作	各研究条件について意図した実験操作の詳細（比較条件，いつどのように実験操作が実際になされたのか）を述べること（以下を含む）。 ・具体的な実験操作の内容（実験操作が臨床試験の一部である場合には，表A6.4 を参照） 　。教示のまとめや言い換え（教示が一般的でなかったり，実験操作の一部である場合には，逐語的に示すこともある） ・実験操作実施の方法 　。使用した装置と材料の記述（たとえば，モデルと製造業者によって専門的な装置を特定）と実験におけるその機能 ・実施者：誰が実験操作を実施したのか 　。専門的訓練の水準 　。具体的な実験操作における訓練の水準 ・実施者の数，実験操作の場合には，それぞれを担当した個人や単位の数の M, SD, 範囲 ・環境：操作や実験操作がどこで生じたのか ・接触量と持続時間：何回のセッション，エピソード，イベントが実現されることを意図し，どのくらいの長さ続くことを意図したか ・時間スパン：実験操作を各単位に実現するのにどのくらいの長さがかかったか ・コンプライアンスや忠実性を増すための取り組み（たとえば，インセンティブ） ・英語以外の言語の使用と翻訳方法 ・手続きのマニュアルやそのコピーの参照（手続きのマニュアルが利用できる場合は，他者がどのようにして入手できるか）を含め，追試できるようにするための十分な詳細
実施と分析の単位	実施の単位に言及すること（実施の際に参加者をどのようにグループ化したか）。 実験操作の効果を評価するために分析した最小の単位（実験の場合には，条件に無作為に割り当てた単位も）を述べること（たとえば，個人，ワークグループ，クラス）。 分析の単位が実現の単位とは異なる場合，このことを考慮するために用いた分析方法を述べること（たとえば，デザイン効果によって標準誤差の推定値を調整したり，マルチレベル分析を用いるなど）。

付録 4.1　基礎的な量的研究デザインのための追加の学術論文報告基準

論文セクションと トピック	記載内容
結　果	
参加者のフロー	グループの総数（実験操作をグループレベルで実施した場合）と各グループに割り当てた参加者の数を報告すること（以下も含む）。 ・募集のために接触した参加者の数 ・実験を開始した参加者の数 ・実験を完了しなかった，または，他の条件とクロスオーバーした参加者の数とその理由 ・主な分析に含めた参加者の数 研究の各段階を通しての参加者のフローを記述した図を含めること（図5.1を参照）。
処遇忠実性	実験操作が意図通りに実装されていたかについての証拠を提供すること。
ベースラインデータ	各グループのベースラインの人口統計学的，臨床的特徴を述べること。
有害事象と副作用	各実験条件におけるすべての重要な有害事象や副作用を報告すること。なければ，そのように述べる。
考　察	実験操作が作用すると意図したメカニズムや他のメカニズムを考慮に入れたうえで結果について論じること。 実験操作を伴う場合には，実験操作の実装の成功やその障壁，実装の忠実性について論じること。 以下のことを考慮して知見の一般化可能性（外的妥当性と構成概念妥当性）を論じること。 ・実験操作の特徴 ・結果変数は何でありどのように測定されたか ・追跡期間の長さ ・インセンティブ ・遵守率 結果変数の理論的・実践的意義とこれらの解釈の基盤を述べること。

注　M. Appelbaum, H. Cooper, R. B. Kline, E. Mayo-Wilson, A. M. Nezu, & S. M. Rao による「心理学における量的研究のための論文報告基準：APA 出版およびコミュニケーション会議タスクフォース報告」（*American Psychologist*, 73, p. 11）から採録。Copyright 2018 by the American Psychological Association.

87

付録 4.1　基礎的な量的研究デザインのための追加の学術論文報告基準

表 A4.2a　無作為割り当てを用いた研究のための報告基準（表 A1.1 に示した材料への追加）

論文セクションと トピック	記載内容
方　法	
無作為割り当て 法	無作為化の単位と，何らかの制約の詳細も含めて（たとえば，ブロック化，層別化），無作為割り当て系列を生成するのに用いた手続きを述べること。
無作為割り当て 実装と隠蔽	実験操作を割り当てるまで系列を隠したかどうか，どのように隠したかを述べること（以下も含む）。 割り当て系列を生成した人 ・参加者を登録した人 ・参加者をグループに割り当てた人 ・参加者，実験操作を実施した人，結果変数を評価した人が条件の割り当てに気づいていたかどうかを報告すること
マスキング	何らかのマスキング（行ったならば）がどのように実施されたか，マスキングの成功が評価されたか，どのようにされたかに関する論述を行うこと。
統計的手法	主な結果変数についてグループを比較するのに用いた統計的手法を述べること。 追加的な分析に用いた統計的手法を述べること（サブグループ比較や調整しての分析など）。 もし行ったならば，媒介変数や調整変数の分析について用いた統計的手法を述べること。

注　M. Appelbaum, H. Cooper, R. B. Kline, E. Mayo-Wilson, A. M. Nezu, & S. M. Rao による「心理学における量的研究のための論文報告基準：APA 出版およびコミュニケーション会議タスクフォース報告」（*American Psychologist*, 73, pp. 11-12）から採録。Copyright 2018 by the American Psychological Association.

付録 4.1　基礎的な量的研究デザインのための追加の学術論文報告基準

表 A4.2b　無作為でない割り当てを用いた研究のための報告基準（表 A1.1 に示した材料への追加）

論文セクションと トピック	記載内容
方　法	
割り当て方法	割り当ての単位（すなわち，研究条件に割り当てた単位，たとえば，個人，グループ，コミュニティ）を報告すること。
	何らかの制約の詳細を含めて（たとえば，ブロック化，層別化，最小化），研究条件に単位を割り当てるのに使った方法を述べること。
	選択バイアスを最小化するために用いた手続きを述べること（たとえば，マッチング，傾向スコアマッチング）。
マスキング	参加者，実験操作を実施した人，結果変数を評価した人が条件割り当てに気づいていたかどうかを報告すること。
	マスキングが行われたかを報告すること。マスキングがどのように実施され，マスキングの成功をどのように評価したのか（評価した場合）に関する記述を行うこと。
統計的手法	相関のあるデータについての複雑な方法を含め，主な結果変数について研究グループを比較するのに用いた統計モデルを述べること。
	サブグループ分析や調整しての分析など，追加的な分析のために用いた統計的モデルを述べること（たとえば，テスト前の差をモデリングしたり，それらを調整する手法）。
	もし用いたならば媒介変数や調整変数の分析に用いた統計的手法を述べること。

注　M. Appelbaum, H. Cooper, R. B. Kline, E. Mayo-Wilson, A. M. Nezu, & S. M. Rao による「心理学における量的研究のための論文報告基準：APA 出版およびコミュニケーション会議タスクフォース報告」（*American Psychologist*, 73, p. 12）から採録。Copyright 2018 by the American Psychological Association.

付録 4.1　基礎的な量的研究デザインのための追加の学術論文報告基準

表 A4.3　実験操作を用いなかった研究のための報告基準（たとえば，単一事例デザイン，自然群比較。表 A1.1 に示した材料への追加）

論文セクションとトピック	記載内容
アブストラクト	
研究デザイン	研究のデザインを述べること。
データ使用	使用したデータの種類に言及すること。
方　法	
参加者選抜	参加者（観察したり分類その他をしたりする単位）を選抜する方法を述べること（以下を含む）。
	・各グループについて参加者を選抜する方法（たとえば，抽出法，募集の場）と各グループにおけるケース数
	・マッチングを用いた場合には，マッチング基準（たとえば，傾向スコア）
	使用したデータのソースを特定し（たとえば，観察の源，アーカイブ記録），該当する場合には，参加者を選抜するのに用いたコードやアルゴリズム，リンク記録を含めること。
変　数	すべての変数を明確に定義すること（以下を含む）。
	・提示
	・潜在的な予測変数，交絡変数，効果調整変数
	それぞれの変数をどのように測定したのかを述べること。
アセスメントの比較可能性	グループを通してのアセスメントの比較可能性について述べること（たとえば，介入の効果とは無関係な理由での各グループにおける結果変数の観測や記録の見込み）。
分　析	予測変数，交絡変数，効果調整変数を分析にどのように含めたかを述べること。
考　察	
限　界	研究の潜在的な限界を述べること。該当する場合には，誤分類，未測定の交絡変数，時間経過によって変化する適格性基準の可能性について述べること。

注　M. Appelbaum, H. Cooper, R. B. Kline, E. Mayo-Wilson, A. M. Nezu, & S. M. Rao による「心理学における量的研究のための論文報告基準：APA 出版およびコミュニケーション会議タスクフォース報告」（*American Psychologist*, 73, p. 14）から採録。Copyright 2018 by the American Psychological Association.

5

データと統計的分析をまとめる
結果のセクション

　原稿の結果のセクションは，データと適用した統計的分析をまとめる部分です。ここでの完結性と透明性に関する決まりは，方法を報告する際に適用したものと同じです。『APA 論文作成マニュアル』（第 7 版；APA, 2020）によると，「結論を正当化するのに十分な詳細さで」（p. 86, 訳書 p. 87）データを報告する義務があります。『APA 論文作成マニュアル』は以下のように続きます。「仮説が支持されたかにかかわらず，期待に反する結果も含め，すべての関係する結果に言及すること。理論が大きな（または，統計的に有意な）効果量を予測するときには，小さな効果量（または，統計的に有意でない知見）も含めること。好ましからざる結果を省略によって隠すことがあってはならない」（p. 86, 訳書 p. 87）。

　『APA 論文作成マニュアル』が示すところによると，研究が単一事例デザインであったり，例証の目的があるときを除けば，個々の得点やローデータを報告に含める必要はありません（報告に含めるときでも，もちろん，データを提供した個人を特定できないよう適切な保護をもってのみそうするように）。しかし，『心理学者の倫理原則と行動規範』（APA Ethics Code; APA, 2017）はデータの共有を勧めています。そこで，データは報告が公刊されてから少なくとも 5 年は解釈可能な形に保つことが重要です。APA Ethics Code の関連するセクションを例示 5.1 に示します。

例示 5.1　『心理学者の倫理原則と行動規範』のデータ共有に関する箇所の抜粋

8.14　検証のための研究データの共有

（a）研究結果が公刊された後，心理学者はその結論の基となっているデータを，再分析を通して

第5章　データと統計的分析をまとめる

> 本質的な主張を検証し，かつその目的のためにのみそのようなデータを利用したい他の適格な専門家に提供しないことがあってはならない。ただし，参加者を保護することの守秘義務を念頭に置き，独占的なデータに関する法的権利がその放出を妨げない限りでのことである。このことは，かくのごとき個人やグループがかくのごとき情報の提供に関するコストの責を負うよう心理学者が求めることを妨げない。
>
> (b) 再分析を通して本質的な主張を検証するために他の心理学者からのデータを要求する心理学者は，宣言した目的のためにのみ共有したデータを使用すること。要求を受けた心理学者はデータのその他すべての利用について事前に書面の同意書を得ておくこと。
>
> 注　2017年のアメリカ心理学会による『心理学者の倫理原則と行動規範』(2002, 2010年6月1日および2017年1月1日修正)から抜粋 (https://www.apa.org/ethics/code/index)。Copyright 2017 by the American Psychological Association.

　また，研究が研究助成機関，政府その他からの支援を受けた場合には，助成機関の求めに応じてデータを第三者と共有したり，特定の日時に公的に利用できるようにしたりするといった義務を課されることもあるかもしれません。さらに，インターネットに設置されたオンラインの補足アーカイブで研究者がローデータを利用できるようにして，公刊報告にリンクを提供するといったことも一般的になりつつあります。

1. 参加者のフロー

> 　結果のセクションでは，研究を通しての参加者のフローの記述として以下の内容を含めましょう
> - 各グループにおける参加者の総数
> - 研究の各段階を通しての参加者のフロー

　結果のセクションの最初のサブセクションは，研究の各段階での参加者の数の変化をどこで報告するかを決める箇所になるでしょう。参加者のフローに関する問題は参加者の特徴の記述について論じた第3章でも取り上げましたが，それは多くの研究者が参加者のフローを方法のセクションで述べるからです。こうした研究者の感覚からすると，研究について意図した母集団やこの母集団をサンプリングする手続きの記述と同時にサンプリング過程の結果を記述する

ことで，よりまとまりのある見取り図が与えられることになります。そのため，再度この材料を提示することはしません。代わりに，図5.1では，参加者のサンプルが研究の進展につれてどのように変化するかを視覚的に示したフローチャートの使用例を検討します（Appelbaum et al., 2018）。これは医学分野の多くの論文誌が用いている，臨床試験報告の統合基準（Consolidated Standards of Reporting Trials: CONSORT）ガイドライン（Altman et al., 2001; Mohr et al., 2001）におけるフローチャートから採録したものです。

　図5.1は，参加者の条件への割り当てが達成されたかにかかわらず，参加者喪失（よく**損耗** *attrition* と呼ばれます）の数と原因をくわしく述べています。そのため，表A4.2a と表A4.2b のいずれに加える形でも使えるようになっています。

　フローチャートをどのように使うかの例として，図5.2には *Health Psychology* に公刊された Norman et al.（2008）の論文「学校における喫煙予防と禁煙を支援するためのインターネットの利用：無作為化比較試験による検討」で示された参加者フローチャートを再掲しています。この研究では，被験者はタバコマガジン（Smoking Zine）と呼ばれるウェブサイトによるウェブベースのタバコ介入か，統制課題のいずれかに無作為に割り当てられました。介入は単一の教室セッションの中で生じ，電子メールによる追跡調査を行いました。介入ウェブサイトには，青少年の喫煙の誘惑への抵抗力を高めることを目的としたインタラクティブなクイズとフィードバックつきの自己評価が含まれました。統制群では，生徒は同じようなウェブベースの活動を行いましたが喫煙予防とは無関係でした。容易に解釈できるような仕方でフローチャートがどのように多くの情報を提示しているかに注目してください。

損　耗

　損耗は研究の進行途中での参加者の損失です（ときどき**被験者死亡率** *subject mortality* とも呼ばれますが，この用語は見た目でわかるように時代遅れです）。学術論文報告基準（JARS; Appelbaum et al., 2018）が研究を通しての参加者の進行についての詳細な記述を求めた理由は，損耗が研究の内的妥当性，外的妥当性，もしくはその両方に及ぼす潜在的な影響に関係しています。研究からの損耗は

第5章 データと統計的分析をまとめる

図 5.1 実験または準実験の各段階を通しての参加者のフローを示した図

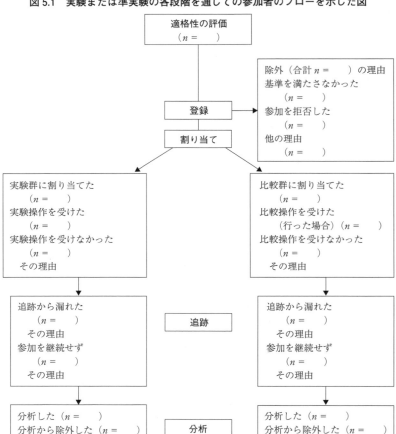

このフローチャートは，臨床試験報告の統合基準（Consolidated Standards of Reporting Trial, 2007）の提供したフローチャートを採録したものである。オリジナルの CONSORT フローチャートを公刊した論文誌は著作権保護を放棄している。

1. 参加者のフロー

図 5.2　研究の段階を通しての参加者の進展の図

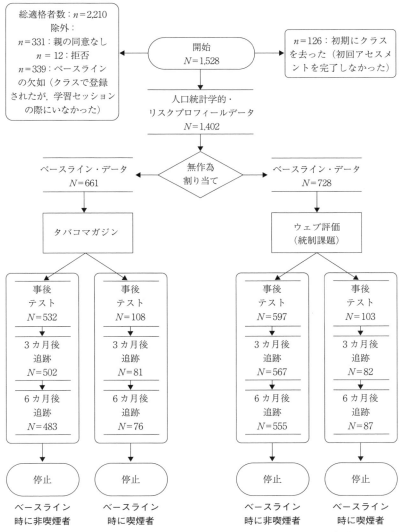

C. D. Norman, O. Maley, X. Li, and H. A. Skinner, 2008, *Health Psychology*, 27, p. 802「学校における喫煙予防と禁煙を支援するためのインターネットの利用：無作為化比較試験による検討」から採録。Copyright 2018 by the American Psychological Association.

第5章 データと統計的分析をまとめる

2つの形式をとります。全般的損耗と条件を通しての特異的損耗です。

　大多数の全般的損耗は，その研究が外的妥当性を欠く——つまり，目標とする母集団内の特定の下位母集団に一般化される結果を生じない——ことを示唆することが多いです。たとえば，Norman et al.（2008）の研究からの図5.2は，2,210名の適格生徒のうち，331名は親の同意を得られず，339名は実験日に欠席であったことを示しています。これらの除外は，介入の有効性に関係するような重要な仕方で，彼らを参加した生徒とは異ならしめる特徴に関わることがあるでしょうか。おそらく，親の同意が得られなかったのは，親が喫煙者であるかどうかと関係します。もしそうであれば，非参加のグループは介入に最も抵抗する喫煙者を含む見込みが高く，したがって，最も抵抗の少ない生徒へと知見の一般化可能性を狭めます。126名の生徒がクラスを早いうちに放棄したことについてはどうでしょうか。彼らが知見の一般化可能性と関係する特徴（たとえば，彼らは運動部でしょうか）を共有しているということはありうるでしょうか。これらの示唆は事実からは遠いかもしれませんが，損耗が知見の一般化可能性に及ぼす効果を評価することに関わる思考を促してくれます。

　特異的損耗が起こるのは，ある条件で他の条件よりも多くの人々が研究から離脱することを選ぶ場合です。これが生じたときには，たとえ無作為割り当てを使っていたとしても，グループが実験操作以外のすべての変数についてなお比較可能であるかを考え直したほうがいいでしょう。このことは，第3章で論じた，条件への自己選択によく似ています。また，特異的損耗は，内的妥当性，すなわち，実験者が介入について強い因果推論を引き出す能力への脅威をもたらします。図5.2では，事後テストから6カ月後追跡での2つの条件を通しての喫煙者と非喫煙者のフローを検討することで特異的損耗が生じたかどうかが判断できます。

　Norman et al.（2008）の研究における条件からの損耗には問題がないように見えますが，ここでは例示の目的で，32名の喫煙者がタバコマガジンにおいて離脱したが，統制条件では16名のみが離脱したことに注目してみましょう。介入があまり効果的でなかった喫煙者は6カ月後の追跡調査では利用可能でなかったことはありうるでしょうか。このことが介入をすべての喫煙者が利用可能であった場合よりも効果的であるかのように見せることはありうるでしょうか。

1. 参加者のフロー

ここでは，Vadasy & Sanders（2008）が彼らの読解介入を述べた論文において損耗問題をどのように記述しているかを見てみましょう。

> **損　耗**　グループ割り当ての後，標本は処遇条件における 96 名の学生（48 組）と統制条件における 92 名の児童（46 組）からなった。研究の終了までに，14 名の処遇群の児童と 12 名の統制群の児童が損耗で失われた（14%）。処遇の操作的定義および処遇群と統制群を通しての損耗パターンが偏らないことを保証するため，その学校から対応するメンバーを移動させた場合には組のメンバーを研究参加から取り除いた（統制群のペアは必ずしも読解教示をいっしょに受け取っていないが，学年内，学校内のペア作成を行ったので，統制群のペアは共通の読解カリキュラムを共有しているとわれわれは仮定している）。したがって，分析に用いた標本は，82 名の処遇児童（41 組）と 80 名の統制児童（40 組）からなった。表 1 で報告するように，グループ間で学年や地位の変数の頻度に有意な差は見られなかった（すべての $ps < .05$）。(pp. 274-275)

いくつかの重要な変数について実験群と統制群の間の差を検定することによって特異的損耗が問題とはならないと研究者らが主張していることに注意しましょう。

募　集

> 結果のセクションでは，参加者をどのように募集したかについての記述に，募集期間と反復測定や追跡調査について決めた日付を含めましょう

参加者募集の日付もまた研究者が結果のセクションではなく方法のセクションに（ときにサンプリング手続きと合わせて）含めることが多い詳細です。ここでも，たとえ日付が専門的には研究の結果の記述であっても，こうした情報のすべてをまとめて提示することは，読者に情報を検討しやすくすると考えられているのでしょう（そして，率直に言えば，より重要なのは，JARS が言及する箇所に厳密に合わせることよりもそうした情報を報告のどこかに含めることです）。

97

第5章　データと統計的分析をまとめる

　たとえば，Amir et al.（2009）は，第3章で論じた全般性社交恐怖をもつ
人々に注意訓練の研究を行いましたが，読者に以下のように説明しています。

> 　参加者はこの研究に2つのサイト〔実施地域〕で順に登録した。ジョー
> ジア大学（UGA; $n=24$）とサンディエゴ州立大学（SDSU; $n=20$）で2003
> 年の1月から2007年の10月の間であった。（p. 964）

本研究は5年の期間にわたって行われました。研究の性質を考えれば，この情
報はおそらく取るに足らないものですが，何らかの仕方でデータが特定のイベ
ントに結びついているならば極めて重要となることがあります——たとえば，
自然災害や政治的な出来事に対する反応であるなどです。

2. 統計量とデータ分析

> 　結果のセクションでは，使用した統計量とデータ分析手続きの記述に，
> 知見の妥当性に影響しうる統計的仮定の問題とデータ分布に関する情報を
> 含めましょう

　方法のセクションでは，意図した統計的分析や分析方略を述べるサブセクシ
ョンを用意したのではないでしょうか。今度は，結果のセクションにおいて，
データを集めた後に起こった問題を述べる必要があります。これらの問題が生
じるのは，いくつかのデータポイントが問題となる特徴を持っていたり，デー
タセットが全体として統計的検定の仮定を満たさないことがあるためです。
　特定の問題が何であるかはデータセットや統計的検定によって変わるでしょ
う。たとえば，データが統計的外れ値（他の値とは大きく異なりデータの同一の
母集団の一部ではなさそうな値）を含むことに気がつくかもしれません。おそら
く，記録の誤りであったり，参加者が研究をサボタージュしたくなったのかも
しれません（そんなことが起こりませんように！）。あるいは，データが特定の
仮定を満たすことを求めるような特定の分析を行いたいこともあります。これ
らの仮定が満たされない場合，データの変換や別の分析の選択が促されるでし
ょう。読者が研究を評価したり追試したりする能力にとって決定的であるのは，

（a）データ分析の問題が何だったのかと（b）（それを解決したとしたら）あなたがどのように解決したのかがわかることです。

いくつかの例を見てみましょう。Risen & Gilovich（2008）は，歪度の高いデータ分布に関する問題を *Journal of Personality and Social Psychology* で公刊された「人はなぜ神意に背きたがらないのか」というタイトルの論文で述べています。彼らが用いた測度は反応潜時に関わるものでした。すなわち，参加者がいま読んだストーリーについてありそうな結末の候補から選択するのにどのくらい長くかかるかでした。

> 反応潜時の歪度が高かったので，すべての反応時間の分析において自然対数変換を用いたが，解釈のしやすさのために生の平均を報告する。
> （Risen & Gilovich, p. 296）

別の例では，Adank et al.（2009）がなじみのあるアクセントとなじみのないアクセントの理解の研究において統計的外れ値を探す分析を行っています。

> ノイズレベルごとにすべての参加者を通して計算した平均プラス 2.5 標準偏差以上のすべての値を外れ値と見なし分析から除外した。（p. 524）

ここで，Adank et al. は，データポイントを外れ値として特定する基準を宣言していますが，除外したポイントの数を報告しませんでした。ときに研究者は外れ値を除外せず，代わりに参加者の値を次に最も近い値に置き換えることがあります。

欠測データ

> 結果のセクションでは，直面した欠測データ問題の記述に以下の内容を含めましょう
> - 欠測データの頻度やパーセンテージ
> - 欠測したデータの原因についての経験的証拠と理論的根拠——たとえば，完全にランダムな欠測（missing completely at random: MCAR），ランダムな欠測（missing at random: MAR），ランダムでない欠測（missing

第 5 章 データと統計的分析をまとめる

not at random: MNAR）
- 欠測データに対処するのに用いた方法（あれば）

　多くの研究で起こる問題がデータの欠測です。典型的にはデータが欠測するのは，（a）参加者が質問紙のすべての質問に回答しなかったり，面接において特定の質問に答えることを拒んだ場合，（b）装置に不備があった場合，（c）研究が追跡段階を含んでいたが参加者を配置できなかった場合です。こうしたことが起こった場合，これらの参加者についての可能なデータの一部（または，大部分）は入手しているが，すべてのデータはないという状態になります（これが欠測データが損耗とは別の問題となる理由です）。

　これらの状況では，なぜデータが欠測したのかを考えることが重要です。Little & Rubin（2002）は欠測データ問題を異なるタイプに分類しました。データが完全にランダムに欠測したときは，欠測した理由はデータ分析においてその値や他の変数の値について何も影響しないといえます。たとえば，香りラベル付け研究において，使用しているコンピュータが最後の質問への回答の直前に故障したためにある参加者からのデータを欠測した場合，これらのデータはMCAR であるとかなりの程度に確信できます。

　データがランダムに欠測したのでない場合，欠測した理由は変数がとることのできる値と関連しているといえます。たとえば，ラベル付け研究では，被暗示性における参加者の個人差が香りの評定と関連しているかどうかを知りたいとしましょう（被暗示性の高い人はバラと肥やしのラベルにより極端な反応を示すのではないか）。ですが，影響を受けやすいということがネガティブなパーソナリティ特徴として捉えられるとしたら，被暗示性が高い人々は「あなたは他人から影響を受けやすいほうですか」といった質問を空欄にしやすいかもしれません。

　他の形の欠測データもありますが（たとえば，MAR データ），これらの問題についての議論は途端に複雑になります[1]。ここで重要な論点は，研究において欠測データの問題に出会った場合，その問題と分析を行うときにその問題を考

---

*1　MAR データは MNAR データと似ていますが，分析において調整できます。

100

2. 統計量とデータ分析

慮して何を行ったかを記述することを JARS は勧めているということです。

たとえば，Norman et al.（2008）はウェブベースの喫煙介入研究における欠測データに対する彼らのアプローチを以下のように述べています。

> 欠測データの影響は，予定したデータ収集セッション後の学校への複数回の訪問と，学級の生徒にコンタクトしたり家庭にリマインダーを送るなどして教師および学校長への密接な働きかけを伴う自己主張追跡アプローチを通して最小化した。強力な手続きを用いたのは，協力してくれた学校職員との協働を通して追跡時に欠席の生徒を見出すためであり，結果として高い追跡参加率であった。介入後で 95％，3 カ月追跡時に 89％，6 カ月追跡時に 87％であった。マルチレベルのロジスティック回帰モデルを用いたことで，欠測データに対処する新たな方略が得られ，利用できたデータは推定手続きと比較可能ではあったが，時間を通しての変化を効果的に評価するには少なかった。(p. 804)

取得できた他のデータの値を念頭に置いて欠測データを補完したり最もありそうな値を推定したりすることも考えられます。ここには，Fagan et al.（2009）が非同居の父親の子どもへの関与の研究において欠測データにどのように対処したかの例があります。彼らは望ましい分析を行うために母親と父親の両方からのデータを必要としていました。

> 一年目には，19 名の母親が面接を受けず，49 の欠測データがあった。3 年目には，29 名の母親が面接を受けず，82 の欠測データがあった。母親のデータがすべて欠測している場合については，父親のデータをまず検討して彼らが子どもとコンタクトをとったことを報告しているかを確かめた。報告がなかった場合，母親のすべての項目に 0 を代入した。欠測項目があった母親の中でも，回答があった項目については回答者の平均を代入した。残りの場合には，母親の指標の標本平均を代入した。(p. 1393)

第5章　データと統計的分析をまとめる

削除したケース

ときに参加者のデータをデータセットや特定の分析から削除すべきと判断することがあるでしょう。たとえば，欠測値が多すぎるために研究からある参加者のデータを削除しようと判断することがあります。ときには参加者が完全なデータを提供していても，他の理由によって分析から除外すべきと判断することもあります。たとえば，Goldinger et al.（2009）は，人種間顔学習の第一研究の分析から6名の被験者を除外したと述べています。2名はアジア人であり，3名は眼球追跡の失敗期間が多く，1名は再認テストを最後まで行いませんでした。ハトの条件づけと消去についての Kileen et al.（2009）の研究では，以下のように書かれています。

> 実験時の体重は安定体重の80％超に維持された（食物は動物の求めに応じて与えた）。1羽のハトは体重が実験時の体重の7％を超えたためにあるセッションから除外した。(p. 449)

他の理由には，参加者が研究の教示を理解していなかったことの指摘が含まれるでしょう。実験研究では，研究者は操作チェック（操作した条件に注意が向けられたか，被験者がそれと信じているかを測ることを意味します）を含めることが多い。たとえば，ラベル付けデータを集めた後で被験者に香りの名前をおぼえているかを尋ねるなどです。もしおぼえていなかったら，その被験者のデータを削除することになるかもしれません。あるいは，名前についてどう思うかを尋ねることもあります。「信じるわけがないですよ。香水に"肥やし"なんて名前を付けるわけがない」と言ったとしたら，その人のデータを削除することになるかもしれません。

データを削除した場合，（a）削除したデータのケース数と（b）各ケースをなぜ捨てたのかの説明を報告に含めることを JARS は勧めています。削除基準が実験が始まる前に確立されたのか，データを集めてから問題を発見し事後的に採用されたのかも述べるべきです（たとえば，「参加者が"肥やし"という名前は不適切であると気づくとは予想していなかったが，そのような者がいたため [$n = x$]，これらの参加者は分析から除外した」といった文言を含めるなど）。

ここでは，Amir et al.（2009）がなぜ，どのように多くの試行を全般性社交

102

2. 統計量とデータ分析

恐怖の人々の注意訓練の研究から消去したのかを見てみましょう。

> まず，誤答試行の反応潜時を消去した。誤答試行は，プローブを左側に提示したが参加者が右側に対応するボタンを押した試行と，その逆の試行とであった。この手続きは試行の1%の消去を生じた。加えて，50 ms 未満と1,200 ms 以上の反応潜時は外れ値と見なし分析から除いた。これらの範囲は，箱ひげ図を用いたデータの視察から決定し，試行の1%の消去を生じた。(p. 967)

したがって，研究者らは2つの特定された理由から（参加者のデータセット全体ではなく）反応を削除しました。

　Adank et al.（2009）は，同じ2つの理由でアクセント理解の研究から（個々の反応ではなく）参加者のデータを削除しました。

> 課題を正しく行っていなかったため，SE［標準英語］聴者群の4名の参加者のデータをさらなる分析からは除外した。3名のGE［グラスゴー英語］参加者からのデータは，反応のうち20%以上が3.5 s よりも遅かったため除外した。(p. 523)

サブグループ，セル，帰無仮説有意性検定

> 　結果のセクションでは，一次的な結果変数と二次的な結果変数のそれぞれについて，また，各サブグループについて，以下の内容の要約を含めましょう
> - 総サンプルサイズ
> - サブグループまたはセルのサンプルサイズ，セル平均，標準偏差または他の精度の推定値，他の記述統計量，関連する効果量と信頼区間
>
> 推測統計量については（帰無仮説有意性検定），すべての推測検定の結果についての方向と度合いについての情報を含めましょう（以下を含む）
> - 正確な p の水準（帰無仮説有意性検定を行った場合には，たとえ有意な効果が報告されないとしても報告する），関係する自由度（または，平均平

第5章　データと統計的分析をまとめる

表 5.1　サンプルサイズ，平均，標準偏差を伴う表の例

Table X

観測された事前テスト，事後テスト，事前 – 事後のゲイン

測　度	処遇群						統制群					
	事前テスト		事後テスト		ゲイン		事前テスト		事後テスト		ゲイン	
	M	SD	M	SD	M	SD	M	SD	M	SD	M	SD
RAN	87.7	10.12					90.5	9.99				
WR 正確度	94.3	7.63	97.8	7.04	3.5	5.66	89.2	8.5	94.6	10.49	5.5	8.09
WR 効率	87.9	9.19	94.7	10.12	6.8	7.72	89.2	8.5	94.6	10.49	5.5	9.09
PRF-U	40.0	18.35	83.1	22.27	43.2	16.53	42.3	19.91	79	23.76	36.7	19.56
PRF-A	37.5	16.84	68.3	26.38	30.8	18.5	39.6	17.13	62.5	26.63	22.9	18.36
流暢性評定	77.0	8.23	88.6	13.13	11.6	9.62	78.6	8.07	86.8	12.1	8.2	9.25
理解度	84.8	13.09	92.8	15.72	8.0	13.74	87.6	13.71	92.9	16.22	5.4	16.12

注：処遇群 $N=82$，統制群 $N=80$。基準を参照しての標準得点（年齢について調整した素点）を PRF-U と PRF-A を除くすべての測度について用いた。例外となった2つの測度については，分ごとの単語の訂正個数を用いた。統制群は WR 正確度事前テストで有意に高い得点をとった。RAN＝高速自動化呼称／高速交替刺激検査（Rapid Automatized Naming/Rapid Alternating Stimulus tests）からの文字呼称の下位検査。WR 正確度＝ウッドコック読解習熟テスト – 改訂規準化更新版からの単語同定下位検査。WR 効率＝単語読み効率の検査からの視覚単語下位検査。PRF-U と PRF-A＝それぞれ，基礎初等リテラシースキルの動的指標からの口頭読解流暢性下位検査の同一文章および交互文章での分ごとの単語訂正成績。流暢性評定＝グレイ口頭読解検査4（Gray Oral Reading Tests-4, GORT）からの下位検査の評定。理解度＝GORT 理解度下位検査。P. F. Vadasy & E. A. Sanders, による「反復的な読解介入：結果および読者のスキルと教室での指導の交互作用」（2008, *Journal of Educational Psychology, 100*, p. 280）より再掲。Cooyright 2008 by the American Psychological Association.

方と平均平方誤差）

『APA 論文作成マニュアル』（第7版；APA, 2020）は，サンプルサイズ，セル平均，標準偏差，効果量，信頼区間，あなたが行った何らかの帰無仮説有意性検定の結果についての詳細な記述を提供しています。たいていは，研究が異なる条件の被験者を含む場合（たとえば，ある香りについて**バラ**と**肥やし**のラベル）や複数の従属変数または結果変数がある場合には，表に別々のサンプルサイズ，セル平均，標準偏差を提示するでしょう。『APA 論文作成マニュアル』の第7章の前半は表の作り方について述べています。

表 5.1 は，Vadasy & Sanders（2008）の読解介入についての評価の結果の表を示したものです。この表はたくさんのデータを簡潔に載せています。主な結果変数についてのそれぞれ2回測定したセル平均と標準偏差に加え，1回目の

測定と 2 回目の測定でのゲインも含まれています。セルサンプルサイズはすべての測度についてすべての時点で同じであったので，Vadasy & Sanders はこれら 2 つの数を（表におけるすべての略号についての完全な定義と合わせて）表の注でのみ報告しています。セル平均が異なる測定や時点で違ったとしたら（おそらくは欠測データのために），読者はこれらが入力された列が追加されることを期待するでしょう。この表から，読者は報告の中の推測統計量の多くを再計算したり，任意の 2 群比較の効果量を計算したりすることができます。このことは，この研究を将来のメタ分析に含めたいと思う研究者にとって有用なものです。あるいは，Norman et al.（2008）のフローチャートは総サンプルサイズとセルサイズを含んでいます。これはこれらのデータを提示するもう一つのやりかたです。

3. 効果量推定値

> 結果のセクションでは，可能であるなら，行ったそれぞれの推測検定に対応する効果量の推定値と信頼区間を含めましょう

　本書の第 3 章では，心理学の研究者に最もよく用いられる 3 つの効果量の指標を紹介しました。JARS の推奨によれば，帰無仮説統計的検定を行ったならば，有意であろうとなかろうと，検定の結果とともに効果量と信頼区間を報告すべきです。これらの報告の仕方は『APA 論文作成マニュアル』（第 7 版；APA, 2020）にも，特に第 6 章のセクション 6.43 の「本文における統計量」でくわしく述べられています（pp. 181-182）。

　報告基準の観点からすると，この統計的情報は報告を完全にするため必要であるというところが重要です。JARS において推奨されるすべてを含めるのがよいでしょう。確かに，この情報の一部は冗長であるように見えるでしょう。結局のところ，一部の効果量はサンプルサイズ，平均，標準偏差から計算できますし（Borenstein, 2009），関係する帰無仮説有意性検定が有意であった場合には，効果量の信頼区間は（0 を含まないことによって）同じことを示すことになります。それでも，読者がこれらの値を自分で計算することは期待できませ

105

第 5 章　データと統計的分析をまとめる

んし，どの統計量があなたの報告のさまざまな読者の特定の関心に当たるかは
わかりません。完全な報告とはそれらすべてを含むものです。それぞれの検定
について小数点以下 3 桁までの正確な p 値を提供すること，p 値が .001 未満で
あったときのみ未満のシンボル（<）を使うことも期待されています。

一次的仮説と二次的仮説

> 　結果のセクションには，一次的分析，二次的分析，探索的分析とそれら
> の検定や推定値の明確な区別を含めましょう

　第 3 章では，あなたにとっての一次的関心として任ずる測度と二次的関心と
して任ずる測度の地位の違いについて論じました。結果のセクションでは，こ
の区別を使って報告をグループ化し，見出したことについて論じます。二次的
分析が行われたときには，読者は多変量分散分析などの多変量手続きを使って
統計的有意性の水準を調整し，保守的な事後的平均検定が用いられることを期
待するでしょう。このことは，結果がどうなるというしっかりとした見通しも
なく複数回の検定を行ったために帰無仮説を誤って棄却することを防いでくれ
ます。

複雑なデータ分析

> 　結果のセクションでは，複雑なデータ分析（たとえば，多変量分散分析，
> 回帰分析）については以下のことも含めましょう
> ・推定したモデルの詳細
> ・関係する分散 – 共分散（または相関）行列

　複雑なデータ分析を行った場合，使用したモデルやモデル群——つまり，分析
に含めた変数と〔それらを〕どんな順序で含めたか，どんな制約で含めたか——
の結果の詳細を含めることを JARS は勧めています。例として，Tsaousides
et al.（2009）がどのように重回帰分析を行い，基準変数としての生活の質の知

106

3. 効果量推定値

表 5.2　階層的回帰分析を報告する表の例

Table X

生活の質測度の得点を予測する階層的回帰分析

予測変数	ステップ1			ステップ2			ステップ3		
	b	$SE(b)$	β	b	$SE(b)$	β	b	$SE(b)$	β
損傷の重症度	.062	.072	.054						
損傷後の時間	−.008	.016	−.034						
損傷時の年齢	−.022	.010	.146*						
雇用				.303	.157	.122			
現在の収入				.224	.078	.182**			
PEM							.166	.034	.299***
IND							.100	.033	.181**
R^2 変化	.025						.156		
R^2 変化量についての F	2.36					8.61***			27.50***

注：$N=419$。PEM＝ビゲロー QOL 調査票の知覚された雇用可能性尺度。IND＝ビゲロー QOL 調査票の独立性下位尺度。T. Tsaousides, A. Warshowsky, T. A. Ashman, J. B. Cantor, L. Spielman, and W. A. Gordon による「外傷性脳損傷後の雇用関連自己効力感と生活の質の関係性」（2009, *Rehabilitation Psychology, 54*, p. 303）より再掲。Copyright 2009 by the American Psychological Association.
*$p<.05$. **$p<.01$. ***$p<.001$.

覚（perceived quality of life: PQoL）と複数の予測変数の関係性を調べた結果を報告したかを見てみましょう。

> **回帰分析…**
>
> 　変数は3つのステップで投入した。(a) 損傷関連変数，(b) 雇用状態と収入，(c) 雇用関連および全般的自己効力感の順である。
>
> 　**PQoL**　PQoL を基準変数とする階層的回帰は .22 の全体的な調整済み R^2 を生じた（$F(7, 268)=12.08, p=.001$）。第一ブロックの変数で得られた調整済み R^2 値は .025 であり（$F(3, 272)=2.36, p=.072$），PQoL のおよそ 2.5% の分散が損傷関連変数によって説明されることを示した。次のステップを通して有意な増分が得られ（$R^2=.058, F(2, 270)=8.61, p=.001$），調整済み R^2 は .084 に増加した。雇用と収入の追加は PQoL の分散のさらに 5.8% を説明した。雇用と収入は強力に関連したが（$r=.31$），収入は PQoL について雇用よりも強い予測変数であった（$\beta=.18, t(273)=2.85, p=.005$）。この式に自己効力感変数を加えるとさらに有意な増加が得られ（$\Delta R^2=.16, F(2, 268)=27.50, p=.001$），雇用関連変数と全般的自己効力感が PQoL の分散のさらに

第 5 章　データと統計的分析をまとめる

表 5.3　相関行列

変数	M	SD	1	2	3	4	5	6
1.　怒り	1.8	0.67	*.88*					
2.　POS	3.03	0.9	−.26	*.94*				
3.　ハイリスク行動	0.30	0.24	.10	−.01	—			
4.　事故	1.80	0.55	.16	−.11	.05	—		
5.　転職意図	2.01	1.34	.18	−.39	−.01	.10	—	
6.　総アルコール量	18.06	44.11	.16	−.02	.14	.06	.10	—
7.　欠勤	1.76	1.09	.17	−.11	.06	.20	.12	.10
8.　年齢	3.87	1.72	−.18	.03	.03	−.13	−.07	−.14
9.　監督者／マネージャーの応答性	0.78	0.44	−.08	.03	.04	−.03	.03	−.06
10.　教育	3.19	1.17	−.04	−.11	−.12	−.05	.08	−.04
11.　終身在職権	3.48	1.24	.11	−.24	−.02	−.02	.04	.01
12.　ジェンダー	0.692	0.46	−.06	−.04	.10	.03	.09	.10
13.　白人	0.78	0.41	.09	−.02	.04	−.01	−.04	.04
14.　黒人	0.08	0.27	−.40	.01	−.01	.01	.01	−.04
15.　ヒスパニック	0.06	0.24	−.06	.01	−.05	.01	.01	.01
16.　棚卸資産評価額	4,391,430	611,504	.48[a]	−.86[a]	—	—	—	—
17.　単位当たり転職	0.3	0.09	.52[a]	−.39[a]	—	—	—	—
18.　高関与	3.30	0.87	−.21	.63	−.01	−.09	−.36	−.08

注：内的一貫性の値を斜体にした。1 ～ 15 行目の絶対値で .05 以上の相関（$n = 1,136$）は $p < .05$ で統計的に有意で
O. A. O'Neill, R. J. Vandenberg, D. M. DeJoy, and M. G. Wilson による「怒り，知覚された組織的支援，および職
right 2009 by the American Psychological Association.
[*] これらの相関は，怒りおよび POS のグループ間レベルの指標と棚卸資産評価額および転職変数との関係性を表
人レベルの）グループ内指標と名前を挙げた変数との間のものである。

> 16％を説明することを示した。どちらの変数も PQoL の有意な予測変数で
> あった。(pp. 302-303)

Tsaousided et al. (2019) は，この回帰分析の結果をまとめた表も示しています。
これを表 5.2 に示しました。

　JARS は関係のある分散 – 共分散行列や相関行列を含めることも示唆してい
ます。たとえば，O'Neill et al. (2009) は職場における怒りの研究において潜
在変数モデルを検証しました。彼らは表 5.3 としてここで再掲した表を示し，
これらの分析がもとにしている相関行列を提供しています。この表は各変数の
平均と標準偏差も含みます。ここでも，この報告は分析を再現する目的やデー
タの二次的使用のために重要です。この行列を用いれば，他の研究者は O'Neill
et al. のデータを多くの別のやり方で使用できます。たとえば，アルコール使

を伴う表の例

7	8	9	10	11	12	13	14	15	16	17	18
—											
—	—										
.05	.05	—									
-.07	.13										
-.01	.25	-.03	-.01	—							
-.06	.03	-.06	.10	-.01	—						
-.01	.08	-.01	.04	.05	.01	—					
-.02	-.06	-.02	-.01	-.05	-.04	-.58	—				
-.02	.03	-.09	.05	-.01	-.03	.02	-.48	-.08	—		
—											
—	—										
-.05	-.02	.01	-.12	-.30	-.07	-.09	.09	.02	—	—	.93

ある。16 〜 18 行目の相関 （$n = 21$） は $p < .05$ で統計的に有意である。POS ＝知覚された組織的支援。
場成果の関係の検討」（2009, *Journal of Occupational Health Psychology, 14*, p. 326）より再掲。Copy-

す。この列の他の相関は，怒りおよび POS のプールした（店舗レベルのばらつきについて統制した個

用と転職率の関係性についてのメタ分析を行う人はこれら 2 つの変数間の相関を行列の中に見つけることができます（$r = .10$）。これらのデータは，たとえこの関係性が研究の一次的な目的でなかったとしてもこのメタ分析に貢献することができます。

4. 推定問題

結果のセクションでは，推定問題，回帰診断，分析上の例外について述べ，計画していた検定と計画していなかった検定のどちらも含めましょう

推定問題は，典型的には，さまざまな理由で不首尾となった複雑なデータ分析に関係します。比較的単純な例を取り上げましょう。香りラベル付け研究に

おいて，ロジスティック回帰を使って（Menard, 2002），被験者がその香りを購入したいと言うかどうかを予測することに決めたとします。ロジスティック回帰を用いるのは，結果（予測される）変数が二値的であるか，0から1の範囲の値をとるかのいずれかであり，確率か比率を表す場合です。各被験者について，予測式は各人が香りを購入する確率を表す0から1の値を生じます。各予測変数はそれに関わるベータ重み（と有意確率）をとります。ロジスティック回帰では，結果変数は2つの値のみをとり（購入するか購入しないか），購入意図，被験者の実験条件（バラ vs. 肥やし），性別，暗示性の度合い，社会経済的地位といったものを予測変数として使います。

　このロジスティック回帰プログラムは何らかのアルゴリズムを用いて予測式についての最尤解を計算するでしょう。このことは反復過程を通して反復が単一の解に収束するまで実行されます。しかし，収束が完全ということはありえず，統計プログラムは，その値に達したならば反復を停止しその結果を最適解として提示する特定の耐久値を持っています。ときどき，耐久値に達せずに反復が進み続けることがあります。実際には進み続けるのではなく，コンピュータは特定の反復回数の後に停止し，「収束に失敗しました」と告げてきます。そのような場合，(a) データを再検討し，対処できる特定可能な問題がないか確認したり，(b)（可能ならば）耐久値を再設定したり，(c) アルゴリズムを変更して他の手続きを選んだり，(d) 分析を放棄したりする必要があります。どの選択肢を選んだにしても，JARS は遭遇した問題とそれに対するあなたの解決策を完全に報告することを勧めています。

5. 統計ソフトウェア

> 　結果のセクションでは，統計ソフトウェアプログラムと使用した特殊化された手続きについて述べましょう

　込み入ったところのない，よく用いられる統計的検定——たとえば，t 検定，分散分析，重回帰——を行うためにどの統計ソフトウェアプログラムを用いたのかを読者に伝える必要はありません。しかし，より洗練された複雑な分析に

ついてはプログラムを特定することが重要な場合があります。プログラムによって特徴やオプションが異なるため，どれを選択したのかを読者に伝える必要があります。ときには，これらの複雑なプログラムは複雑な分析の行い方において大いに異なり，そのことが解と結論を違ったものにすることもあります。

たとえば，O'Neill et al.（2009）は，職場における怒りの研究において Mplus というプログラムを用いて潜在変数分析を行ったことを報告しています。

> われわれは Mplus 潜在変数プログラムを用いた（Muthén & Muthén, 2006）。Mplus は，主な焦点が個人差にある場合のモデルの検証においてユニット間分散の系統的なソースの制御を簡単に行える。(p. 325)

このプログラムが潜在変数分析を行うのに必要な式を解くのに用いるアプローチについての情報を含む『Mplus ユーザーマニュアル』（Muthén & Muthén, 2007）の引用があることに注目しましょう。

第3章で行った指摘をくり返すと，ソフトウェアは刺激の導入とデータの収集の制御にも用いることに気をつけましょう。これらは多くの場合非常に専門的なプログラムであり，その詳細を報告したほうがよいでしょう。

6. 他の分析と付随的分析

結果のセクションでは以下の内容も報告しましょう
- 調整しての分析を含む，実行した他の分析とそれらが計画したものであったか，計画していなかったものであったか（必ずしも一次的な分析ほどの詳細さのレベルは必要ない）
- 統計的誤差率について付随的分析がもつ意味
- 知見の妥当性に影響しうる統計的仮定かつ／またはデータ分布に関する問題

先に述べたように，調整しての分析が行われるのはデータに関する問題のためですが，ときにはデータを調整するのではなく分析が調整されます。たとえば，Taylor & James（2009）は，物質依存のマーカーについての研究において，

第5章　データと統計的分析をまとめる

皮膚電位反応転調（electrodermal response modulation: ERM）得点の分析において得点そのものではなく自由度を調整しました。

> 予想された通り，アルコール依存のみ群，違法薬物依存のみ群，アルコールと違法薬物依存合併群の ERM 得点は統制群よりも有意に低かった（それぞれ，$t(30.234) = 1.961$, $p < .029$［群間で分散が異なったため自由度を調整した］; $t(117) = 3.036$, $p = .002$; $t(121) = 2.176$, $p = .016$）。(p. 496)

Vinnars et al.（2009）は効果量を調整しました。症状の変化を反映しない，支持 – 表出心理療法がパーソナリティに及ぼす影響の推定値を求めていたからです。

> 症状の変化を超えた，パーソナリティおよび力動的変数の変化の度合いという問題に関心があったため，すべての変数について SCL-90［症状チェックリスト-90］の改善について調整した効果量も計算した。(p. 369)

　あなたが行った付随的分析は二次的仮説や仮説をもっていなかった分析に関係したものでしょう。これらの分析は，**付随的**，**探索的**，**二次的**なものとはっきりラベル付けるほど，その研究の主な知見の解釈と干渉しにくくなるでしょう。JARS は，付随的分析が統計的誤差率にもつ含意を論じることを勧めています。

　重要なのは，複数回の検定が実験単位の誤差率を増大させうることを考慮して，帰無仮説有意性検定における有意水準をどのように調整したのかについて説明することです。たとえば，香りラベル付け研究において，被験者の性別と社会経済的地位，実験を行った時間，天候，月齢（一部の分析がいかに探索的であるかを示す例！）が香り評定に関係するかどうかに注目したとしたら，これらの分析が付随的なもの（探索的仮説に関連するもの。たとえば，満月のときに**肥やし**とラベル付けされた香りのにおいがよくなるか）であると明確にラベル付けしておくのがよいでしょうし，結果が将来的に注目に値するもの（おそらくは後続研究における一次的な仮説となる）と解釈する前に検定結果が到達する p 水準を（厳しいほうに）調整するのがよいでしょう。

6. 他の分析と付随的分析

実験操作や介入を伴う研究
参加者のフロー

> 　研究が実験操作を伴う場合には，結果のセクションで研究が進行するに伴っての参加者の数を述べましょう（以下を含む）
> - グループの総数（介入がグループレベルで実施された場合）と各グループに割り当てられた参加者の数
> - 実験を最後まで終えなかったり他の条件に混じったりした参加者の数（なぜそうなったかの説明も）
> - 一次的な分析に用いた参加者の数
> - 研究の各段階を通しての参加者のフロー（図5.1 と 5.2 を参照）

　実験操作を用いた研究の結果をどのように報告すべきかについて JARS は以下のように勧めています。ここでも，まず推奨されるのは，研究の進行に伴う被験者の数のフローチャートに関することです。図5.1 に示した図版と図5.2 に示した例は，どちらも実験研究に関するものなので，関係する問題のほとんどについては以前にも扱いました。ここで導入する唯一の新たな問題は，JARS の勧めによれば，ある条件から他の条件に混じり込んだ被験者について論述の中で説明すべきであるということです。混入が生じるのは，参加者がある条件で開始したが終わるときには別の条件にいた場合です。こうしたことはめったに起こりませんが（たとえば，両親が教師ともめたために，生徒が年齢のばらつきの少ない学級からばらつきの大きい学級に移動した場合など），報告する必要はあります（特に，それが頻繁に起こった場合）。研究がはじまった後にグループが等質でなくなった場合も指摘するのがよいでしょう。

処遇忠実性

> 　研究が実験操作を伴う場合には，結果のセクションで処遇が意図通りに実現されたかについての証拠を報告しましょう

113

第5章　データと統計的分析をまとめる

　処遇忠実性（*treatment fidelity*）は，処遇が意図された仕方で被験者に実施された度合いに関係します。**処遇忠実性**という用語は，実験処遇や介入の評価の文脈でかなりよく用いられます。結局のところ，介入が意図通りに実装されたことを研究者が実証できなかった場合，その評価が有効性の公平な検証であったといえるのかどうしたらわかるでしょうか。たとえば，Vadasy & Sanders（2008）が読解介入の評価の結果を報告したことを思い出してください。ここでは，介入が意図通りに実現されたことを保証するために行ったことを彼らがどのように記述したのかを見てみましょう。

> 　チューターは訓練中に要綱に習熟し，即時のフィードバックを受けた。この訓練の後，コーチが隔週でチューターを訪問して追跡訓練とモデルを提供したり，要綱忠実性についてのデータを集めたりした。…
> 　**チューター観察**　処遇実装忠実性をモニターするため，観察フォームを通して，(a) チューターの『読み物（Quick Reads）』要綱の書き起こしへの忠実性，(b) チューターの教示行動，(c) 文章読解に積極的に取り組んだ時間量の観点からの児童の進度についてのデータを集めた。チューターの要綱に対する忠実性は，以前に述べた各介入段階について，1（まったく忠実でない）から5（つねに忠実）の5点評定尺度を用いて測定した。…構内のチューター観察の前に，5回の『読み物』録画セッションを用いて5名の研究者と観察者の間での観察者間信頼性を確立した。(Vadasy & Sanders, 2008, pp. 276-277)

　しかし，処遇忠実性は応用研究と介入評価の排他的な領分ではありません。実験室実験も処遇忠実性に関係しますが，これらの場合には，**操作チェック**（*manipulation check*）と呼ばれることが一般的です。したがって，Risen & Gilovich（2008）は，人は神意に背きたがらないことについての研究において操作チェックを以下のように説明しています。

> 　加えて，参加者はストーリーに注意を払っていることを確かめるための操作チェックを与えられた。操作チェックは各ストーリーについて一つの再生質問からなった。傘のストーリーについては，参加者は「ジュリーは

6. 他の分析と付随的分析

> 学校のために荷物を用意しているときに傘を入れましたか」と尋ねられた。その後で参加者に感謝の意を示し，デブリーフィングを行った。(p. 299)

以前データ削除の文脈で操作チェックについて論じました。典型的には，実験室文脈では，実験操作は予備テストされて，大部分の被験者に意図通りの影響をもたらしそうかを確かめられます。そのため，公刊論文において操作チェックによって操作に失敗したことが示される例を見出すことはまれです。香りラベル付け研究について「肥やし条件で操作を信じた者はいなかったが，ここではともかく研究の結果を述べる」と書かなければならないと想像してください。そんなことをする代わりに，操作チェックを用いて，操作に注意を向けなかったり誤解したりした若干名の被験者のデータを除外するのです。

ベースラインデータ

> 研究が実験操作を伴う場合には，結果のセクションで各グループのベースラインの人口統計学的特徴と臨床的特徴を述べましょう

表 5.4 は，Amir et al.（2009）による全般性社交恐怖の人々の注意訓練の研究について，被験者のベースラインの人口統計学的特徴と臨床的特徴を示しています。実験群のそれぞれについて別々に示したものではないことに注意しましょう。表 5.1 は，Vadasy & Sanders（2008）の読解介入の評価からのもので，プレテストとテスト後の時点での結果変数のベースラインデータとゲイン得点を示しています。この論文では，著者は別々の表において被験者の人口統計学的特徴を提示しています（たとえば，学年，年齢，少数集団の地位）。

処遇意図分析　報告において取り上げる必要のある，研究に起こりうるもう一つの問題は，処遇条件における被験者の間での非応諾性に関するものです。たとえば，Vinnars et al.（2009）の（パーソナリティ障害をもつ人々の支持 - 表出療法の）評価では，治療法はマニュアル化されており，被験者は一暦年以上をかけて治療に参加しました。Amir et al.（2009）の（全般性社交恐怖をもつ人々の

115

第 5 章　データと統計的分析をまとめる

表 5.4　2 つ以上のグループにおける被験者の人口統計学的および臨床的ベースライン特徴の両方を伴う表の例

Table X

患者の人口統計学的および臨床的特徴

変数	AMP	ACC
ジェンダー（％女性）	63.6	54.5
年齢（歳）	27.6 (8.3)	31.1 (13.2)
エスニシティ（％）		
ヨーロッパ系アメリカ人	63.6	81.8
アジア系アメリカ人	13.6	0
ラテン系アメリカ人	9.1	0
その他	4.5	4.5
合併症の診断（％）		
任意	50	40.9
全般性不安障害	22.7	13.6
特定の恐怖症	13.6	4.5
社交恐怖についての過去の治療（％）	50	45.5

注：かっこ内は標準偏差。AMP＝注意修正プログラム。ACC＝注意統制プログラム。N. Amir, C. Beard, C. T. Taylor, H. Klumpp, J. Elias, M. Burns, and X. Chen による「全般性社交恐怖患者における注意トレーニング：無作為化比較試験」（2009, *Journal of Consulting and Clinical Psychology*, *77*, p. 964）より再掲。Copyright 2009 by the American Psychological Association.

注意訓練の）研究では，訓練プロトコルは 4 週間にわたって実現される 20 分の訓練セッションを 8 回行うものでした。

　被験者が意図通りの処遇を受けたと研究者が確信できるだけの十分なセッションに参加しなかった場合にはどうしたらよいでしょうか。データ分析には複数のアプローチがあり，採用されるアプローチは結果をどのように解釈できるかについて重大な影響をもたらすことがあります。これこそが JARS が応諾〔コンプライアンス〕を慎重に報告するよう勧めている理由です。

　まず，処遇意図分析を行うことができます。この場合には，彼らの処遇がどのくらいうまく処遇プロトコルにしたがっていたかにかかわらず，すべての参加者を分析に含めます。Vinnars et al.（2009）はこれを実行することに決めました。

　　処遇意図アプローチを用いて，処遇を完遂したか否かにかかわらず，す

6. 他の分析と付随的分析

べての患者を統計的分析に含めた。(p. 368)

　処遇意図分析を行うということは，被験者の条件への無作為割り当ては維持されているが，結果としての処遇効果には処遇の影響が反映されることもされないこともあるということを意味します。あなたは自分の統計的検定は処遇条件に割り当てられたことの因果的効果に関係する，この割り当てが生じた処遇への接触がどの程度であれそうであると主張するかもしれません。そのことは処遇そのものの因果的効果と同じではありません。

　こうする代わりに，遵守していないと思う被験者を除外することもできます。このアプローチでは，分析に含める被験者は処遇を意図通りに経験していたと確信を持っていることになります。しかし，多くの被験者を非応諾との理由で分析から除くとしたら，ここでも，処遇を完遂したグループの被験者は，実験を開始する前から統制群の被験者とは異なった可能性に，したがって，無作為割り当てが完全でなかった可能性に直面することになります。これは Amir et al.（2009）が行ったところです。

　　処遇完遂者（AMP［注意修正プログラム］，$n=22$；ACC［注意統制条件］，$n=22$）に対して分析を行った。われわれが処遇意図アプローチよりもこのアプローチを選んだのは，AMP 群（$n=0$）と ACC 群（$n=4$）のドロップアウト率が異なることを考慮したからである。しかし，処遇意図分析は処遇完遂者のみについて報告した分析とは異なる。(p. 966)

Amir et al. の研究では，非完遂者はドロップアウトし，意図通りの処遇を受けなかったと研究者が判断した人々ではなかったことに注意してください。このことは，応諾者のみの分析と処遇の有効性についての強い因果推論を引き出す能力の関係性を明らかにします。なぜ JARS がどのタイプの分析を行ったのかを報告するよう求めているかも明らかになるはずです[*2]。

─────────────

*2　**応諾者平均因果効果**（*complier average causal effect*）は，非応諾性が問題となるときの処遇の因果的効果（処遇割り当てではない）を推定するための統計的技法です（Little et al., 2009 を参照）。

117

第5章　データと統計的分析をまとめる

有害な副作用

> 　研究が実験操作を伴う場合には，結果のセクションで各介入群における
> すべての重要な有害事象（adverse event）や副作用を述べましょう

　言うまでもありませんが，実験を行った場合（典型的には，処遇や介入の評価
を伴い，一部の被験者に対して有害な，もしくは，望ましくない副作用をもたらす
ことが発見されるような実験），研究報告において有害もしくは望ましくない副
作用を開示し，どのくらい頻繁にそれらが起こったのかを記録する義務があり
ます。有害な副作用が作り出すものはここではまとめられないほど複雑な案件
ですが，新しい処遇の有効性を探索しているのであれば，そのことが潜在的に
は有益な効果と有害な効果の両方を持つことを意識するのが重要です[*3]。
　所属機関の審査委員会に研究を行う許諾を求めると，ポジティブな効果とネ
ガティブな効果の両方を考慮し論じること，後者を最小限にするために何をす
るか考え論じることを求められるでしょう。このことは，被験者が処遇や介入
に対してどのように応答するかについてのあなたの思考を拡大することを必要
とするでしょう。これらの望ましくない効果のいずれかが実際に起こったなら，
あなたの読者はそのことについて知る必要があります。

統計的手法

> 　無作為割り当てを用いた研究については，結果のセクションで以下のこ
> とを述べましょう
> - 主な結果変数についてグループを比較するために用いた統計的手法
> - 追加的な分析のために用いた統計的手法（サブグループ分析や調整して
>   の分析など）
> - 媒介変数分析のために用いた統計的手法

---

*3　香料会社のために香りラベルを検証しており，肥やし条件の複数の被験者が気絶した
　のだとしたら，読者はそのことを知る必要があります！

6. 他の分析と付随的分析

無作為割り当てを用いなかった研究については，結果のセクションで以下のことを述べましょう

- 主な結果変数についてグループを比較するために用いた統計的手法（相関のあるデータについての複雑な手法を含む）
- 追加的な分析のために用いた統計的手法（サブグループ分析や調整しての分析など。たとえば，テスト前の差をモデリングしたり，それらについての調整する手法）
- 媒介変数分析のために用いた統計的手法

実験操作を伴う研究を報告する際に JARS が勧める項目のほとんどはすぐにわかるものか，本章ですでに扱ったものです。ここでも，研究を行う根拠や研究を実行する際の方法についてそうであったのと同じように，統計量の報告について包括的であり透明であることを JARS は勧めています。

複雑なデータ分析についての詳細

構造方程式モデリング　データ分析に使える 2 種類の複雑な統計手続きに関しては 2 つのさらなる JARS の表があります。最初のものは，表 A5.1 に示しましたが，データを使って構造方程式モデル（SEM）を組み立てたときに何を報告するかをまとめたものです。構造方程式モデリングは，理論に基づくモデルをデータに当てはめ，そのモデルがデータにどのくらいよく適合するかを検討するものです。理論が最初に来なければなりません。どんな秩序のもとであれ，また，どんな仮説的相互結合によるものであれ，理論を使ってモデルにどの変数を含めるかを決めてください。単純化して言えば，構造方程式モデリングは (a) ある分析セットの中の従属変数が次の分析セットでは予測変数になるようなやり方で一連の重回帰分析を並べたものや (b) 個々の測度での観測値でなく回帰方程式の中の変数を因子または潜在変数とした因子分析の組み合わせと見ることができます。

構造方程式モデリングを用いる研究者は，自分のモデルが因果的な結びつきを明らかにすると主張してはなりません（もしそうするとしても慎重でなければなりません）。そうではなく，あるモデルがデータにどのくらい適合するのか，

119

第 5 章　データと統計的分析をまとめる

そのモデルがどうしたらより効率的になるのか，そのモデルが他の対立モデル（おそらくは競合する理論に基づく）とどのように比べられるのかを明らかにするために使うべきです。複雑な統計的アプローチについてのここでの 2 〜 3 文の記述は間違いなく簡素に過ぎるので，構造方程式モデリングについての簡潔な入門としては Hoyle（2012）を，より広範ですが非常に読みやすい入門としては P. B. Kline（2016）を参照することを勧めます。

　一例として，O'Neill et al.（2009）は構造方程式モデリングを用いて職場における怒りと従業員の離職意図，欠勤，アクシデントに対する組織的支援の知覚を関連づけるデータを分析しました。彼らは社会的交換理論を用いてモデルを導きました。

　　POS［知覚された組織的支援］とネガティブ感情の関係性の背後にある理論的根拠の観点から，この結びつきを説明するためによく引き合いに出されるのが社会的交換理論（すなわち，Belau, 1964; Emerson, 1976）である。この理論が，低い POS と合わせて検討される，最も関連する情動として指摘するのは怒りである。社会的交換理論によれば，従業員と雇用主との関係性が伴う一連の相互作用は義務を生じる（Cropanzano & Mitchell, 2005）。従業員の行為は組織が従業員に義務を履行することを条件とし（Gouldner, 1960），このことは心理学的契約としても知られる（Rousseau, 1995）。従業員は組織が従業員を大切にする程度に応じて高いレベルで働き，組織とその目標にコミットし続ける。他方，従業員がネガティブ感情を経験するのは，自分たちの権利であると思うものを組織が奪っていると感じるときである。低い POS の場合には，従業員は自身のウェルビーイングに対する関心が欠けていると感じる。従業員は組織からサポートを受ける権利があると思っているので，サポートが欠けていることについて自然に組織を責めることになる。この論理にしたがい，社会的交換の観点からは低い POS が怒りの原因として概念化されることが論理的に導かれる。（O'Neill et al., 2009, pp. 319-320）

　その SEM 分析の一つについて，O'Neill et al.（2009）は，モデルにおける変数間の相互結合に関係する 5 つの仮説を提唱しました。

6. 他の分析と付随的分析

仮説1：個体レベルでのPOSと怒りの関係性は負で相互的である。…

仮説2a：個体レベルでのPOSと離職意図，欠勤，アクシデントとの関係性は，部分的に怒りによって媒介される。…

仮説2b：個体レベルでの怒りと離職意図，欠勤，アクシデントとの関係性は，部分的にPOSによって媒介される。…

仮説3a：個体レベルでのアルコール消費と高リスク健康行動に対するPOSの関係性は，部分的には怒りによって媒介される。…

仮説3b：個体レベルでのアルコール消費と高リスク健康行動に対する怒りの関係性は，部分的にはPOSによって媒介される。…（pp. 320-322）

彼らは図5.3に示したパス図を提示してモデルを要約しています。長方形の四角は観測された測度についての参加者の得点を表し，円は測度を用いて推定した潜在変数を表します。O'Neill et al. は変数間の相関とパス推定値を表に示しました（ここでは示しません。それらは先の例に似ています）。ここでは，O'Neill et al. がSEMの結果をどのように記述したかの一部を見てみましょう。

> 結果が示すところによると，POSと怒りは複数の職場関連の怒り表出行動および怒り溜めこみ行動と結びついた。怒り表出行動に関しては，怒りが低POSと会社退職の2つの一般的な測度（すなわち，離職と常習的欠勤）の関係性を部分的に媒介することが見いだされた。また，怒りは低POSと組織安全性の一般的な測度（職業上のアクシデント）の関係性を部分的に媒介することも見出された。しかし，おそらく，個人と組織の双方にとってより重要であるのは，怒りと怒り溜めこみ行動（具体的には，アルコール消費と高リスク健康行動）との結びつきである。POSとこれらの行動の間には間接的な関係性が見いだされたのみであったが，怒りにおけるすべての単位増加について，ひと月につき3.2杯のアルコール消費の増加と13％の高リスク健康行動への関与の増加が認められた。(p. 330)

構造方程式モデリングを用いた研究の報告について，JARSの推奨の一部を手短かつ簡単に紹介しておくと，構造方程式モデリングを用いる入門的研究者においては以下を述べるのがよいでしょう。

121

図 5.3 分析モデルの例

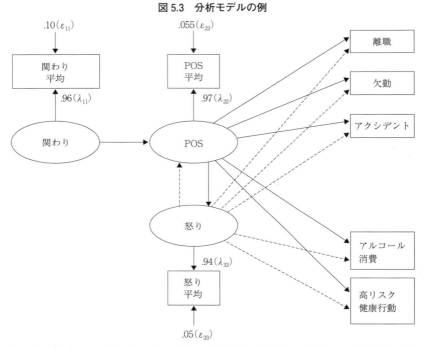

直線と点線の矢印は単純に POS（知覚された組織的支援）と怒りのそれぞれの効果を区別するものである。誤差項（ε）が1引く測度の分散の信頼性を表すので，負荷の値（λ）は信頼性の平方根を表す固定値である。残りのパスは自由に推定した。O. A. O'Neill, R. J. Vandenberg, D. M. DeJoy, & M. G. Wilson「怒り，知覚された組織的支援，および職場成果の関係の検討」(2009, *Journal of Occupational Health Psychology*, *14*, p. 327) より再掲。Copyright 2009 by the American Psychological Association.

- 検証した一次的なモデルとそれを導いた理論や先行研究
- モデルにおける最も重要なパスと二次的なパス
- 一次的なモデルが棄却された場合に新しいモデルを指定したのかどうか

方法のセクションには，研究者は以下を含めるべきです。

- データを収集するために用いた器具（常に重要だが，構造方程式モデリングにおいては潜在変数を推定するために用いられるであろうから特に重要である）
- 目標サンプルサイズ（構造方程式モデリング研究は一般に信用できる推定値を

6. 他の分析と付随的分析

生み出すために多数のサンプルを必要とする）

- 研究者が直面した何らかの推定問題

結果のセクションでは，以下のことに慎重に注意を払うべきです。

- 欠測データ問題
- 使用した推定法の仮定（たとえば，多変量正規性）
- 使用した構造方程式モデリングアプローチ（たとえば，モデルの有用性を確証する試み，対立モデルとの比較，新しいモデルの生成）
- 評価したすべてのモデルの完全記述
- 測定誤差，交互作用効果，データの非独立性についてモデルで行った仮定
- 構造方程式モデルの推定値を生み出すのに用いたソフトウェアプログラムまたはアルゴリズム

　結果のセクションの重要な部分は，モデルがデータにどのくらいよく適合するかの報告を伴います。研究者がモデル適合を記述したり，異なるモデルの適合の度合いについて比較するのに役立つ複数の異なる統計量があります。適合度統計量，なぜそれらを選んだのか，モデルを受容したり棄却したりするのにどんな基準を用いたのかを完全に記述する必要があります。初回の結果がモデルの再指定を導いたのであれば，このことを慎重に詳細に述べるべきです。最後に，結果のセクションは推定したパス値（直接パス，間接パス，交互作用を伴うパスを含む），それらの誤差，それらの統計的有意性の記述を含むべきです。

ベイズ統計　JARS がカバーする 2 つ目の複雑なデータ分析技法は，統計学に対するベイズ流アプローチを採用した研究に関わるもので，表 A5.2 に示しました。ベイズ統計は統計分析の目的と望まれる結果に関して大きく異なる仮定群からはじまります。

　おそらくはあなたが最もなじみがある統計的アプローチは，頻度論的統計モデルを用いたものでしょう。サンプルを使ってどのように母数（たとえば，母平均）を推定するかを学んだことでしょう。また，何らかの仮定（たとえば，データは正規分布している）に沿って観測したデータを使い，複数のサンプルが

123

第 5 章　データと統計的分析をまとめる

同一の母集団から抽出された見込み——つまり，帰無仮説がデータを記述する
のに最良である見込み——を検定する方法も学んだことでしょう。あなたはこ
のデータが得られる確率を帰無仮説が真であるという前提のもとに計算し，確
率のカットオフ値（典型的には，$p<.05$）を帰無仮説を棄却する際の基準点とし
て用います。したがって，(a)（サンプルは同じ母集団から抽出されたという）帰
無仮説を棄却するか，(b) 証拠は帰無仮説を棄却するのに不十分であったと
結論するかのいずれかの離散的な意思決定を行います。香りラベル付けの例で
は，平均，標準偏差，サンプルサイズを用いて，2 つのサンプルが同じ母集団
から抽出されたという——つまり，**バラ**と**肥やし**というラベルが被験者の好ま
しさの評定に何の違いももたらさなかったという——見込みを検定します。

　ベイズ統計は大きく異なるアプローチを用います。既存の事前信念（それは
帰無仮説であることもないこともあります）からはじめて，研究で集めたデータ
を用いてこれらの信念を改定します。したがって，**バラ**とラベルを付けると
80％の人はその香りを好ましいと評定するが**肥やし**とラベルを付けると 20％
の人しかそうしない（香りは実際は同一であることを思い出してください）とい
う事前の信念からはじめたりします。事前の信念はどこから来るのでしょうか。
それらは理論に基づく予測から来ることもあれば，過去の研究の結果や実践的
に有意味な何事か，あなた自身の思考と過去の経験から来ることもあります
（ジュリエットは，香りが実際には同一の抽出物であるならば，ラベル付けされた 2
つの香りの好ましさのパーセンテージは同一であるという事前信念を持っているで
しょう）。あなたは実験を走らせた後でベイズの定理を用いて自身の信念を調
整することになります。

　ベイズ統計分析は応用に際して高度な訓練を必要とするので，使う前に専門
の課程を受けることになるでしょう。JARS の報告要求の多くは専門化された
用語を含んでいます（たとえば，関数形，最高事後密度区間，トリプロット，効用，
条件つき交換性，縮退調整済み推定値，パラメータトレースプロット，バーンイン
反復，ベイズファクター）。以下は，JARS におけるより重要な用語のいくつか
の定義ですが，それらが意味するところとなぜ報告することが重要なのかの感
覚をつかんでもらうために示しました。

124

6. 他の分析と付随的分析

- **モデルの系統的・確率的部分**：ベイズモデルは系統的な部分（慎重に定式化された原理と変数の集合を伴う）と確率的な部分（確率やランダム過程によって決まる）を持つことがある。
- **関数形と分布**：関数形は変数間の関係の数学的記述であり（代数方程式のように），これに関連する分布は関数が実数の世界にどのように働きかけるか（未知のものに対して異なる可能な既知の値を当てはめたときにどんな値が得られるか）の記述である。
- **モデルパラメータの事前分布**：事前分布は実験を走らせる前の異なる結果の見込みについてのあなたの信念を表現する確率分布である（ときどき単に事前分布と呼ばれる）。
- **情報事前分布**：情報事前分布は，あなたが期待していることについての具体的で正確な記述に至るような事前の信念である。たとえば，ラベルなしの場合には香りが中立的に評定されると期待しているとしたら（おそらくあなたはこのことを事前テストしている），平均好ましさ得点は−5から+5の範囲の尺度上で0の周辺に正規分布し，標準偏差は1であるという信念をもっているのだろう。
- **事後分布**：事後分布は，データを使って事前の信念を調整した後での条件つき確率に関わる。たとえば，あなたの実験では，ラベルは無関係だが中立的な香りに**バラ**とラベル付けすると被験者からより好ましい評定がもたらされるといったものが事前の信念であった場合，あなたは事後の信念を調整することになるだろう。
- **最高事後密度**（*highest posterior density, HPD*）**区間**：あなたは主張した事後密度について最も高い頻度で得られた値を選ぶだろう（**信用区間**とも呼ばれる）。分布の両側について等しい数の極端な値を除いた信用区間を構成することもでき，これは等裾区間と呼ばれる。
- **事前分布の正規化および非正規化尤度**：事前分布の尤度は，値の分布についての2つの異なる仮定（正規化および非正規化）のもとで表現された事前分布の変形版である。
- **トリプロット**：トリプロットは事前分布，尤度，事後分布の図的表現である。図5.4にトリプロットの例を示す。この例では，研究者は10,000の病

125

図 5.4 ベイズ分析で用いるトリプロットの例

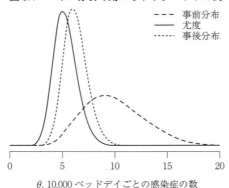

D. Spiegelhalter & K. Rice, 2009「ベイズ統計学」から採録
(http://www.scholarpedia.org/article/Bayesian_statistics)。
CC-BY-NC-SA 3.0

院のベッドを前提としたときに起こると期待される感染の数を推定したいと思うだろう。トリプロットは事後分布（点線）を事前の期待値（破線，研究がはじまる前に設定される）と尤度分布（実線，研究における証拠に基づく）の関数として示している。

- **ベイズファクター**：ベイズファクターは，2つの仮説の含意を互いに比較するときに用いられる。ベイズファクターは2つの確率の尤度の比を表す。これが頻度論的統計学で行うところの検定の類のように聞こえるとしたら，まさにその通りである。結果としての統計量は極めて異なるものだが，取り組んでいる問題は似通っており，特に比較する2つの仮説のうちの一方が帰無仮説である場合にそう言える。

JARS が特定する他の用語は，他の種類のサンプリング手続き——たとえば，マルコフ連鎖モンテカルロシミュレーションの使用——やより複雑なデータ分析の手続き（ベイズ統計量を用いて構造が階層的なコスト-利得分析・モデルを実施することを含む）に関するものです。

あなたがベイズ統計の課程を受講したことがあるならば，JARS 基準とその用語はなじみ深いもののはずです。ベイズ統計は社会科学においてより頻繁に

6. 他の分析と付随的分析

応用されています（たとえば，Bowden & Loft, 2016; Geary & van Marle, 2016 を参照）。Dienes（2011），Jackman（2009），Kaplan（2014），R. B. Kline（2012）などの優れた資料があるので，それらがあなたの関心のあるトピックに適したものかどうかはすぐにわかるでしょう。

　さて，データ分析の詳細のすべてを並べてみることができたならば，2，3の専門化された研究デザインにもう少し注意を向ける準備ができたといえます。

付録 5.1 構造方程式モデリングとベイズ流の技法を用いた研究のための追加的な学術論文報告基準

付録 5.1
構造方程式モデリングとベイズ流の技法を用いた
研究のための追加的な学術論文報告基準

表 A5.1 構造方程式モデリングを用いた研究のための報告基準（表 A1.1 に示した材料への追加）

論文セクションと トピック	記載内容
タイトル	データを適合させる一次的なモデルに反映される基本的なメカニズムや過程に言及すること（注：多くの構造方程式モデリング研究で分析される多変量データの複雑さは，ほとんどの場合において，検討中の変数とそれらの関係をタイトルで簡潔に言及することを難しくする）。
アブストラクト	少なくとも 2 つのそれぞれ異なる種類の大域的な適合度統計量の値を報告し，局所的適合についての手短かな言及（残差）を含めること。（どんなモデルが残ることになるとしても）解釈されたモデルがもともと指定されたモデルであったかどうかに言及すること。
序　論	データに適合された一次的なモデルを記述し，その一次的なモデルを支持する理論や先行する実証研究からの結果の説明を含めること。
	特に重要なパスを取り上げ，方向性の仮定を正当化すること（X が Y をもたらすのでありその逆でないという主張など）。二次的に重要なパスについても同じことをすること。
	一次的なモデルが棄却された場合は再指定が計画されていたかどうかに言及すること。
方　法	データを研究参加者から集めたのか，コンピュータシミュレーションによって生成したのかに言及すること。
	潜在変数の指標が 1 つの質問紙からとられたのか，複数の質問紙からとられたのかを報告すること。
	それぞれの質問紙について，指標が項目であったのか，同質な項目集合を通しての総得点（尺度，まとまり）であったのかを述べ，以下がどのようであったかに言及すること。
	・尺度がどのように構成されていたのか，その心理測定的性質についての報告
	・項目が分析において連続的に扱われたのか，カテゴリカルに扱われたのか
	目標サンプルサイズをどのように決定したのかを報告すること（以下を含む）。
	・経験則
	・資源制約の利用可能性
	・アプリオリな検定力分析の結果
	・ケース数を計画するのに用いたパラメータ精度の推定値（適切な説明を添えること）
	検定力分析については，以下を述べること。

付録 5.1　構造方程式モデリングとベイズ流の技法を用いた研究のための追加的な学術論文報告基準

論文セクションと トピック	記載内容
	● 目標とする検定力のレベル ● 帰無仮説と対立仮説 ● キーとなるパラメータの重要性 ● 分析で当てにする適合度統計量 ● 期待母集団効果量 シミュレーションによってデータを生成した場合には，使用したコンピュータソフトウェアやアルゴリズムを報告し，生成したサンプルの大きさを述べ，それを正当化し，収束しなかったり許容できない推定値があったためにサンプルを損失したかどうかを開示すること。
結　果	データ診断について報告すること（以下を含む）。 ● （データを欠測した場合）欠測のパーセンテージとケースおよび変数を通して欠測がどのように分布したか ● 欠測データの原因についての経験的証拠や理論的議論（すなわち，完全にランダムな欠測，ランダムな欠測，ランダムでない欠測） ● 推定法についての分布的仮定や他の仮定が適切である証拠
欠測データ	多重代入法，完全情報最尤法（FIML），値の置き換え，ケースの削除など，欠測に対処するために用いた統計手法を示すこと。多重代入法や FIML 推定については，モデルに含まなかった変数が補助変数として特定されているかどうかを述べること。
分　布	多変量正規性を仮定する推定法についてデータを評価したかどうかを述べること。 正規分布の仮定を支持する単変量・多変量の歪度と尖度を測る統計量の値を報告すること。 データが多変量正規分布でない場合には，非正規性に対処するのに用いた方略を述べること（正規性を仮定しない別の推定法の使用，得点の正規化変換の使用など）。
データ要約	原稿において二次分析が可能となるような十分な要約統計量を報告する――あるいは，補足材料で利用できるようにする――こと（以下を含む）。 ● 連続変数については，平均と共分散行列，または，標準偏差および平均と相関行列 ● カテゴリカル変数については，ポリコリック相関行列，項目閾値，漸近共分散行列 ● ケースレベルのデータがアーカイブされているかを述べ，関心のある読者がこれらのデータにどのようにアクセスできるかについての情報を提供すること
仕　様	構造方程式モデリングの適用を最もよく記述する一般的なアプローチを述べること――厳密に確証的，対立モデルの比較，モデル生成など データに適合させたそれぞれのモデルの図を示すこと。図が過度に複雑な場合には（多数の変数を分析したときなど），本文でモデルを明確に述べること。読者がモデルの文章による記述を図に翻訳できるようであること。 評価したすべてのモデルの指定の完全な説明を提供すること（観測変数，潜在

129

付録 5.1　構造方程式モデリングとベイズ流の技法を用いた研究のための追加的な学術論文報告基準

論文セクションと 　トピック	記載内容
	変数，固定・自由パラメータ，制約付きパラメータ）。
	観測数と自由パラメータの表など，読者がモデルの自由度を導出できるだけの十分な情報を報告すること。
	分析したモデルが実際に識別されているか確認すること。この主張の根拠を述べること（識別を確立するのに用いた方法，ルール，ヒューリスティクスを含む）。
	測定モデルがより大きなモデルの一部である場合には，理論や過去の経験的研究の結果における根拠を述べること。
	モデルが平均成分を持つ場合には，平均構造の指定を完全に述べること。
	相関のある誤差項を指定する場合には，モデルに誤差相関を含めることの根拠を説明すること。
	モデルが交互作用効果を含む場合にはこの効果をどのように指定したのかを説明すること。
	ネストしたデータについてのモデルにおいて非独立性がどのように説明されたのかを述べること（たとえば，個人内の機会，教室内の生徒）。
	グループや機会の間で行ったパラメータの比較について記述し，複数のグループや機会からのデータにモデルを適合させた場合には，どのパラメータが比較されるべきであったのかを述べること。
推　定	分析に用いたソフトウェアを述べること（バージョンも含む）。また，使用した推定法を述べ，その使用を正当化すること（すなわち，その仮定がデータによって支持されるかどうか）。
	ソフトウェアにおける，収束し容認可能な解に達するために調整されるデフォルトの基準を開示すること（反復の最大数や耐久値のレベルなど）。
	容認不能な解の証拠を報告すること（たとえば，0 未満やコンピュータが 0 に制約する誤差分散。1.0 を超える推定絶対相関や分散説明率）。この問題に対処するために行ったことを説明すること。
モデル適合	解釈されたすべてのモデルについて，適合度統計量を報告するか，最新の証拠に基づく推奨を引用することで正当化された基準を用いて大域的な（全体的）適合度解釈について述べること。
	すべての解釈可能なモデルについての観測変数の対のレベルでモデルの維持を正当化する，局所的適合についての情報を報告すること（共分散，標準化，正規化，相関の残差など）。
	対立モデルを比較する場合には，あるモデルを他のモデルから選ぶのに用いた方略や基準を述べること。対立モデル間の比較のための差の検定の結果を報告すること。
	個々のパラメータの推定値を検定するための検定と基準を述べること。パラメータ推定値をグループや機会について比較した場合は，それらの比較をどのように行ったかを説明すること。
再指定	1 つ以上のモデルが再指定の産物であるかどうかを述べること。もしそうなら，誤指定したパラメータの探索に用いた方法を説明すること。
	解釈したモデルを生み出すためにどのパラメータを固定し，自由にしたかを述

付録 5.1　構造方程式モデリングとベイズ流の技法を用いた研究のための追加的な学術論文報告基準

論文セクションと トピック	記載内容
	べること。また，指定探索の後に固定したり自由にしたりするパラメータの理論的・概念的根拠を提供すること。 結果を提示したモデルが他のモデルを適合させる前に指定したのか後に指定したのか，あるいは，データを検討する前か後かを述べること。
推定値	推定したすべてのパラメータについて非標準化推定値と標準化推定値の両方を報告すること。 対応する標準誤差を報告すること（特に，個々のパラメータの有意性検定の結果変数を報告する場合）。カットオフ値を用いた場合には統計的有意性の水準のカットオフ値を述べること。 間接効果の推定値を報告すること（非標準化推定値と標準化推定値の両方）。また，可能な場合には間接効果の標準誤差の値を報告すること。間接効果を検定するための方略を述べ，正当化すること。 交互作用効果の推定値と，解釈した交互作用の背後にあるパターンを明確にするための後続分析の結果も報告すること。また，そうした交互作用の標準誤差の値も報告すること。
考　察	オリジナルのモデルに加えた修正と修正の理論的・統計的基盤をまとめること。同じデータに適合する同等のモデルや維持されたモデル，データを維持されたモデルとほぼ同じくらい説明する対立するが同等でないモデルの問題を取り上げること。同等のモデルやほぼ同等のモデルよりも維持されたモデルを好んだことを正当化すること。

注　M. Appelbaum, H. Cooper, R. B. Kline, E. Mayo-Wilson, A. M. Nezu, & S. M. Rao による「心理学における量的研究のための論文報告基準：APA 出版およびコミュニケーション会議タスクフォース報告」(*American Psychologist, 73*, pp. 18-19) から採録。Copyright 2018 by the American Psychological Association.

付録5.1 構造方程式モデリングとベイズ流の技法を用いた研究のための追加的な学術論文報告基準

表 A5.2 ベイズ技法を用いた研究についての報告基準 （表 A1.1 に示された材料に追加）

論文セクションと トピック	記載内容
モデル	分析したモデルの系統的な部分と確率的な部分の両方を完全に特定し，関数形と分布の選択の根拠を述べること。
分 布	関心のあるモデルパラメータの事前分布を記述すること。事前分布が有情報である場合，その選択の根拠を述べ，結果の事前分布への依存性をチェックするための感度分析を行うこと。
	実質的なモデルパラメータの事後分布とパラメータの重要な関数を記述すること。可能であれば，それぞれのパラメータや関数の最高事後密度区間を報告すること。
	実質的なパラメータが相関する場合には，同時分布をプロットしたり記述したりすること。
	観察可能な量について予測を行う場合には，実際の予測分布とパラメータ推定値のいずれかを利用できるようにし，分布を記述する要約統計量や図的なまとめを報告すること。
尤 度	事前分布が有情報であった場合には，非正規化尤度か正規化尤度を述べること。
プロット	事前分布が有情報で図を示すべき場合には，事前分布，尤度，事後分布を1つの図に含めること（すなわち，トリプロット）。
意思決定	データを考えられるアクションについての意思決定に用いた場合には，効用，コスト，ベネフィットを報告し，それらがどのように導出されたのかを説明すること。また，意思決定のためのさまざまな事前分布や効用の仮定については感度分析を提供すること。
特殊な場合	マルチレベル分析の交換可能性（あるいは，共変量が存在する場合には条件つき交換可能性）を仮定することの根拠を説明すること。研究の文脈に関係する場合は，縮退調整済み推定値とその信頼区間の図や表を提示すること。
	各研究について効果量のオリジナルの推定値と縮退推定済みの推定値を含むフォレストプロットとトレースプロットをメタ分析的要約のための信頼区間を添えて報告すること。その分析法について実行可能であれば，残差効果の標準偏差に対して縮退調整済み推定値を示したパラメータトレースプロットを残差分散の事後分布と組み合わせて提供すること。
計 算	（研究前，または，研究途中に）意思決定規則を決めた場合には，すべての意思決定規則の詳細と適応的デザインにおける各意思決定の帰結（結果）を述べること。
	マルコフ連鎖モンテカルロ法や他のサンプリング手続きを用いた場合には，チェーンの数，各チェーンのバーンイン反復の回数，間引き（thinning）を含む詳細を述べること。使用した方法を特定し収束とその結果を確認すること。
モデル適合	モデルの適合をチェックするのに用いた手続きとそれらのチェックの結果を述べること。
ベイズファクター	ベイズファクターを計算した場合には比較したモデルを特定すること。
	ベイズファクターとそれらをどのように解釈したのかを報告すること。
	事前分布についての仮定に対するベイズファクターの感度を検証すること。

付録 5.1　構造方程式モデリングとベイズ流の技法を用いた研究のための追加的な学術論文報告基準

論文セクションと トピック	記載内容
ベイズモデル平均 化	ベイズモデル平均化において推定したパラメータやパラメータの関数を述べること。正規分布に近い場合には，分布を図示するか，平均と標準偏差を挙げること。そうでない場合は，正規分布に近くないとしたら分布についていくつかのパーセンタイルを挙げること。 モデルをどのように生成したかを述べること。平均化のためにセットを減らして用いた場合には，どのように選択を行ったか，どのモデルを平均化に用いたかを述べること。

注　M. Appelbaum, H. Cooper, R. B. Kline, E. Mayo-Wilson, A. M. Nezu, & S. M. Rao による「心理学における量的研究のための論文報告基準：APA 出版およびコミュニケーション会議タスクフォース報告」（*American Psychologist, 73*, p. 20）から採録。Copyright 2018 by the American Psychological Association.

6

その他のデザイン上の特徴を報告する
縦断研究，追試研究，単一被験者による研究，臨床試験

　学術論文報告基準（JARS; Appelbaum et al., 2018）は，その他の独特の特徴を持つ研究デザインについての追加的な推奨を含んでいます。これらの基準が関係するのは，（a）〔ひとりの〕参加者について2時点以上のデータを集めた研究，（b）過去に行われた研究を追試することを意図した研究，（c）一名の被験者もしくは一単位のみを用いて行われた研究，（d）臨床試験——つまり，身体的・精神的健康の治療の有効性を検証することを意味する——に当たる研究です。図1.1のフローチャートは，どのJARSの表があなたのプロジェクトに関係するかを判断するための方略を示しています。ここでは，4つの追加的なデザイン上の特徴を順に論じます。

1. 縦断研究
　表A6.1は縦断データを収集した——つまり，各参加者についてのデータを2回以上集めた——研究のための追加のJARSの推奨を示しています。これらのタイプの研究が多く見られるのは，発達心理学（人が時間を経てどのように変化するかを知ろうとするとき）や臨床および健康心理学（介入の効果が時間が経っても持続するかを知ろうとするとき）です。これらのタイプの研究はこうした時間の次元を持つため，JARSの表は他の表であれば注で扱ったようなデザインの側面を取り上げます。そのため，縦断データを収集した場合には自分のデザインに関係する他の表に加えて表A6.1を使うことになるでしょう。

第 6 章　その他のデザイン上の特徴を報告する

サンプルの特徴

　研究が被験者について 2 回以上のデータ収集を伴う場合には，方法のセクションで抽出した各単位について述べましょう
- グループ，年齢，性別分布ごとの単位の数
- 民族構成
- 社会経済的地位，第一言語，移民の地位，教育水準，家族特徴
- 国，地域，都市，他の重要な地理的特徴

　サンプルの特徴についての報告の勧めは，実際のところ，一般的な報告基準においてなされた推奨のくり返しになります（表 A1.1）。あなたの報告は，どんな人が参加者であったのかについての完全な見取り図を示すべきでしょう。年齢や性別など，心理学的諸現象と非常によく交互作用するために普遍的に報告する必要がある特徴があります。他の特徴の重要性は，取り組んでいる研究のトピックと文脈によるでしょう。

　縦断研究について，なぜサンプルの特徴が JARS の表において再度強調されているかの主な理由は，これらのタイプの研究において報告すべき特徴が他の研究のそれらと異なるからではありません。むしろ，サンプルの構成を各々の測定機会について述べる必要があることを思い出してください。たとえば，Fagan et al.（2009）によるリスク要因（たとえば，父親の薬物問題，投獄，無職）の研究は，レジリエンス要因（たとえば，父親の肯定的な態度，職業訓練，宗教への参与）および子に対する両親の関与に関わるものでしたが，縦断研究でした。サンプルの記述については第 3 章で取り上げました。Fagan et al. が脆弱な家庭と子どもの幸福についての調査からのデータ（1998 年から 2000 年の間に合衆国で生まれたほぼ 5,000 名の子どもを追跡）を用いたことを思い出してください。この研究者らは子どもの出生時，1 年後，3 年後に集められた縦断データを用いました。より大きなデータベースから最終的なサンプルを得るために，Fagan et al. は以下のことを行いました。

　　既婚者や同棲カップルを除外したのは，子どもが生まれた時点で最も脆

136

Book review 2024 AUGUST

8月の新刊

〒112-0005 東京都文京区水道2-1-1
営業部 03-3814-6861 FAX 03-3814-6854
ホームページでも情報発信中。ぜひご覧ください。
https://www.keisoshobo.co.jp

図書館情報学概論 [第2版]
記録された情報の力

デビッド・ボーデン、リン・ロビンソン 著
田村俊作 監訳・塩崎 亮 訳

好評を博した初版をバージョンアップし、最新動向をアップデート。情報学の基本概念を理解し、話題問をつかむための重要テキストも。

A5判上製480頁 定価6820円
ISBN978-4-326-00061-6

市民ワークショップは行政を変えたのか
ミニ・パブリックスの実践と教訓

長野 基

双書現代倫理学8
利他主義の可能性

トマス・ネーゲル 著
蔵田伸雄 監訳

現代アメリカの代表的哲学者ネーゲル最初の著作をもとに、その基本的立場を明確に示し倫理学の展開に影響を与えた名著、遂に邦訳!

四六判上製288頁 定価3520円
ISBN978-4-326-19974-7

インターネット・メタバースと商標の保護
権利形成から商標侵害まで

青木博通

Book review

AUGUST 2024

勁草書房
https://www.keisoshobo.co.jp
表示価格には消費税が含まれております。

8月の新刊

リスク意識の計量社会学
犯罪・失業・原発・感染症への恐れを生み出すもの

阪口祐介

どのような人々がが高いリスク意識をもち、それはなぜなのか。社会調査データの分析によって現代日本社会のリスク意識の姿を描き出す。

A5判上製 240頁 定価3850円
ISBN978-4-326-60373-2

学習院大学東洋文化研究叢書
現代日本の〈国家意識〉とアジア
二つの東京オリンピックから考える

遠藤 薫 編著

1964年と2021年、ナショナル・イベントとしての二つの東京オリンピックとは何だったのか。〈国家意識〉シリーズ第3作。

A5判上製 296頁 定価5500円
ISBN978-4-326-60374-9

アジア系のアメリカ史
再解釈のアメリカ史・3

キャサリン・C・チョイ 著
佐原彩子 訳

8月の重版

けいそうブックス
実践・倫理学
現代の問題を考えるために
児玉 聡

判断の難しい現代社会の倫理的な問題を、どう考え、どう判断し、どう行動すればよいのか。倫理学的なものの考え方を学びたい人に向けた道案内。

四六判上製 308頁 定価2750円
ISBN978-4-326-15463-0 1版7刷

基礎から学ぶ
スポーツの心理学
佐々木万丈

スポーツ愛好家、学校や地域で指導に携わる人、子どもを教えるなど一般の親まで幅広くスポーツに関心のある人向けのテキスト。

A5判並製 192頁 定価2420円
ISBN978-4-326-25134-6 1版4刷

ドローンが変える戦争
古谷知之・伊藤弘太郎・佐藤丙午 編

ウクライナ戦争で明らかになった「軍事用ドローン」の衝撃。有事が想定される日本も、他人事ではない。その全容を明らかにする。

A5判上製 280頁 定価3960円
ISBN978-4-326-30338-0 1版1刷

文化的進化論
人びとの価値観と行動が世界をつくりかえる
ロナルド・イングルハート 著
山崎聖子 訳

人びとの価値観と行動は何によってかたちづくられるのか。100か国・40年におよぶ調査に基づき展開される、進化論的な近代化論！

A5判上製 288頁 定価3630円
ISBN978-4-326-60318-3 1版1刷

から問う正史。

四六判上製 296頁 定価3630円
ISBN978-4-326-65445-1

日常に侵入する
自己啓発
生き方・手帳術・片づけ
牧野智和

近年活況を呈する自己啓発書は、私たちの日常生活をどう変容させ、どのような生き方をするよう誘おうとするのか。社会学の観点から考える。

四六判上製 352頁 定価3190円
ISBN978-4-326-65393-5 1版5刷

入門ミクロ経済学
[原著第9版]
ハル・ヴァリアン 著
佐藤隆三 監訳

ミクロ経済学の頂点を究める、全米の大学で採用されている最良のテキストの最新版。「付録」の章及びデザイン、レイアウトを新たに追加。

A5判並製 720頁 定価4400円
ISBN978-4-326-95132-1 4版5刷

その実感とも違うべき品をお作りますか。

A5判上製 292頁 定価5500円
ISBN978-4-326-30305-8

ベトナムの挑戦
2045年高所得国入りを目指して

木村福成
グエン・アイン・ズオン
坂田正三　及川景太
岩崎総則　山田康博　編

2045年までに高所得国入りを目指すベトナムは一貫した成長軌道を歩まなければならない。成長を導く7つの重要セクターを紹介する。

A5判上製 608頁 定価9900円
ISBN978-4-326-50501-2

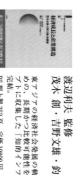

経営戦略論
戦略マネジメントの要論

雨宮寛二

企業経営を社会科学としての視座だけではなく、実学としての視座から捉え解明。注釈や図表を活用して、理解の手助けする。

A5判並製 200頁 定価3190円
ISBN978-4-326-50503-6

から読み解く。

A5判並製 232頁 定価3300円
ISBN978-4-326-40425-4

日本の女性のキャリア形成と家族
雇用慣行・賃金格差・出産子育て

永瀬伸子

現代日本の女性を取り巻くここ30年余の変化を見据え、仕事と出産・子育ての両立を実態、その問題の所在を明らかにする。

A5判上製 528頁 定価5940円
ISBN978-4-326-50502-9

東アジア長期経済統計 第1巻
経済成長と産業構造

渡辺利夫　監修
茂木創・吉野文雄・釣雅雄

東アジアの経済社会発展の軌跡を追うため、長期かつ比較可能な「国的インフラ」をここに完結。

B5判上製 352頁 定価19800円
ISBN978-4-326-54785-2

1. 縦断研究

弱な家族に焦点を当てた研究を行うためである。次に，1年目の調査にも参加した父親が選択された。ベースラインと1年目の両方に参加した815人のうち，130人はデータが不足していたためサンプルから除外した。その結果，685人の父親が抽出された。次に，3年目に面接を受けていない父親を除外し，569人の父親をサンプルとした。569人の父親のうち，約4%は3年目のデータが大幅に欠落しており，代入不可能であった。これらの父親を除外した結果，最終的に完全なデータを持つ父親549人のサンプルが得られた。(p. 1392)

研究者らは次にサンプルのベースライン時点での平均年齢，民族集団と教育水準による構成を示しました。また，この研究と関連するので，1年目，3年後の追跡調査の時点での母親と父親の関係性を特定しました。

　Fagan et al. (2009) の研究は実験操作を伴いませんでした。他のサンプルの一部は実験操作を伴いました。Norman et al. (2008) の研究は，青年の喫煙を予防しやめさせるためのインターネットベースの介入の有効性を評価するものでした。Norman et al. はベースライン，介入後，3カ月後，6カ月後の追跡時点で測定を行いました。サンプリング技法とサンプルについての徹底的な記述を提示した後で，彼らは読者に以下のことを告げました。

喫煙者サンプルにおける文化集団の分布は，非喫煙者サンプルとは有意に異なり（$t(13) = 3.105, p < .001$），東ヨーロッパや地中海文化圏ではより多くの割合の喫煙者が特定された。中央アジアやアフリカの文化集団からの人々は喫煙者サンプルにおいては最も少なかった。(Norman et al., 2008, p. 801)

損　耗

研究が被験者について2回以上のデータ収集を伴う場合には，方法のセクションで抽出した各単位について述べましょう
- 各抽出での損耗率と損耗の理由の内訳

第6章　その他のデザイン上の特徴を報告する

> • 主な社会人口統計学的条件および実験条件による損耗の違い

　Fagan et al.（2009）が読者に告げるところによると，彼らの研究における損耗，すなわち，参加者の完全データの除外の理由は欠測データが多すぎることにありました。はじめに，適格でありベースライン時点で参加した815名の父親のサンプルがいました。しかし，2回の追跡調査の後で完全なデータを提供したのはこれらの父親のうち549名のみでした。これは約33％の損耗率です。ここで問わねばならないのは，初回サンプルがベースライン時点での未婚の父親の国家サンプルの代表を意図しているとしたら，3人にひとりの父親が1年目と3年目の追跡調査サンプルに含まれなかった場合にもなお代表的といえるのかということです。欠測した父親は，関心のある変数と関わるような何らかの点で残った父親と違っていることがありうるでしょうか。

　実際に，Fagan et al.（2009）は，ドロップアウトした父親がしなかった父親と異なるかに注目しています。

> 　われわれは損耗分析を行い，本研究のベースライン，1年目，3年目の時点で包含の基準を満たし3つ全ての時点で面接を行った父親のサンプル（$n=549$）を，ベースラインと1年目の時点で面接したが3年目はしなかった父親（$n=116$）と比較した。父親の年齢，人種，教育，赤ちゃんの母親との関係性，出生前の関与，ベースライン時点での家族リスクとレジリエンス指標，1年目時点での個人・家族・子どものリスク指標，1年目時点での個人・家族レジリエンス指標，父親が1年目時点で子どものそばにいたかについてカイ二乗分析と一要因分散分析を行った。有意な差は1つ見いだされた。サンプルの父親は3年目にドロップアウトした父親よりも出生前に関与が多かった（$F(1, 664) = 4.7, p < .05$）。（p. 1396）

この差が知見の一般化可能性にとってどのくらい重要かという問いにどう答えるかにかかわらず，ここでの重要な点は，報告が判断を下すのに十分情報を与えることです。

　Norman et al.（2008）は，図5.2に示したダイヤグラムで異なる条件の損耗率を示しました。実験研究では，全体的な損耗が相当数であるかどうかだけで

1. 縦断研究

なく，各測定時点の条件の各々で損耗が異なるかということも気になるでしょう（内的妥当性に対する潜在的な脅威）。もし異なるとしたら，実験変数の効果について研究者が主張できる力が損なわれます。損耗率が異なった場合，のちのテストでグループが異なったとしても，処遇の効果に加えてグループの構成が変化したことによってもっともらしい対立仮説を作り出されることがありえます。図5.2からは損耗は2つの実験条件における非喫煙者の間では10%未満であるが，喫煙者についての別の時点の2つの異なる条件では15〜30%であることが見てとれます。この違いは，喫煙者でありかつ研究を完遂した被験者は研究を完遂しなかった喫煙者とは異なるのではないかという懸念をもたらすのに十分なほど大きいのではないでしょうか。ともかくも，JARSは，そのような判断ができるように，研究者が異なる実験条件の損耗率を報告することを勧めています。

追加のサンプル記述

> 研究が被験者について2回以上のデータ収集を伴う場合には，方法のセクションで以下の内容について述べましょう
> - 研究が進むにつれての参加者または単位の文脈的変化——たとえば，
>   - 学級の閉鎖や併合
>   - 大きな経済的変化
>   - 長期的研究について，現代の読者が当時の研究の文脈を理解するために説明を要する大きな社会の変化

この報告の勧めは極めて直截的です。人，局所的文脈，より広くは社会は時間を経て変化します。研究者は参加者がどのように応答するかに影響するであろうこれらの変化を意識すべきであり，これらのことについて調整し，これらの変化を考慮するために自らが行った努力とともに報告すべきでしょう。たとえば，喫煙が健康に悪いことを示す新しい報告があり，Norman et al.（2008）の研究のベースラインと3年後の追跡調査の間に広くメディアの注目を集め，参加者の追跡調査での応答に影響したかもしれません。そのことは処遇効果に

139

第6章　その他のデザイン上の特徴を報告する

対するもっともな対立仮説となりえます。研究者は，結果に影響するかもしれない参加者と文脈の変化を読者が意識できるようにすべきです。

方法と測度

研究が被験者について2回以上のデータ収集を伴う場合には，方法のセクションでそれぞれのデータ収集機会での独立変数と従属変数を述べましょう。各データ収集が行われた年も報告しましょう

JARSのこの推奨は，測度はときに異なるデータ収集時点の間で同じでないことを指摘するものです。たとえば，処遇後と追跡でのデータ収集の間に測定器の改訂版が開発されるかもしれません。ほとんどの研究者は途中での測度の変更をしたがりませんが，測定の妥当性と信頼性が大幅に向上したならば，研究者は一貫性よりも質をとることに価値があると気づくでしょう。もしそのようにしたならば，すべての測定を完全に詳述すべきですし，得点をできる限り同等にするためにどのように調整したのかを説明すべきです（たとえば，再尺度化，希薄化の修正）。したがって，報告において単一時点のみの研究の一部として採用した測定のすべてに言及すべきであるのと同じように，たとえ測度は同じであったと述べるだけになるとしても，測定の機会のたびにこの詳細をくり返しましょう。

欠測データ

研究が被験者について2回以上のデータ収集を伴う場合には，方法のセクションで欠測データの量を述べ，欠測データの問題を分析上でどのように扱ったのかを述べましょう

ここでも先のJARSの推奨をくり返すことになります。先に述べた，Fagan et al.（2009）がサンプルから「実質的な」欠測データのある参加者をどのように除いたかを思い出してください。この除外は，分析に用いた父親が欠測デー

140

タのなかった父親とは異なることを意味するのでしょうか。Fagan et al. は以下の情報を提供しています。

> 3つすべての時点に参加し欠測データのない父親のサンプルを実質的な欠測データのあった父親と比較した。欠測データのない父親は，欠測データのあった父親よりも，ベースラインの時点で赤ちゃんの母親と恋愛関係にあった傾向が強く（$\chi^2(1, N=569)=7.9, p<.01$），ベースラインの時点で赤ちゃんの母親と単なる友人であった傾向は弱く（$\chi^2(1, N=569)=6.2, p<.05$），ベースラインと1年後の時点の間でより多くの個人的レジリエンス要因を経験した（$F(1, 568)=4.3, p<.05$）。(p. 1396)

欠測データが存在するが実質的にはそれほどでもないときには，Fagan et al. は以下のようにしています。

> 母親のデータにも補完を必要とする欠測事例があった。1年目の時点で，19名の母親が面接を受けず49の欠測データがあった。3年目の時点で，29名の母親が面接を受けず82の欠測データがあった。母親のデータがすべて欠測した場合については，父親のデータをまず検討して子どもとの接触があると報告しているかを確かめた。接触がなかった場合，母親項目のすべてに0を代入した。一部に欠測項目があった母親については，それらの項目の（回答があった）回答者の平均を代入した。残りの場合については，母親の指標の標本平均を代入した。Cronbach のアルファは1年後については.95，3年後については.96 であった。(p. 1393)

全体を通して，これらの研究者は母親のデータの欠測を父親のデータで置き換えたのに加えて，測定の各時点でそれほどでない量の母親のデータが欠測したときには平均の置き換えを用いました。

Norman et al.（2008）は，欠測データの代入について大きく異なる方略を用いました。

> マルチレベルのロジスティック回帰モデルの使用により，推定手続きと同等の，欠測データに対処するための別の方略が得られたが，時間を経て

第6章　その他のデザイン上の特徴を報告する

> の変化を効果的に評価するにはデータが少なかった（Little & Rubin, 1987）。
> (p. 804)

分　析

> 　研究が被験者について2回以上のデータ収集を伴う場合には，方法のセ
> クションで，使用した分析手続きとこれらの分析を遂行する際に行った仮
> 定を特定してください

　縦断データは反復測定分散分析から極めて複雑な分析方略まで多くのやり方
で分析できます。たとえば，Fagan et al.（2009）は，まず各時点からのデータ
を別々に用いて一連の単変量分析を行いました。次に，測定の時点を1つの変
数として用いる，洗練されたパス解析を行いました。したがって，ベースライ
ン時点での変数は1年後の追跡時点での変数を予測するために用いられ，これ
ら両方の測定時点が3年後のすべての変数を予測するために用いられました。
Norman et al.（2008）はロジスティック成長モデルを用いてデータを分析しま
した。これらの方略は非常に高度な計算（と新しい用語群）を必要とするため，
その結果をここで述べるつもりはありません。しかし，論文には方法と結果の
セクションにすべての分析方略の完全な記述が必要であることを重要な点とし
て指摘しておきます。

多重公刊

> 　研究が被験者について2回以上のデータ収集を伴う場合には，方法のセ
> クションでデータのどの部分が以前に公刊したものであり，現在の報告と
> どの程度の重なりがあるのかについての情報を提供しましょう

　ベースライン時点と処遇直後の時点で収集したデータの報告を分析した後す
ぐに公刊することもあるかもしれません。おそらくはそれから数年後に，追跡
データをカバーする別の報告を書くことになるでしょう。ほぼ同時に公刊され

142

る2つ以上の論文で用いたデータの報告に関しては，たとえデータの一部だけであったとしても，以前に公刊したデータを再利用したときはつねに後の報告で情報を提供しましょう。Fagan et al.（2009）がこのことを実行したのは，合衆国が1998年から2000年の間に集めた既存のデータベース（脆弱な家庭と子どもの幸福についての研究）からデータを抽出したことを述べるときでした。なお，追跡データが集まるまで待ってから縦断データを少しずつ公刊しようとするのはよい慣習ではありません。これは**細切れ出版**（*piecemeal publication*）と呼ばれます（Cooper, 2016を参照）。

2. 追試研究

　表A6.2は，先行研究を追試すること，また，できる限り忠実にそうすることを意図した研究についての報告基準を示しています。最も重要な報告問題は，オリジナルの研究と追試を意図した研究の類似性と差異に関わります。これらの問題は追試研究に特有のものであるため，表A6.2は，追試している研究のデザインによってここで述べた他のJARSの表と組み合わせて用いるとよいでしょう。

　架空の香りラベル付け研究を例として用いるとはっきりするでしょう。公刊された追試研究を読むことに関心があるなら，概して教育を受けていない社会からの参加者を用いてパーソナリティの5因子モデルを追試できるかを検討したGurven et al.（2013），選択的聴取における腹話術効果の追試を試みたJack et al.（2013）を参照するとよいでしょう。

研究のタイプ

> 　研究が以前に行われた研究の追試を意図したものである場合は，以下の内容について述べましょう
> - 報告のタイトルと本文に，その研究が直接的な追試であるのか，近似的な追試であるのか，概念的追試であるのかを読者が判断するのに十分な情報を含めること
> - 研究がオリジナルの研究の一部でない条件，材料，手続きを含むかど

うかを述べること
- もし含むなら，それらの新しい特徴，それらが研究のどこに現われたか，結果への潜在的な影響は何かを述べること
- オリジナルの研究と追試の両方についての処遇忠実性の指標を報告すること

　研究が先行研究の追試である場合，タイトルがそのことを反映していることが重要です。たとえば，香りにラベル付けすることの効果についての「Capulet (2018)」による先行研究を追試したとしたら，その研究には「ラベルが主観的評価に及ぼす効果：Capulet (2018) の追試」といったタイトルをつけるでしょう。オリジナルの研究のタイトル（第2章を参照）の全部ではなく一部を用いたことに注意してください。このやり方であれば，2つの研究には明らかにつながりがありますが，同じであると混同されることはありません。あなたの研究が追試であるという事実も明確になります。

　追試であるというあなたの実験の性質は，序論でできるだけ早く言及したほうがよいでしょう（第一パラグラフが望ましい）。研究が直接的追試なのか近似的追試なのか——つまり，オリジナルの研究と可能な限り操作的に同様であることを意図したものかどうか——もできるだけ早く言及したほうがよいでしょう。直接的追試と近似的追試の違いは黒か白かのものではありません。たとえば，追試はつねに〔オリジナルとは〕異なる時点で行われ，たいていは異なる場所，異なる参加者，研究者，データ収集者によって行われるという意味では決して**直接的**，あるいは厳密に同じではありえません。それでも，これらが変化した唯一のものであるならば，その研究は**直接的追試**（*direct replication*）と呼ばれます。**近似的追試**（*approximate replication*）と呼ばれることもありますが，たいていはそうではありません。**近似的追試**というラベルを用いるべきであるのは，たとえば，香りの快さの測度の作り方に変更が行われたが（たとえば，異なる反応数や反応の種類を用いた尺度），研究の結果変数にはほとんど，あるいはまったく影響しないと期待される場合です。

　概念的追試（*conceptual replication*）となるのは，操作や測定が変更されたが，変数間の背後にある関係性は同じであると期待される場合です。たとえば，香

2. 追試研究

りにラベル付けするのに**バラ**と**肥やし**を用いる代わりに，中立的な香りに対する別のポジティブ・ネガティブなラベルが同様に快いと評定されるかを知りたいかもしれません（ラベルが**ユリ**と**泥**であるなど）。

また，JARS の推奨によれば，オリジナルの研究デザインに加えた追加条件を完全に記述すべきです。たとえば，追試研究にバラからの抽出物は含めたが肥やしからのものは含めず，「Capulet（2018）」によるオリジナルの研究で用いられた，同じ香りに別のラベルを付ける 2 条件だけではなく，4 つの条件を作ったとします。したがって，バラの抽出物を用いた 2 つの条件は「Capulet（2018）」の直接的追試ですが，不快な香りの抽出物を用いた 2 つの条件はオリジナルの研究の拡張に当たります。

なぜ新たな条件を加えたか，それらに伴う仮説は何かを序論で述べるべきです。方法のセクションでは，新しい条件をどのように作り操作したかを詳細に述べることになります。新しい条件に加えて，JARS は追加した測度も報告において完全に記述することを勧めています。そこで，「Capulet（2018）」が被験者の香りの購買意図についての測度を含まなかったがあなたの研究はそれを含むのならば，このことを報告で詳細に述べる必要があります。

また，オリジナルの研究で報告された実験処遇の忠実性の指標とあなたの研究におけるそれらを報告すべきです。このことは，あなたの操作がオリジナルとどのくらい比較可能であるかを読者が評価できるようにしてくれます。オリジナルの研究ではラベルが適用される前の香りの心地よさの評定はどのくらいだったのでしょうか。あなたのラベル付け前の評定は同様だったでしょうか。研究では被験者がラベルを思い出せたかを測定したでしょうか。想起率は各研究で同じだったでしょうか。

被験者

研究が以前に行われた研究の追試を意図したものである場合は，以下の内容について述べましょう

- オリジナルと追試研究の募集手続きの比較
- 被験者がどのように選ばれたかにおけるすべての大きな変化の説明

第6章　その他のデザイン上の特徴を報告する

（以下のものなど）
 ◦ 研究が異なる環境で行われたか（たとえば，国や文化）
 ◦ 被験者のグループや条件への配置が異なるか
 ◦ これらの変数の結果に及ぼしうる影響の記述
報告では両方の研究における被験者の人口統計学的特徴を比較しましょう。
分析の単位が人でない場合（教室など），その特徴の適切な記述子を報告
しましょう

　これらの JARS の推奨は，あなたの研究における被験者がオリジナルの研究
におけるそれらと，ラベリング効果に関連するような重要な点において似てい
るのか，違っているのかを読者が評価できるようにしてくれます。たとえば，
オリジナルの研究は女性被験者のみからなるサンプルで行われたが，あなたの
研究は男女両方の被験者で行った場合，このことを方法のセクションで述べる
必要があります。また，この被験者の違いが結果に影響するかどうかについて
行ったあらゆる評価を提示すべきです。性別の違いはあるでしょうか——ジュ
リエットはどちらのラベルも同じくらい甘いと考えるがロミオは違うと考える
でしょうか。女性被験者の結果はオリジナルの研究の直接的追試か近似的追試
ですが，男性被験者の結果はその拡張であり，性別を通してのオリジナルの知
見の一般化可能性を検証するものとなります。

　オリジナルのラベル付け研究とあなたの追試の両方において，被験者が条件
にランダムに割り当てられたということはありそうなことです。報告はこのこ
とに言及すべきです。条件への割り当てが 2 つの研究で異なる場合には，どち
らも報告しその意味するところを論じることが重要です。たとえば，読解介入
のオリジナルの学校ベースの研究では，校長が新しいプログラムに参加する教
師を選んだが，あなたの研究では教師は自発的に参加したのかもしれません。
このことは，介入がはじまる前にグループ間に違いを作り出す可能性がありま
す。たとえば，校長は最もその必要がある教師を選んだのに対し，自発的に参
加した教師は生徒を向上させることに高い動機づけを持っており，必ずしも介
入に同じ仕方で反応しない 2 つの教師グループができていたかもしれません。

146

2. 追試研究

装置類

> 　研究が以前に行われた研究の追試を意図したものである場合は，以下の内容について述べましょう
> - 使用した装置（ハードウェア（器具）とデータを集めるために用いた他の技術を含む）
> - オリジナルと追試の研究の間での主な違い
> - 質問紙や心理検査を他の言語に翻訳したか，翻訳が正確であることを確かめるために使用した方法（バックトランスレーションなど）
> - 追試研究において分析した得点の心理測定学的特徴と，オリジナルの研究におけるそれらとの諸属性の比較
> - ２つの研究を通しての情報提供者と実施の方法（以下の内容を含む）
>   - テストの環境（個人実施 vs. 集団実施など）
>   - 実施の方法（紙と鉛筆か，オンラインかなど）

　上に述べたように，追試で用いた装置と器具に行ったあらゆる変更は慎重に書面にする必要があります。そのような変更には，言語の翻訳，それをどのように実現したか，同等の器具を作ることにどのくらい成功したかが含まれるでしょう。オリジナルの香りラベル付け研究はイタリアで行われて測度はイタリア語で書かれていたのに対し，追試研究は合衆国で行われ測度は英語であったでしょうか。もしそうなら，測度をどのように翻訳し，測度が同等であることについてどんな証拠があるでしょうか。

　また，あなたの測度と先行研究で用いられた同等の測度の心理測定学的属性を報告する必要があります。それらの信頼性と内的一貫性はどのくらいでしょうか。これらは結果に影響するような点で異なるでしょうか。環境と被験者への教示における違いも詳細に述べるべきです。一方の研究は実験室で行われ，他方はデパートの香水コーナーで行われたりしたでしょうか。この違いは結果にどのように影響するでしょうか。

147

第6章　その他のデザイン上の特徴を報告する

分　析

> 研究が以前に行われた研究の追試を意図したものである場合は，以下の
> 内容について述べましょう
> - オリジナルの研究で用いたのと同じ分析手法（統計的，または，他の
>   量的操作）を用いた結果
> - あなたが行った追加の分析や別の分析からの結果
> - 検定力分析における効果量を特定しオリジナルの研究で報告されたも
>   のと等しいか，サンプリングエラーを考慮して，検定力が標準誤差の
>   推定値に基づく効果量の適切な値を超えているか
> - オリジナルの結果が新たな研究で再現されたかを判断するために用い
>   た統計的基準とこの判断を行うために用いた決定規則の説明

　追試という発想は，オリジナルの研究が用いた方法だけでなく，データ分析
方略にも同様に拡張されます。追試を行ったとき，オリジナルの研究が用いた
のと同じ分析方略を用いることが重要です。たとえば，オリジナルのラベル付
け研究が2群のt検定を用いてラベル間の違いを検定した場合，同様にこの検
定を用いるべきでしょう。このことは，サンプルサイズについての検定力分析
を行いそれを報告することが重要であることをも意味します。読者はあなたの
研究の統計的検定力がオリジナルの研究のそれとおよそ合致するか，あなたの
研究が統計的有意性を見出すチャンスが大きかったのか小さかったのか，パラ
メータ（たとえば，平均，標準偏差，効果量）を測定する精度が高かったのか低
かったのかに関心を抱くかもしれません。

　あなたはデータを分析するのに用いた新しい手段を報告することもできます。
たとえば，オリジナルの研究者が用いたt検定を行うとともに，被験者の性別
を分析に加えることによって二要因の分散分析も行うかもしれません。オリジ
ナルの研究の分析を改善することもできますが，できるだけ同じように再現し
た後でのみそうするのがよいでしょう。

　最後に，実際にオリジナルの結果を再現するのに成功したのかどうかを判断
するのにどのような基準を用いたのかを明記する必要があります。知見が統計

148

的に有意であったのか（あなたと Capulet の両者が**バラ**というラベルが有意に高い好ましさ評定をもたらすことを見出したでしょうか），実験効果量の度合いをどのように比較したのか，2つの効果量は互いの信頼区間の中に含まれたのか，ベイズ実験後（アポステリオリ）期待値は同様であったのか異なったのかなどの基準を用いるでしょう。追試が成功した，あるいは成功しなかったと思ったときのためのガイドラインがありますし（たとえば，Open Science Collaboration, 2015），Verhagen & Wagenmakers（2014）はベイズアプローチを導入し，頻度論的統計学が用いるのとは別の方法についての短い概観を書いています。これらの資源を用いれば自分の基準を選ぶ助けとなるでしょう。

3.1 被験者または1単位による研究（*N*-of-1 デザイン）

　単一の被験者や単位を用いて行った研究は，ある個体（または，他の種類の単一単位）が時間を経てどのように変化するかとか，処遇によってどのように影響を受けるかを理解しようとすることに焦点を当てるものです。このデザインは，これまでに論じてきた研究——何が一群の人々を平均的に他の群の人々と異ならしめるのかに関わる——とは対照的です。単一事例研究は臨床心理学で最も頻繁に用いられます。特に，処遇がまれな障害をもつ個人を援助することを目指すときや，適度な効果量を検出するのに十分な検定力をもってグループ研究のために障害をもつ人々を見つけて募集することが難しいときなどです。単一事例研究は発達心理学でも用いられます。介入あり，または，介入なしで個人が時間を経てどのように変化するのかに研究者が関心を持つときなどです。最後に，単一事例デザインは応用心理学でもときどき用いられます。たとえば，大きな単位への介入の効果が研究を動機づけるときです。このときの単位をなすのは個人ではなく，会社，教室や学校，都市・州・国全体でしょう。この場合には，単位の中のすべての人の個々の得点の平均や合計（たとえば，工場の生産性，ある学校で学年レベル以下の得点をとった生徒のパーセンテージ）が単一単位の「行動」を表現します。

　表 A6.3 は，あなたの研究が単一の個体や他の種類の単一単位について行われたものである場合に関心のあるものとなるでしょう。単一事例デザインは独特の種類の研究ですが，それはそこで問われる問いのためだけではありません。

第 6 章　その他のデザイン上の特徴を報告する

あなたは表 A6.3 を表 A1.1 や他の関連する JARS の表に沿って埋めることになるでしょう（特に，臨床試験以降のセクションを参照）。

　表 A1.1 の問題と考察のセクションで求められる材料はすべてのタイプのデザインに当てはまります。たとえば，参加者の特徴やサンプリング手続きなどを含む，方法のセクションで報告される材料の多くがそうです（単一事例研究の場合，このことは個体の人口統計学的特徴とどのようにその単位を募集したのかから構成されるでしょう）。しかし，方法と結果のセクションにおける材料の一部は極めて違った見かけになるでしょう。たとえば，単一被験者による研究では，サンプルサイズと総参加者数は 1 となり，これが意図したサンプルサイズです。検定力分析は N-of-1 デザインには関わりがないものとなりますが，測度の特徴の完全な記述は劣らず重要です。同様に，結果に関わる表 A1.1 の項目を検討すべきです。ほとんどが N-of-1 デザインにも関わりますが，別の仕方で報告することになることがわかるでしょう。

　仮想の香りラベル付け研究は単一事例デザインの例としては使いません。ラベル付け研究を行ったとするならば，2 つのラベル条件を被験者内要因として用いることができるでしょう（おそらくは被験者に同じ香りを 2 回提示し，1 回はバラ，一回は肥やしとラベル付けすることによって）。しかし，N-of-1 デザインは時間をかけて多くの測定（ときには数百もの）を必要とするので，これは香りのラベル付けに関するデザインとしては選ばれないでしょう。同じ 2 つのラベルを何回も使って何度も香りをかぐように求められたならば，〔1 名だけの〕被験者は簡単には信じないでしょう。また，非常にすばやく行いすぎても，被験者の嗅覚は変化するでしょう。被験者に何日も来てもらうことも考えられますが，このことは実際的ではないでしょう。

　そうする代わりに，ある喫煙者が毎日のタバコの本数を減らしたり，喫煙を完全にやめたりすることを支援する薬の有効性を検証しようとする架空の例を使います。別の例として，自閉症のある 8 歳児が複数の情動（幸福，悲しみ，怒り，恐怖）をうまく知覚できるように改善することを意図したビデオモデリング処遇の有効性に関する文献から取り出したものも導入しましょう。これは Corbett（2003）が行った研究であり，*The Behavior Analyst Today* に掲載されました。ビデオモデリングについて Corbett は以下のように述べています。

150

3.1 被験者または1単位による研究（*N*-of-1 デザイン）

> ビデオモデリングは観察学習を促すために開発された技法である。ビデオモデリングは，一般に，あとで訓練したり模倣したりする行動を見せるモデルのビデオテープを被験者が観察することを伴う。子どもは典型的にはテレビモニターの正面に着席し，静かに座ってビデオに注意を払うことを求められる。子どもは課題に注意を向けて座っていればほめられる。目標行動を見せるシーンを提示した後で，子どもは観察した行動に取り組んだり模倣したりすることが求められる。その後，この手続きが事例と試行を通してくり返される。(p. 368)

Corbett は続けてビデオモデリングが自閉症のある子どもたちに様々なスキルを教えるのにうまく使えること，生のモデリングよりも効果的であることが示されている例があることを述べます。ビデオモデリングを使って自閉症の子どもに他者の顔に表出された情動の認識――これらの子どもにとって特に困難なスキル――の仕方を教えることはできるでしょうか。

デザイン

> 研究が単一の被験者について行われたものである場合には，報告に以下の内容を含めましょう
> - デザインのタイプ――たとえば，撤去‐逆転，複数回ベースライン，交互処遇，基準変更，これらの組み合わせ，適応的デザイン
> - 該当する場合には，処遇段階，段階系列，段階系列がアプリオリに決まっていたのかデータ駆動か，段階変更の基準

　単一事例デザインは多くの形をとりえます。こうした研究で実験操作を検討するときは（上記の自閉症研究など），デザインの最も一般的なバリエーションは，(a) 介入が導入されるがある時点から後に撤去されたり逆転されたりするか，(b) 2回以上の処遇が用いられ処遇は個々に導入されたり組み合わせて導入されたりするか，(c) 複数の測度が採用されこれらが処遇によって違ったふうに影響を受けることが意図されているか，(d) 介入が導入されたり変更さ

151

れたりしたときにどんな基準を用いているかです。介入なしの単一事例研究は
それほど複雑ではないこともありますが，研究者はなお複数の異なる測度を採
用するか，測度間にどのくらいの長さの時間を認めるかを判断する必要があり
ます。JARS が勧めるところでは，これらの基本的なデザイン特徴を報告に記
述すべきです。もしそれらがなかったとしたら実際のところおかしな感じがす
るでしょう。単一事例研究デザインについて検討した 2 つの素晴らしい著作と
して Barlow et al.（2008）と Kazdin（2011）があります。

　JARS は，研究で用いた段階の長さとこれらの長さを決めた方法を述べるこ
とも指定しています。ときには段階の長さは実験がはじまる前に決まっていま
す。別の場合には，段階の長さはいったん研究がはじまった後に被験者の行動
のパターンによって決まります。たとえば，介入ありの単一事例研究では，介
入が導入される前に，関心のある行動が安定したベースラインに達することが
重要です。介入がはじまる前には被験者がどのようにふるまうのかについての
優れた推定値がなかったとしたら，介入が効果を持つかどうかをどのようにし
て知ることができるでしょうか。いったん介入がはじまったら，あらかじめ決
められた時間続くか，既定の基準が満たされたときに撤去もしくは変更するか
でしょう。たとえば，喫煙をやめることを援助するための薬物が一日に吸うた
ばこの数を 30 から 20 に減らしたとすると，このことは，喫煙測度がさらに減
少しうるのかを検証するために，薬物の投与量を増やすことをあなたに促すで
しょう。

　Corbett（2003）は，ビデオモデリング処遇の段階を以下のように述べてい
ます。

　ビデオモデリング処遇は，同年代で定型発達のピア・モデルが行う幸福，
悲しみ，怒り，恐怖のターゲット行動を見せる短い（3 〜 15 秒）ビデオ記
録のシーンを参加者が観察することからなる。ビデオテープは，それぞれ
の情動についての 5 つの例からなり，合計で 20 の異なる社会的・遊び状
況シーンであった。それぞれのシーンは一日に一回だけ見せられ，結果的
に一日につき 10 から 15 分の総介入時間となった。ビデオテープは参加者
の家庭で，一般に同じ時間に同じ場所で，週に 5 日見せられた。(p. 370)

3. 1 被験者または 1 単位による研究（*N*-of-1 デザイン）

Corbett はベースライン条件を以下のように報告しました。

　　ベースライン条件は，子どもがテレビモニターの正面に座っていること
からなった。セラピストは子どもに「よく注意してね」と教示した。最初
のシーンが子どもに向けて再生された。セラピストは「彼／彼女は何を感
じているかな」と尋ねた。セラピストは子どもに 4 つの情動カテゴリーを
表現したマンガと単語による 4 つの一次的情動からなるラミネート加工し
たシートを示した。子どもは言語的反応を提供したり，シート上の単語や
絵を指さすことができた。セラピストは 4 つの情動カテゴリーを通して各
シーンについて正しい反応には「1」，誤った反応には「0」と記録した。
安定した傾向を確立するため，最小で 2 日のベースラインデータを獲得し
た。(Corbett, 2003, p. 371)

Corbett の処遇条件は以下のように述べられています。

　　処遇条件は子どもをテレビの正面に座らせることからなった。ここでも，
セラピストは「よく注意してね」と言った。最初のシーンの後で，参加者
にはそのシーンで伝えられた一次的情動を参照しながら「彼／彼女は何を
感じているかな」と尋ねた。子どもが正しく回答した場合，社会的強化が
与えられた。子どもが誤って回答した場合，訂正フィードバックが与えら
れ，セラピストは「この子は（情動）を感じているよ」と言った。次に，
セラピストは「ビデオで見たことをやってみよう。同じことをしてみよ
う！」と熱中した様子で反応した。それから，セラピストはビデオで観察
した相互作用を模倣した。セラピストは架空の材料を用いて社会的・遊び
状況をシミュレートし，ロールプレイの中で子どもと相互作用した。この
相互作用は楽しくさせることを意図しており，評定や得点化はされなかっ
た。子どもは観察した感情を模倣しディスプレイすることを促された。情
動反応は 1 か 0 で得点化され，次のシーンが導入された。(Corbett, 2003,
p. 371)

まとめて，Corbett はデザインを以下のように記述しました。

> 　行動を通しての多重プローブデザイン。処遇は，被験者に最小のプロー
> ブと，求められた場合には，より援助的な介入の継続が必要となる修正を
> 提供するものであった。（p. 371）

手続きの変更

> 　研究が単一の被験者について行われたものである場合には，研究デザイ
> ンの記述には研究の開始後に途中で生じた手続きの変更を含めましょう

　単一事例研究の報告において，研究がはじまった後で手続きに生じた変更に
ついて述べる必要があるでしょう。Corbett（2003）はそのような手続きの変
更を行っていません。

> 　参加者の母親は，基本的な行動原則になじみがあるので，週ごとに著者
> による手続きについての訓練と監督を受けた。子どもは，ビデオ視聴とリ
> ハーサルの期間の間，外的な視聴覚刺激のない構造化された援助的な環境
> においてビデオを観察した。（p. 370）

架空の喫煙予防研究では，たとえば，ごく短いうちにオリジナルの薬物の投与
量が効果的でないことが判明し，増量することに決めた場合などには手続きの
変更を報告する必要があるでしょう。

追　試

> 　研究が単一の被験者について行われたものである場合には，報告には計
> 画的な追試の記述を含めましょう

　単一事例研究は定義により単一の単位のみで行われますが，同じ報告に異な
る単位を用いた同じ研究の複数回の追試を含めることはまれではありません。
したがって，Corbett（2003）が自閉症のある5名の子どもについて別々にビ
デオモデリングの効果を報告することもありえたかもしれません。もしそうし

3.1 被験者または 1 単位による研究 (*N*-of-1 デザイン)

ていたなら，彼女はそれぞれの子どものデータを個別に提示してから，考察において結果の類似点と相違点について検討したことでしょう。

無作為化

> 研究が単一の被験者について行われたものである場合には，報告には以下の内容を含めましょう
> - 無作為化を用いたかどうかを述べること
> - 無作為化を用いたならば，無作為化の方法と無作為化した要素を述べること（たとえば，処遇条件と統制条件がどの段階で設定されたか）

　無作為化は単一事例研究でも生じることがありますが，明らかに，被験者を条件に無作為に割り当てることによって生じるのではありません。そうではなく，実験の異なる条件が現れる段階を無作為に決定することによって生じます。たとえば，反喫煙薬物実験では，各段階を一週間の長さにすることに決めるかもしれません。ベースラインを確立した後で（薬物の導入前には被験者は一日につき何本のタバコを吸ったか），次の 10 週間の各々の間に被験者が薬物を摂取するかしないかを判断するためにコインを投げることになります。被験者は何週か続けて薬物を摂取し，他の続けての何週かは処遇を受けなかったことに注意してください。この無作為化は，薬物が喫煙行動の変化の原因である（特に，処遇と交絡する履歴や他のイベントによるものでない）という主張の妥当性に対する多くの脅威を退けるのに役立ちます。

　単一事例研究において無作為化を用いた場合，確実にそれを報告すべきです。読者に知ってもらいたいのはあなたの研究の好ましい特徴です。Corbett（2003）の上記の処遇の段階についての記述では，ビデオモデルの顔による情動の提示が無作為であったかどうかは明示的に述べられていませんでした。この種の実験では，無作為化が必要なのかがはっきりしません。処遇は極めてすばやく（3 週かけて）実施され，処遇の導入と撤回はその有効性を打ち消すのみでしょう。

155

第6章　その他のデザイン上の特徴を報告する

系列遂行

研究が単一の被験者について行われたものである場合には，研究デザインの記述には以下の内容を含めましょう
- 実際に遂行した系列（各事例についての各セッションでの試行の数を含む）
- 系列を完遂しなかった被験者がやめた時点とやめた理由

Corbett（2003）の報告によると，15 試行からなる系列全体が完遂されました。彼女は不完全なくり返しを報告しませんでした。単一事例デザインのすべての報告にはこの情報を含めましょう。

結果変数と推定

研究が単一の被験者について行われたものである場合には，記述には各参加者についての結果を含めましょう（各ターゲット行動と他の結果変数のローデータを含みます）

単一事例研究デザインからのデータの分析は，単純なものから極めて複雑なものまでさまざまな技法を用いて行われることがあります。極めて複雑な技法は，時間が原因で相互依存的なデータのために特に開発されたものです。これらの技法の概要については Kratochwill & Levin（2014）に見ることができます。また，単一事例デザインの報告結果について独特であるのはローデータを提示すべきであるということで，これはグラフの形式でよく見かけます。Corbett（2003）は図 6.1 に示したグラフで結果を提示しました。彼女は形式的な統計的分析を行うことなく結果を記述しています。これはデータが明確であり反駁の余地がないときには単純な単一事例研究ではめずらしくない手続きです。

ビデオモデリングは 4 つの基本情動の知覚のすばやい獲得を生じた。図6.1 に見ることができるように，D. W. は彼のレパートリーにおいて既に

156

4. 臨床試験

図 6.1　単一被験者デザインにおけるローデータ提示の例

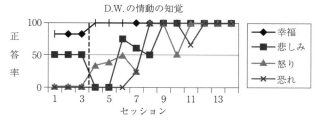

情動知覚の概日パーセンテージ。「ビデオモデリング：自閉症の世界を覗く窓」by B. A. Corbett, *The Behavior Analyst Today*, 4, pp. 371-372. から採録。Copyright 2003 by the American Psychological Association.

> いくらか確立されていた幸福の同定をすばやく習得した。のちに，D. W. は残りの情動カテゴリーについての漸進的な向上を示した。D. W. はすべての情動カテゴリーのすばやく安定した獲得と維持を示した。(Corbett, 2003, p. 372)

4. 臨床試験

　研究が特定の種類の実験処遇を評価するとき，すなわち，健康介入の効果を評価するときには**臨床試験**（*clinical trials*）と呼ばれます。第1章で書いたことを簡単に振り返ると，臨床試験は心的または身体的健康介入に関わります。心理学では，臨床試験は優れた身体的健康の維持についての心理学的要素を検討することが多いです——たとえば，投与計画を遵守するよう動機づけることを意図した介入や，優れた心的機能にとっての優れた身体的健康を維持することの意義（高齢者において運動プログラムが認知能力に及ぼす効果など）などです。臨床試験は実験者が導入した操作的介入を伴うことがあります。あるいは，他者が導入した介入の評価を用いることもあります（おそらく，病院の管理者がはじめたプログラムが機能しているか知りたいと思った場合など）。臨床試験には無作為化による割り当ても非無作為化による割り当ても用いられるでしょう。

　健康の問題に関わらないとしても，表 A6.4 を埋めようと考えてみると他の種類の介入や処遇も見つかります。たとえば，読解介入の効果を調べた Vadasy & Sanders（2008）の研究などの報告はこの表を埋めることから利を得る

第6章　その他のデザイン上の特徴を報告する

でしょう。これらの場合には，表 A6.4 における基準についての問いの多くが
報告をできる限り他者にとって有用なものとするのに役立つでしょう。

　臨床試験の報告を説明するためにこれから用いる例は，*Psychotherapy The-
ory: Research, Practice, Training* で公刊された「心理力動的支持－表出心理療
法時にパーソナリティの問題は改善するか　パーソナリティ障害を有する精神
科外来患者を対象とした無作為化比較試験による副次的結果」[*1] というタイト
ルの Vinnard et al.（2009）による論文です。この研究では，パーソナリティ障
害についての2つの処遇を比較しました。実験的処遇は支持－表出心理療法
（SEP）のマニュアル化したバージョンで，統制条件はマニュアル化されていな
い，コミュニティ発信の心理力動的処遇（CDPT）でした。したがって，これ
は単純な2つの実験条件のある一要因被験者間デザインでした。

5. 参加者の特徴とサンプリング手続き

> 　臨床試験を報告する場合には，以下の内容を含めましょう
> - 参加者がすべての包含および除外基準をどのように満たしたかを確認
>   する方法について述べること（特に，臨床診断を評価する場合）
> - マルチサイト研究である場合には，データ収集場所の類似点と相違点
>   に関する詳細を提供すること

　Vinnars et al.（2009）は，参加者の包含および除外基準とどのように参加者
を募集したかについて同じパラグラフで述べています。

> 　参加者はストックホルム首都圏の2つのコミュニティメンタルヘルスセ
> ンター（CMHC）から継続的に募集した。彼らは主に行きつけのヘルスケ
> アから治療のために自分で応募するか，勧められてきた人であった。一般

[*1]　このタイトルは第2章で概観した JARS の推奨によると冗漫に過ぎるのではないでし
ょうか。あなたはこれを短くしてみることができますか。無作為化比較試験という記述子
はタイトルに必要でしょうか，これについてはアブストラクトで言及することはできない
でしょうか。

158

5. 参加者の特徴とサンプリング手続き

に，参加者は非特定的な精神的支援を求めていたが，ごく一部は特定的に心理療法を求めていた。包含基準は，少なくとも1つのDSM-IV［Diagnostic and Statistical Manual of Mental Disorders, fourth edition; American Psychiatric Association, 1994］のPD［パーソナリティ障害，personality disorder］診断か，DSM-IV appendixの受動攻撃性または抑うつPDの診断があることであった。除外基準は，60歳以上であること，精神病，両極性の診断，深刻な自殺念慮，初回面談前の一年以内のアルコールまたは薬物依存，器質性脳損傷，妊娠中，心理療法を受けたくないことが含まれた。参加者はスウェーデン語が流暢であることも必要とされた。(p. 364)

この記述は，誰が処遇に含まれ誰が除外されたのかについての優れた理解を読者に与えるものなので，結果を追試したり別の母集団に拡張したい研究者にもやりかたがわかるでしょう。

測　度

臨床試験を報告する場合には，以下の内容を含めましょう
- 臨床的評価を伴う研究のための治療を提供することに臨床査定者が関わったかどうか
- 彼らが処遇後や追跡評価の際に条件への割り当てを知っていたか否か。もし知らなかったとしたら，このことをどのように実現したか

被験者についての記述からすると，Vinnars et al.（2009）の臨床試験では，人々はパーソナリティ障害や具体的に受動攻撃性または抑うつパーソナリティ障害があると診断されていたようです。また，この臨床診断は研究がはじまる前に生じたものであることも示唆されています（被験者の自己推薦か，勧められたかによったため）。そこで，治療前の臨床査定者は治療の提供に関わっていませんでした。

治療後のアセスメントに関しては，Vinnars et al.（2009）は，研究のための臨床アセスメントは3つの時点で行われたと読者に告げています。治療前，治

159

第 6 章　その他のデザイン上の特徴を報告する

療から 1 年後，さらに 1 年後でした。彼らは「広範な臨床経験がある臨床心理学者が DSM-IV II 軸人格障害のための構造化臨床面接を［他の臨床アセスメント装置とあわせて］行った」(p. 366) と述べています。したがって，治療関連アセスメント（結果変数）を行った臨床家は治療を実施した臨床家と同じ人ではなかったと仮定できます。研究者は，査定者が被験者の実験条件を知らなかったかどうかを述べていませんが（そうしてくれていたらよかったのですが），知らなかったと無難に仮定できるものと考えます。

実験的介入

臨床試験を報告する場合には，以下の内容を含めましょう
- 被験者が登録する前に研究プロトコルが公的に利用できたかどうかと（たとえば，公刊済みであるなど），もしそうであったならいつどこで利用できたか
- 新しい母集団（たとえば，年齢の違い，民族性，併存疾患）に合わせるために研究における介入を「標準的な」アプローチとどのように変えたか
- 被験者に提供したあらゆる材料（たとえば，臨床的ハンドアウト，データ記録装置）とそれらについての情報をどのように得ることができるか（たとえば，URL アドレス）

Vinnars et al. (2009) はマニュアル化された心理療法操作を用いたので，そのことについての彼らの記述が，どこでそのマニュアルを見ることができるかについての参照からはじまるのは驚くべきことではありません。

> 本研究における SEP は Luborsky の処遇マニュアルにしたがった (Barber & Crits-Christoph, 1995; Luborsky, 1984)。処遇は 1 暦年を通して平均して 40 回実施されたセッションからなった。(p. 365)

Vinnars et al. は彼らの実験的処遇の詳細を知ることができる場所を私たちに知らせてくれています。これは，以下のことが満たされているならば，完全に適

160

切な報告アプローチです。(a) 参照されている文書が容易に利用でき（たとえば，公刊されている，インターネット上で利用できる），(b) 処遇の概念的な支柱が慎重に詳細化されており（Vinnars et al., 2009 の導入でそうされているように），(c) 処遇がどのように実装されたかに関してのあらゆる詳細がマニュアルの記述とは違っていたり，その中には含まれないようなものまで報告されている。Vinnars et al. の記述は，接触量（40 回の処遇セッション）と処遇の時間スパン（約 1 暦年）についての情報も含んでいます。

　比較群についての研究者の記述も同じくらい重要です。

> 　比較群は PD 患者について一般的であるような自然な処遇となることを意図した。これらの臨床家の基本的な心理療法訓練は精神分析志向であり，研究期間中に精神分析家からのスーパービジョンを受けた。彼らは患者の処遇の仕方についての臨床ガイドラインを与えられてはいなかった。彼らは自分の好みの処遇を選び，処遇の焦点，頻度，いつ処遇をやめるかを決める自由があった。しかし，ひとりを除いて他のすべての治療者の主な指向が心理力動的なものであることは極めて明白であった。このことは，この試験が 2 つの心理力動的処遇——1 つはマニュアル化し時間制限のあるもの，1 つはマニュアル化されていないもの——の比較に関するものであるというわれわれの結論を強めるものである。(Vinnars et al., 2009, p. 365)

　自然な環境において行われたほとんどの評価研究では，比較群は「通常の処遇」を受けていることが多いでしょう。多くの場合，このことは読者とこの研究知見の潜在的な追試者にとっての問題を生じます。比較処遇がどんなものであったかを正確に知るすべがないからです。処遇についての明らかにされた効果——結果変数についての処遇とその比較対象との間の違い——は，その効果がどのような効果をもたらしたかとともに，比較されるものに大きく依存します。結局のところ，異なるにおいのラベルの効果でさえも両方のラベルに依存します（**バラ** vs. **肥やし**に対して**バラ** vs. **ヒナギク**ではどうでしょうか）。統制群が通常の処遇を受けたのだとしたら，あなたの研究デザインにおける通常の処遇とはどのようなものなのかについての情報をどのように集めることになるのかを考えてみてください。このことは，統制群を観察すること，かつ／または，

処遇実施者と統制群のメンバーに自分たちが行ったことと自分たちに起こることについての追加的な質問を提供することに関わります。重要な点は，統制群のメンバーから結果変数を集めることだけでは見出した群間差の意味をあなたが（そして読者も）解釈するのに十分ではないということです。この問題に対処するために，JARS は統制群と彼らをどのように扱ったかについての記述を明示的に求めています。Vinnars et al.（2009）はこのことを述べています。同じようにするのが当然です。

Vinnars et al.（2009）は，彼らの研究の目的は「『心的障害の診断と統計マニュアル（4th ed.; DSM-IV）』に基づく PD 患者において，SEP が不適応的なパーソナリティ機能を改善しうる度合いを探ること」（p. 363）であると読者に説明しました。したがって，彼らの目的は，処遇の有効性の一般化可能性についてのデータを集めることであったと結論できるでしょう。

処遇変化と安全性のモニタリング

> 臨床試験を報告する場合には，以下の内容を含めましょう
> - 研究の途中でのあらゆるプロトコルの変更についての記述（介入，結果変数，分析の方法についてのすべての変更を含む）
> - データと安全性モニタリング委員会の記述
> - あらゆる停止規則の記述

Vannars et al.（2009）の研究では，いったん研究がはじまったらプロトコルには何の変更もなかったように見えます。もし変更があったとしたら，そのことはこのセクションで報告されるでしょう。

データと安全性モニタリング委員会（*A data and safety monitoring board*）は，参加者の安全性とデータの正当性を保証するように臨床試験をモニターすることを職務とする，独立した専門家の集団です。国際健康機構（NIH, 1998）は，公式のモニタリング委員会がいつ，どのように機能すべきかについてのポリシーを制定しています。

5. 参加者の特徴とサンプリング手続き

> 参加者に潜在的なリスクをもたらす介入を伴うマルチサイト臨床試験にはデータ安全性モニタリング委員会（DSMB）の設立が求められる。データと安全性のモニターの機能とそのような活動の監査は，研究機関審査委員会（IRB）による研究審査の要求と研究の承認とは別個のものである。

このポリシーは続けて，すべての臨床試験はモニタリングされる必要があるが，それらが厳密にどのようにモニタリングされるべきかは（a）研究の伴うリスクと（b）研究のサイズと複雑さによると述べます。

> モニタリングは，その研究エフォートのサイズと射程によって，さまざまな仕方で，さまざまな個人や集団によって行われる。これらは小規模な第Ⅰ相の研究における主任研究員や NIH のプログラムスタッフによるモニタリングから，大規模な第Ⅲ相の臨床試験のための独立のデータと安全性モニター委員会の設立にまで至る連続体上に存在する。

NIH はモニタリング委員会がどのように運用され，いつ必要とされるかに関する規則ももっています。Vinnars et al.（2009）の研究はスウェーデンで行われたため，安全性とデータの正当性については彼らの国の要求を満たさなければなりませんでした。これは参加者にとってリスクの低い比較的小さな研究であったので，試験をモニターする独立の専門家グループの設立は必要とされなかったといえます。あなたの研究が研究センターや研究機関を通して行われているのであれば，その機関の肝いりのもとで進行中のプロジェクトを監督する独立の委員会を持っていることでしょう。

停止規則

　臨床試験は，参加者の安全性を確実にするために停止規則が重要な役割を果たすことがある場合に当たります。〔事前に〕規定した有害事象の事例が多すぎる場合には，試験を止めるべきです。同様に，処遇が人々に強力で明確な利得を示している場合には，試験を早く停止することで処遇を必要とする人々にできる限り速やかに処遇を受けさせることが促されるかもしれません。

163

第6章　その他のデザイン上の特徴を報告する

処遇忠実性

研究が臨床試験を伴う場合には，報告には以下の内容についての記述を含めましょう

- 処遇実施者（たとえば，治療家）の計画された介入プロトコル（たとえば，診療マニュアル）の遵守に関する方法と結果
- 計画された介入プロトコルの実施における処遇実施者の能力
- 参加者が処遇の勧めにしたがったかどうか（たとえば，宿題を与えた場合にやり遂げたか，指定した活動を練習したか）

処遇忠実性（*treatment fidelity*）とは，どのくらい確実に処遇が被験者に実施されたのかを指します。処遇が意図された仕方で──「規定通りに」──実施されなかった場合，処遇における積極的な要因が何であったのかを解釈することは難しくなります。同じことが言えるのは，ある処遇実施者と別の実施者で実施に多大なばらつきがあった場合です。Vinnars et al.（2009）は，処遇実施の確実性をどのようにモニターしたか，どんな信頼性の手がかりがあったかについての詳細を慎重に提供しています。

すべての診療セッションはビデオ録画され，2名の訓練された評定者が遵守／能力尺度（Barber & Crits-Christoph, 1996; Barber, Krakauer, Calvo, Badgio, & Faude, 1997）を用いて SEP 法の遵守を評価した。記録を利用できた各参加者の7回目のセッションを評定した。評定者は2年の訓練を受け，その間におよそ30本の訓練テープをやり遂げた。尺度には3つの技法下位尺度が含まれた。一般的診療（非 SEP 特定的介入），援助的（治療関係を強化することを目的とした介入），解釈－表出的（主に CCRT［中核的葛藤関係主題 Core Conflictual Relationship Theme］な具体的介入）であった。2名の独立の評定者の遵守性評定の級内相関を計算し，本標本においては良好であることが見いだされた（一般治療技法 .81, 援助的技法 .76, 表出技法 .81）。(p. 365)

5. 参加者の特徴とサンプリング手続き

処遇実施者

Vinnars et al.（2009）の研究では，実験的介入と比較条件の介入が心理療法家によって実施されました。JARS が勧めるように，この研究者らは方法のセクションにおいてこれらの処遇実施者の専門的訓練に慎重に注意を払いました。

6 名の心理学者が SEP を行い，21 名の臨床家が CDPT 処遇を遂行した。精神医学と力動心理療法において 20 年以上の経験がある 3 名のシニア療法家が，経験年数が 1 から 10 年にわたる残りの SEP 療法家を訓練した。3 名のシニア療法家は処遇の開発者によって…SEP と遵守／能力評定尺度の両方の訓練を受けていた。これら 3 名の療法家の訓練事例は英語から翻訳され，他の SEP 療法家とスウェーデンの遵守性評定者の訓練を開始するためにペンシルバニア大学心理療法研究センターの遵守性評定者によって彼らが容認可能な遵守性レベルに達するまで評定された。

CDPT 臨床家は精神医学と力動心理療法について平均 12.5 年の経験であった。1 名を除いてすべての療法家は力動精神療法について，心理療法家認定基準に一致する，少なくとも 1 年のフルタイムの公式な大学院修了後訓練を受けていた。彼らは全員この研究の前と実施中に週ごとの心理力動精神療法のスーパービジョンを受けた。公的な健康管理システムの中では，力動療法家は深刻な病理を伴う患者に対処する際に援助的な技法を重視する傾向にある。CDPT グループには処遇群の 3 名の患者を受け持つ 2 名の精神科医と処遇群の 13 名の患者を受け持つ 6 名の心理学者，処遇群の 42 名の患者を受け持つ 5 名の精神科看護士，処遇群の 16 名の患者を受け持つ 6 名の精神科のソーシャルワーカー，処遇群の 2 名の患者を受け持つ 2 名の精神科看護士のアシスタントが含まれた。すべての療法家は具体的な仮説について知らなかった。（p. 365）

Vinnars et al.（2009）は処遇そのものについて述べる際に比較群の療法家の訓練について論じています。

マニュアル化した SEP には時間制限があったが，CDPT は終わりが定まっていなかった。つまり，研究チームは CDPT 群の処遇の長さを決め

第6章　その他のデザイン上の特徴を報告する

なかった。しかし，このことはすべての CDPT 患者が長期の治療を受けたことを意味しなかった。実際に，処遇前と1年後の追跡評価の間に行われた総処遇セッションの平均数は2つの群で異ならなかった（Mann-Whitney $U = 2,994.00$, $p < .87$）。平均して，SEP 患者は 26 回のセッションを受け（$SD = 15.2$, $Mdn = 30$, range = 0-78），CDPT 患者は 28 回のセッションを受けた（$SD = 23.7$, $Mdn = 22$, range = 0-101）。処遇前と後の評価の中間時点のみに注目した場合でも，それぞれ，SEP 患者は平均 25 回のセッション（$SD = 13.0$, $Mdn = 30$, range = 0-40）であったのに対し，CDPT 患者は 22 回のセッション（$SD = 15.5$, $Mdn = 21$, range = 0-61）であった（Mann-Whitney $U = 2,638.00$, $p < .19$）。(pp. 365-366)

コンプライアンスまたは遵守性を増すための活動

Vinnars et al.（2009）の告げるところによると，被験者は2つのコミュニティメンタルヘルスセンターから募集し，自主的に応募するか，治療を勧められたかのいずれかでした。彼らにはコンプライアンスの問題がありました。というのは，SEP 条件の被験者は治療がはじまる前に契約を結んだが CDTP の被験者はそうではなかったからです。ここでは，彼らがこの問題をどのように報告したかを見ましょう。

治療参加

マニュアル化されていない治療はその性質上治療契約に同意するプロトコルを持たないので，この条件のドロップアウトの定義は複雑であった。参加問題を解決するために，参加者の医療記録からセッションデータを集めた。治療参加は（a）週に一回の定期的なもの（SEP = 52, 65.0%; CDTP = 43, 56.6%），（b）週に一回予定されている定期的なアポイントメントを守れないことも含む，週に一回よりも少ない不規則なもの（SEP = 16, 20.0%; CDTP = 17, 22.4%），（c）無作為化の後2回未満の参加である治療なし（SEP = 12, 15.0%; CDTP = 16, 21.1%）に分類された。参加に関して2つの処遇の間に有意な差は見られなかった（$\chi^2(2) = 1.35$, $p < .51$）。(Vinnars et al., 2009, p. 366)

隠匿の方法

Vinnars et al.（2009）の SEP 療法 vs. 通常の治療の研究に被験者を登録する場合，ある被験者が実験的処遇から利得を得られそうだとあなたが感じるかどうかに基づいて，人々をあるグループに振り分けるか分けないかを変えたくはないでしょう。このことが，Vinnars et al. が「参加者はコンピュータ化した層別無作為手続きを用いて無作為化した」(p. 368) ことと「参加者は 2 つのコミュニティメンタルヘルスセンターから継続的に募集した」(p. 364) ことの両方を報告した理由です。**継続的に**（*consecutively*）という語は，被験者がパーソナリティ障害をもつかどうかと他の事前に決められた包含および除外基準のみによってスクリーニングされたことを意味します。登録者は研究に招待されることやどの条件に当たるかについて個人的な選択の余地がありませんでした。同様に，割り当て系列を生成した人，被験者を登録した人，被験者をグループに割り当てた人は，これらの時点の各々で募集と割り当てにおける何らかの形のバイアスを実験に忍び込ませる可能性があるので，報告する必要があります。

研究デザイン

> 臨床試験を報告する場合には，追跡評価の長さについての根拠を提供しましょう

Vinnars et al.（2009）は，測定のタイミングについて明示的な根拠を挙げていません。しかし，彼らが選んだ間隔は検証している種類の臨床的介入に基づいて容易に擁護されます。興味深いことに，これらの研究者は処遇とアセスメントに関する倫理的問題に直面しています。

> 比較条件は時間制限つきの処遇でなかったため，これらの患者は SEP 患者が処遇後および追跡調査となった時点でもなおおそらくは治療中であることがありうる。質問紙はアセスメント面接と組み合わせて CMHC で回答された。SEP 群の 29 名の患者（16.3 %）は追跡段階もなお治療中であった。本研究の倫理的プロトコルは，その時点でも相当の苦痛をお

第6章　その他のデザイン上の特徴を報告する

> ほえる患者には SEP 治療を継続することを認めていた。結果として，追跡調査中もなお SEP 治療を受けている患者が何名かいた。(p. 366)

したがって，倫理的な理由のため，臨床試験が終わってもパーソナリティ障害のある被験者の治療をやめませんでした。

　ここまでで，心理学の研究者が用いる主な研究デザインと統計的分析をカバーしたので，あなたの知見を意味あるものとするために考察のセクションで報告が求められることがらに注目することにしましょう。

付録 6.1　縦断研究，追試研究，単一被験者・単位による研究，臨床試験のための追加の論文報告基準

付録 6.1
縦断研究，追試研究，単一被験者・単位による研究，臨床試験のための追加の論文報告基準

表 A6.1　縦断研究のための報告基準（表 A1.1 で示した材料への追加）

論文セクションとトピック	記載内容
一般的な報告期待	
サンプルの特徴（該当する場合）	（サンプリングもしくは無作為化した）単位——個人，ペア，家族，教室——の報告を述べる。 • グループごとの N，年齢，性の分布 • 民族構成 • 社会経済的地位，第一言語，移民状態，教育水準，家庭の特徴 • 国，地域，都市，地理的特徴
サンプル募集と保持の方法	
損耗	募集ごとの損耗を報告すること（損耗の理由の内訳）。 主な社会人口統計学的特徴と実験条件による損耗率の違いを報告すること。
追加的なサンプル記述	研究が進むにつれての参加者（単位）の文脈的変化について報告すること（学校の統廃合，大きな経済的変化。長期的研究では，同時代の読者がその初期段階での研究の文脈を理解するために説明する必要のあるであろう大きな社会的変化）。
方法と測定	データ収集の各回の時点での独立変数と従属変数を特定すること。 データ収集の各回が行われた年を報告すること。
欠測データ 　分　析	欠測データの量と欠測データが分析的にどのように扱われたかを報告すること。 使用した分析アプローチとこれらの分析を遂行する際に行った仮定を特定すること。
多重公刊	データのどの部分が以前に公刊され，現在の報告とどの程度の重なりがあるのかの情報を提供すること。

注　M. Appelbaum, H. Cooper, R. B. Kline, E. Mayo-Wilson, A. M. Nezu, & S. M. Rao による「心理学における量的研究のための論文報告基準：APA 出版およびコミュニケーション会議タスクフォース報告」（*American Psychologist, 73*, p. 14）より再掲。Copyright 2018 by the American Psychological Association.

付録 6.1　縦断研究，追試研究，単一被験者・単位による研究，臨床試験のための追加の論文報告基準

表 A6.2　追試研究のための報告基準（表 A1.1 に示した材料への追加）

論文セクションとトピック	記載内容
研究の種類	研究のタイトルと（より重要だが）本文の双方において読者がその研究は直接的（厳密には，逐語的な）追試，近似的追試，概念的（構成概念的）追試のいずれであるのかを判断するのに十分な情報を報告すること。 追試研究がオリジナルの研究の一部でない条件，材料，手続きを備えたかどうかを述べること。これらの新たな特徴，それらが研究において現れる箇所，結果に及ぼす潜在的な影響について説明すること。 オリジナルの研究と追試研究の両方についての処遇忠実性の指標を報告すること。
参加者	オリジナルの研究と追試研究の募集手続きを比較すること。追試研究は異なる環境で行われたのか（たとえば，国や文化），参加者のグループや条件への配分が異なったかなど，どのように参加者が選ばれたのかにおける大きなばらつきを記載し説明すること。結果についてのこれらのばらつきが意味するところを述べること。 両方の研究における参加者の人口統計学的特徴を比較すること。もし，分析の単位がクラスなど，人（事例）ではない場合には，それらの特徴について適切な記述子を報告すること。
機器類	質問紙，構造化面接，心理検査など，データを収集するのに用いたハードウェア（装置）とソフト測度の両方を含む，装置を報告すること。方法のセクションの適切なサブセクションにおいてオリジナルの研究と追試研究の主な違いを明らかにすること。 他の言語に翻訳した質問紙または心理検査を明記し，翻訳が正確であることを保証するために用いた方法（バックトランスレーションなど）を特定すること。 追試研究において分析した得点の心理測定学的特徴を報告し，これらの属性をオリジナルの研究におけるそれと比較すること。 2 つの研究を通しての情報提供者と実施の方法を特定し比較すること。後者にはテストの環境（個別実施か集団実施かなど）と実施の方法（紙と鉛筆かオンラインかなど）を含む。
分　析	〔オリジナルの研究で〕使用したのと同じ分析手法（統計的または他の量的操作）の結果を報告すること。追加的な分析や別の分析からの結果も報告すること。 オリジナルの結果が新しい研究において再現されたかどうかを判断するための統計的基準を言明すること。基準の例には，統計的有意性検定，効果量，信頼区間，ベイズ手法におけるベイズファクターが含まれる。 複数の基準（有意性検定と効果量推定など）を採用したときには決定ルールを説明すること。検定力分析における効果量がオリジナルの研究において報告されたものと等しいか，サンプリングエラーを考慮して推定された標準誤差に基づいて検定力が効果量の適切な値を平均的に超えていたか（予測力）を述べること。

注　M. Appelbaum, H. Cooper, R. B. Kline, E. Mayo-Wilson, A. M. Nezu, & S. M. Rao による「心理学における量的研究のための論文報告基準：APA 出版およびコミュニケーション会議タスクフォース報告」（*American Psychologist, 73*, p. 17）より再掲。Copyright 2018 by the American Psychological Association.

付録 6.1　縦断研究，追試研究，単一被験者・単位による研究，臨床試験のための追加の論文報告基準

表 A6.3　*N*-of-1 研究のための報告基準（表 A1.1 に示した材料に追加）

論文セクションと 　トピック	記載内容
デザイン	デザインを述べること（以下を含む）。 　• デザインの種類（たとえば，撤回 – 逆転，複数のベースライン，処遇の交 　　代，基準の変更，それらの組み合わせ，適応的デザイン） 　• 段階と段階系列（アプリオリに決められたか，データ駆動で決めたか），ま 　　た，該当する場合には，段階変更の基準
デザインの種類	
手続き的変更	研究の開始後に途中で生じた何らかの手続きの変更について述べること。
追　試	計画された追試について述べること。
無作為化	無作為化を用いたかどうかを述べること。もし用いたなら，無作為化の手法と 無作為化された要素（たとえば，途中のどの段階で処遇条件と統制条件が開始 されるか）を説明すること。
分　析	
系列完遂	各参加者について実際に完遂された系列を報告すること（各ケースについての 各セッションの試行数を含む）。 系列を完遂しなかった参加者がいつやめたのか，また，やめた理由を述べるこ と。
結果変数と推定	各参加者についての結果を報告すること（各ターゲット行動と他の結果変数の ローデータを含む）。

注　M. Appelbaum, H. Cooper, R. B. Kline, E. Mayo-Wilson, A. M. Nezu, & S. M. Rao による「心理学における量的研究のための論文報告基準：APA 出版およびコミュニケーション会議タスクフォース報告」（*American Psychologist, 73*, p. 16）から採録。Copyright 2018 by the American Psychological Association.

付録 6.1　縦断研究，追試研究，単一被験者・単位による研究，臨床試験のための追加の論文報告基準

表 A6.4　臨床試験を伴う研究のための報告基準（表 A1.1 に示した材料に追加）

論文セクションと トピック	記載内容
タイトルページ	試験が実施前に登録されていたかを述べること。
アブストラクト	試験が登録されていたかを述べること。もし登録されていたなら，どこに登録 したかを述べ，登録番号を含めること。 試験結果の公衆衛生上の意義を説明すること。
問　題	所与の臨床的問題，障害，変数にとっての特定の介入を評価することの根拠を 述べること。 該当する場合には，処遇効果の媒介変数と調整変数を評価するためのアプロー チを説明すること。 研究の潜在的な公衆衛生上の意義を説明すること。 研究からの結果がこの分野の知識をどのように進展させうるのかを述べること。
方　法	
参加者の特徴	参加者がどのようにすべての包含基準と除外基準を満たすかを確かめた方法を 述べること（特に，臨床診断を評価する場合）。
サンプリング手 　続き	マルチサイト研究の場合には，データ収集場所の類似点と相違点に関する詳細 を提供すること。
測　定	臨床評価者に関して以下について述べること。 臨床評価を伴う研究について処遇を提供することに関わったか。 処遇後と追跡評価の時点で条件への割り当てを知っていたか知らなかったか。 知らなかった場合には，どのようにしてそれを実現したか。
実験的介入	参加者が登録する前に研究プロトコルが公的に利用できたか（たとえば，公刊 されていたか）報告すること。利用できた場合には，いつどこでできたかを述 べること。 新しい母集団に合わせられるように（たとえば，年齢，民族，併存疾患が異な る），この研究における介入が「標準的」なアプローチとどのように違っていた かを説明すること。 参加者に提供したあらゆる材料（たとえば，臨床ハンドアウト，データ記録器） とそれらについての情報をどのように得ることができるか（たとえば，URL の アドレス）を説明すること。 研究の途中でのプロトコルのあらゆる変更について説明すること（介入，結果 変数，分析の方法についてのすべての変更点）。 データと安全性モニタリング委員会の関わりについて説明すること。 あらゆる停止規則について説明すること。
処遇忠実性	処遇実施者（たとえば，セラピスト）が計画通りの介入プロトコル（たとえば， 治療マニュアル）を遵守したかに関して方法と結果で説明すること。 計画済みの介入プロトコルの実装における処遇実施者の能力に関する方法と結 果を説明すること。 （該当する場合には）参加者（すなわち，処遇を受ける人）が処遇の勧め（たと えば，実行することが意図された処遇が何であるかを理解していたか，割り当 てられた宿題を完遂したか，かつ／または，処遇環境の外側で割り当てられた

172

付録 6.1 縦断研究, 追試研究, 単一被験者・単位による研究, 臨床試験のための追加の論文報告基準

論文セクションと トピック	記載内容
	訓練活動があった場合にはそのことについて) を理解しそれにしたがったかに関する方法と結果を説明すること。
リサーチデザイン	追跡評価の長さについての根拠を提供すること。
結　果	処遇忠実性（すなわち，セラピスト忠実性と能力評定）と参加者忠実性が介入結果変数とどのように関係するのかを説明すること。
	臨床的意義の閾値が事前に決められていたか（たとえば，公的に利用可能なプロトコルの一部として）を含め，臨床的意義を評価する方法を説明すること。
	介入実施者に帰属可能な処遇効果の潜在的な違いを特定すること。
	マルチサイト研究の場合，データ収集場所に帰属可能な処遇効果の潜在的な違いを説明すること。
	検証した場合には，調整変数および媒介変数の効果の分析の結果を説明すること。
	該当する場合には，なぜ研究を中断したのかを説明すること。
	有害事象が生じた場合にはその頻度とタイプを説明すること（あるいは，何も生じなかったことを述べること）。
考　察	この研究が介入，臨床上の問題，母集団についての知識をどのように進展させるかについて説明すること。

注　M. Appelbaum, H. Cooper, R. B. Kline, E. Mayo-Wilson, A. M. Nezu, & S. M. Rao による「心理学における量的研究のための論文報告基準：APA 出版およびコミュニケーション会議タスクフォース報告」(*American Psychologist, 73,* pp. 12-13) から採録。Copyright 2018 by the American Psychological Association.

7

結果の解釈
考察のセクション

さて，研究の仕組みと統計分析の結果を読者に徹底的に説明したところで，あなたはそれらが何を意味すると考えているのかを伝える時間となります。学術論文報告基準（JARS; Appelbaum et al., 2018）は，いくつかの重要な要素を含めることを推奨しています。第一に，どの結果が最も重要で，どの結果が二次的なものであるかを読者に伝えることで，見出したことを要約する必要があります。このようにラベル付けする（たとえば，一次的知見と二次的知見というサブセクションを設ける）必要はありませんが，そうしても良いでしょう。さまざまな結果の重要性は，いつ，どのように，そしてどの程度の深さで議論するかによって明確になります。香りのラベリング研究では，もしあなたの関心が主に理論的なものであれば，香りの心地よさに関連する測度で見出したことの詳細と解釈に多くの時間を費やして，ラベルが購買意図にどのように影響するかについては簡単に触れるだけかもしれません。もし，より応用的な動機で研究を行ったのであれば，二種類の測度が同程度に注目されるかもしれません。（結果のセクションで報告した）二次的知見は，すべてを説明しなければならないと感じるかもしれませんが，ほとんど言及されないかもしれません。

また，考察のセクションでは，序論で述べたような，そもそもこの研究を行う動機となった問題に照らしあわせて知見を解釈します。あなたの研究が，これらの問題についての知識をどのように前進させたと考えるかを述べてほしいと思います。たとえば，香りのラベリングの研究では，ラベリングの効果について，新たに分かったことがあるでしょうか。この質問に答えられないなら，あなたの研究は他の人にとってあまり興味深いものではないかもしれません。

最後に，自身の研究を評価する眼差しを投げかけ，一歩引いて，長所と短所

第7章　結果の解釈

を見極めてほしいと思います。これにより，この分野を進展させるための次の
ステップを提案することができます。

　考察のセクションは，研究の根本的理由を振り返ることから始めるのが一般
的です。序論に戻り，そこで書いた文章を探し出して，考察の冒頭で言い換え
ることができるはずです。たとえば，O'Neill et al.（2009）は，研究の動機と
なった幅広い議題を読者に思い出させるために，2つのシンプルな文章で考察
セクションを始めました。

> 　本研究の目標は，職場における怒りの検討を通じて，組織的支援理論を
> 拡張することであった。まず，怒りが職場の状況や出来事に対する従業員
> の認知の先行要因なのか結果なのかを検討した。（p. 330）

Adank et al.（2009）も同じように始めました。

> 　本研究の目的は，聴き取りづらい聴取条件のもとで聞きなじみのない母
> 語アクセントのスピーチを理解するための相対的な処理コストを決定する
> ことであった。この処理コストは，静かな聴き取り条件のもとでは必ずし
> も確実に推定できないため…，2つの実験で聴き取りづらい聴取条件と聞
> きなじみのない母語アクセントの文章との間の交互作用を調べた。（p.
> 527）

　簡単な要約は，目的を簡単に思い出させる役割を果たします。詳細に書かれ
た方法と結果のセクションの後，読者の注意を大きな問題に引き戻すのは良い
ことだといえるでしょう。とはいえ，読者は論文に対する関心のレベルが異な
り，各セクションがさまざまなレベルの注意と関心で読まれることを認識する
必要があります。読者の中には，方法と結果のセクションを全く読まなかった
り（せっかくがんばって書いたのに！），さっと読み飛ばしたりして，序論を読
んでから考察のセクションに直接移動する人もいると言っても，侮辱されたと
思わないでください。こういった読者にとって，考察セクションの冒頭にある
簡単な要約は，序論の最後に書かれていることと同じように聞こえるかもしれ
ません。〔しかし〕それでいいのです。読者によって論文の読み方が異なるこ
とを考えれば，彼ら全員を軌道に乗せることは理にかなっているといえるでし

176

ょう。

1. 一次的仮説に関する記述

> 報告の考察では以下の記述を含めるようにしましょう
> - 一次的仮説と二次的仮説で区別しつつ，当初のすべての仮説が支持されたのか支持されなかったのか
> - 以下の内容を含む探索的分析の意義
>   ○ 実質的な知見
>   ○ 潜在的なエラー率

　研究の目的を改めて述べたあと，JARS では，主要な知見を要約して報告することを推奨しています。〔ここでは〕すべての知見を含めるのではなく，一次的仮説を支持するまたは支持しない知見だけを含めてほしいと思います。これらの知見は，その後の考察の焦点となるべきものだからです。主要な知見を説明するのに役立つ知見や，二次的な関心事については，考察セクションの後半で触れることができます。たとえば，O'Neill et al.（2009）は，2 文で目的を再提示した後すぐに，一次的知見と考えた内容を 2 文で総括しました。

> 　怒りと POS ［perceived organizational support; 知覚された組織的支援］の間には負の相互関係があると仮定されたが，POS から怒りへの負の関係のみが支持された。POS と怒りの関係は，社会的交換の視点を支持するものである。すなわち怒りは，感情情報理論や気分一致理論が示唆するように，組織に対するネガティブな認知のフィルターとして機能するというよりも，職場環境に対する被雇用者の否定的な認知から生じるようである。(p. 330)

　ここで，O'Neill et al. は，相互的な関係があるという仮説を立てましたが，それを見出せなかったと指摘した点に注意してほしいと思います。彼らはまた，この知見はデータの一つの理論的解釈を支持するものの，他の二つの理論的解釈は支持しないとも述べています。これは，後に続く詳細な議論を始めるのに最適な方法だといえます。

177

第7章　結果の解釈

Fagan et al.（2009）も，自分たちの知見をいくらか簡単にまとめていました。

> 本研究の知見は，低所得のリスクとレジリエンス要因，都市部に住み，未婚で出生時に母子と同居せず，その後も子どもと同居していない父親，そして母親と父親の関係の質が，父親と幼児の関わりについての生態モデルの重要な構成要素であることを示唆するわれわれの仮説と一致する。（pp. 1398-1399）

このシンプルで明確な支持の記述に続き，3ページにわたって結果の要約と解釈が述べられました。

Risen & Gilovich（2008）も，自分たちの知見の簡潔な要約から始めました。

> 神意に背くことはさまざまな負の結果の可能性を変えないという明確な知識があるにもかかわらず，参加者は〔その可能性が〕あるという直感的な信念に基づいた反応をした。つまり，傘を忘れると，雨が降りやすくなるといったメカニズムはないことを合理的に認識していても，参加者はそのような行動をとることで，このような否定的な結果が起こる可能性が実際に高くなると考えたと報告した。（p. 303）

しかしながら，2文が要約の長さの限界というわけではありません。Goldinger et al.（2009）は，冒頭の要約で，他人種バイアス（other-race bias: ORB）に関する知見をもう少し詳細に述べました。

> 再認におけるORBを確認した後，われわれは，第一の目的として，学習中の情報収集行動を検討しようとした。最初の眼球運動を考慮すると，自人種と他人種の顔の処理に広範な違いが生じた。量的な意味において，自人種の顔を学習するとき，参加者の固視は短くて十分な量であった。他人種試行と比較して，自人種試行では，顔の特徴への固視が多く，固視ごとの視線時間が短く，固有の特徴への固視が多く，逆行が少なかった。これらの知見は，われわれがほとんどの分析に用いた符号化時の眼の総移動距離の指標に反映された。眼球運動における違いは，再認正答率のアーティファクトではない。同じパターンが，最終的にヒットにつながる学習試

1. 一次的仮説に関する記述

行でも観察された。質的な意味において，参加者は人種ごとに異なる特徴を選好した（図2，図8を参照）。(p. 1120)

Goldinger et al.（2009）は，要約の中でそれぞれの主要な測度に言及することを選択しましたが，先の例の著者は，〔仮説の〕支持と不支持について，より一般的な記述を選択しました。どちらの方法を取るかは，測度間でどの程度一貫性があるか（まとめて素早く言及できるか，詳細すぎて読者が離れていかないか），結果測度に個別でどの程度注意を払うつもりであるかによって決定されるべきであるといえます。

これら4つの例では，著者の一次的仮説がデータによっておおむね確認されたという嬉しいニュースが示されています。しかし，考察冒頭のまとめは必ずしもバラ色というわけではなく，時には「肥やし」とならざるをえないこともあります。Evers et al.（2006）は，彼らの一次的仮説がより深いレベルで支持されなかったことと格闘しなければなりませんでした。しかし，まず，彼らは目的と研究デザインの簡潔な再記述から始めました。

本論文では，マネジメントコーチングが有効であるかどうかという問題を検討した。そのために，マネージャーの実験群と対照群をタイム1とタイム2で比較する準実験を行った。われわれは，たとえば，バランスよく行動する，自分の目標を設定する，マインドフルな生活と仕事をするという3つの行動領域について，仮説に基づく成果期待と自己効力感の信念を測定した。(Evers et al., 2006, p. 179)

しかしながら，ことは彼らの望むとおりには運びませんでした。

実験群と対照群の間では，成果期待のみに有意な差があり，「バランスよく行動する」の領域に関する自己効力感の信念には有意な差はみられなかった。(Evers et al., 2006, p. 179)

したがって，Evers et al. は期待どおりの結果を得ることができなかったといえます。それでも，彼らは，なぜそのようになったかについて，合理的な事後説明を提示しました。〔それは〕単に，介入が彼らに期待した変化をすべて

もたらす時間がなかっただけだというものでした。

　これらの目的は，既存の能力の向上と新しい能力の発達が，新しい信念，確信，判断に先行することを明確に示しており，これが，「バランスよく行動する」の変数に関する実験群と対照群の差が有意でなかったことを説明するかもしれない。タイム 1 からタイム 2 までの短い時間でその変数を測定するなかでは，「バランスよく行動する」という変数に関する自己効力感の信念がまだ発達していない可能性がある。また，マネージャーは，ある特定の種類の行動が有利であると確信するようになったが，以前の行動を取り除くことに対する抵抗感をまだ内面で感じている可能性もある。
（Evers et al., 2006, p. 180）

　Adank et al.（2009）は，彼らのリスニング理解に関する知見の微妙な差異や，過去の研究との関係をもう少し掘り下げています。一次的仮説の中で，彼らは次のように書きました。

　実験 1 の GE（グラスゴー英語）聴取群の結果は，どちらのアクセントでも同じ回数エラーを犯し，同じように速く反応することを示した。GE 聴取者の成績が話し手のアクセントに影響されないという結果は，SE（標準英語）聴取群による GE 文の処理の遅れは，SE 聴取者がグラスゴーアクセントにあまり慣れていないためであることを確認するものである。このように SE 聴取者は，SE に対する相対的な慣れから恩恵を受けたのである。
（p. 527）

　まとめると，考察セクションは，まず目的を再掲し，それらの目的に関連する知見の要約から始めるべきだといえます。〔ここで〕すべての知見を列挙する必要はありません。しかし，JARS では，一次的仮説に関連する知見について，それが支持されたかどうかにかかわらず，全体像を示すことを推奨します。もし，支持できない結果を見出したなら，その理由を説明するようにしてほしいのです。

　最後に，考察セクションの冒頭のパラグラフでは，実施した探索的分析の結果について簡単に触れてもよいでしょう。なぜそのような結果が得られたのか，

理論的な説明を肉づけするために，これらの結果を使用してもいいでしょう。もちろん，これらは探索的分析であり，明示的な予測はしていないものであるため，これらの結果はそのようなもの〔探索的分析の結果〕であるとラベルづけし，読者は注意しながら解釈する必要があります。また，著者が今後の研究の方向性（後述）を議論する際に，探索的分析の結果に立ち戻り，その結果を次の研究で再現し，より正確に検証する必要があることを示唆することも珍しいことではありません。

2. 他の研究との比較

考察のセクションでは自分の結果と他の研究者の研究との類似点と相違点を明確にしましょう

Adank et al.（2009）は，聴取力と背景ノイズの量との間の交互作用の重要性を強調しました。これにより著者たちは，自身の研究が，他の研究者の研究と比較してどのようなものなのかという考察に直接繋げていきました。

静かな場合，聞きなじみのない母語アクセントの処理に効果はみられなかった。この結果は，静かな条件のもとでは認知処理コストを容易に見積もることができないことを改めて示している（Floccia et al., 2006 を参照）。しかしながら，両実験で，聞きなじみのないアクセントと適度に悪い SNR（信号ノイズ比）との間に交互作用がみられた…聞きなじみのないアクセントで，これらの SNR では聴取者の反応がかなり低下する。類似の交互作用は，合成音声と自然音声の処理速度を比較した実験でも見出されている（たとえば，Pisoni et al., 1985）。結論として，ノイズ音の中で聞きなじみのない母語アクセントを処理することは，ノイズ音のなかで聞きなじみのある母語アクセントを処理することに比べて遅れると考えるのが妥当と思われる。（Adank et al., 2009, p. 527）

Adank et al. は，自分たちの知見を他の研究者と 2 つの異なる方法で比較しており，どちらも自分たちの知見と一致しているということに留意してほしい

と思います。他の研究への最初の言及は，他の研究者が行った研究でも自分た
ちの知見が確かめられていることを示すために使用されています。本質的に，
Adank et al. はこの先行研究の結果を再現したといえます。別の研究への二回
目の言及も，知見が再現したことを示唆していますが，ここでは，同じ言語の
二つの〔異なる〕アクセントではなく，自然音声と合成音声の処理速度を比較
しているという点で，彼らの研究とは異なるものであるといえます。

　当然ながら，過去の研究との比較は，常に自身の結果と他の研究の解釈が一
致していることを示すものではありません。実際，過去の知見が誤りであるこ
とや，ある状況のもとでは得られないことを証明するために研究を行ったかも
しれません。Adank et al.（2009）は，前者のタイプの結果と過去の知見との
不整合点を指摘しました。

> 　Evans と Iverson の結果から，母語アクセントへの親密度はメディアを
> 通しての接触だけでは得られず，そのアクセントの話者との相互作用（あ
> るいは自分自身の発話をそのアクセントに合わせること）が必要であるという
> 仮説を立てられるかもしれない。しかしながら，GE 聴取者は GE と SE が
> 同等の速さであったことから，われわれの結果はこの仮説の支持をもたら
> すものではない。GE 聴取者はグラスゴーで生まれ育ち，メディアを通じ
> て SE に非常に親密であったが，SE 話者と日常的に交流する経験はほと
> んどなかった。(p. 527)

Risen & Gilovich（2008）も，彼らの知見が迷信的行動に関する説明のいく
つかと矛盾することを指摘しました。

> 　迷信に関する伝統的な説明のほとんどは，人々が特定の認知能力を欠い
> ているためにそのような信念が存在すると主張しているが（Frazer, 1922;
> Levy-Bruhl, 1926; Piaget, 1929; Tylor, 1873），ここで示した研究は，伝統的な
> 説明によれば，そのような信念を持ってはならない人々に，不思議な思考
> が存在しているという証拠の蓄積に加えられるものである。(p. 303)

　まとめると，JARS は，自身の研究を先行研究の文脈の中に位置づけること
を推奨します。自身の研究が再現・拡張した研究を引用することも可能ですが，

自身の研究とは相反する結果や予測を含める必要もあります。この意味で，もし，香りのラベリングに関する研究で，**バラ**とラベル付けされた香りは，**肥やし**とラベル付けされた香りよりも快適であると評定された場合，この発見がジュリエット・キャピュレットの主張[*1]と矛盾すると指摘するのはまったく適切なことでしょう。〔ただし，〕そうする場合には，なぜそのような矛盾が生じたのか，その原因を提案する必要もあるのです。

3. 結果の解釈

> 考察のセクションでは結果の解釈について以下の点を考慮しましょう
> - 潜在的なバイアスおよび内的妥当性，統計的妥当性に対する懸念となる要因
> - 指標・測度の不正確さ
> - 検定の全体的な数または検定間の重複
> - サンプルサイズの妥当性，サンプリングの妥当性

　JARS では，自身の研究から自信を持った結論を描き出す能力に制限をかける研究デザインや分析の側面から，結果の解釈に何を含めるべきかという処方箋に注力しています。これは，考察のセクションは研究の限界だけに焦点を当てるということだけではなく，これらを無視して長所だけを論じて研究を推し進めようとする誘惑に駆られてしまうかもしれないからです。一般的に，このやり方はうまくいくことはありません。論文原稿は，投稿された後，査読のために注意深く読まれることになるからです。自身で研究の弱点を指摘しなければ，査読者が指摘することになります。論文を読む人は，どんな研究にも欠点があること，完璧な研究を行うことは不可能であることを知っています。〔だからこそ自分自身で〕完璧でないとわかっていることを明らかにしておくことで，

---

*1　ごめんよジュリエット（Collins, 1977; Kohli et al., 2005 も参照）。〔訳注〕シェイクスピアの『ロミオとジュリエット』のなかで，ジュリエットは「わたしたちがバラと呼ぶものは，他のどんな名前で呼ばれていても，甘い香りがするわ（*That which we call a rose by any other name would smell as sweet.*）」と言っている。

第7章　結果の解釈

読者に科学的な姿勢を伝え，論文をより良い方向に導くことができるのです。自身の研究に批判的な目を向けることで，読者に著者自身が何をやっているか分かっているという信頼を与えることができるでしょう。

4. 研究の長所

　そうは言うものの，たとえ JARS が弱点に焦点を当てたとしても，研究の強みを指摘することも忘れてはいけません。たとえば，Taylor & James（2009）は，物質依存（substance dependence: SD）のバイオマーカーについての考察を，彼らの知見について肯定的な主張で始めました。

> 　SD は，ありふれているがコストの大きい疾患であり，その病因を明らかにするための取り組みが，いくつかの分野で進められている。…他の研究では，SD の独立したマーカーとして ERM（electrodermal response modulation; 皮膚電気反応調節）が有望であることが示されており，本研究は，SD の推定バイオマーカーとして ERM の特異性があるという最初の証拠を提供する。このことは，一般的な外在化障害ではなく，より特異的に SD と関連する根本的な遺伝因子と神経経路の探索を推進しうる。（p. 496）

　教室の年齢構成が園児の認知，運動，社会的スキルに及ぼす影響を研究した Moller et al.（2008）は，自分たちの研究の何が優れているかに関する力説から総合考察のセクションを始めました。

> 　この調査は，幼稚園の教室の年齢構成に関する研究に対して，多くの点でユニークかつ重要な貢献を示す。第一に，本研究は，これまでに実施されたどの研究よりもはるかに大規模なサンプルを含んでいた。…第二に，この研究は，2 時点（約 6 カ月間隔）での評価を含む，様々な領域（社会，運動，認知）の幼児期の発達に関する十分に検証された評価（つまり，COR [Child Observation Record; 児童観察記録]）を用いた最初のものである。（p. 748）

　つまり，「この研究は最初で…最大の…最高だった」というのは，研究の強みについて考える良い方法なのです。しかし，Taylor & James（2009）も Moller

et al.（2008）も，そこで終わっているわけではありません。彼らは，自分たち
の研究のあまり好ましくない面についても説明しました。

5. 研究の限界や弱点

　もし，自身の研究が，変数間の因果関係を仮定した理論や問題からインスピ
レーションを得たものの，そのような推論を可能にする研究デザインに何らか
の制限があった場合，JARSはこのことを認めるよう推奨します。たとえば，
Moller et al.（2008）は，考察に以下のような認識を含めました。

> 　本研究のもう一つの限界は，これらのデータが相関的な性質を持つこと
> である。〔今後は〕幼稚園の教室の年齢構成を操作し，条件をランダムに
> 割り当てる経験的な調査が必要である。(p. 750)

　Fagan et al.（2009）は，彼らの研究の最も強い解釈の近くに置くことで，こ
の内的妥当性に関する同じ懸念を示しました。

> 　われわれの知見は，時間の経過とともに，リスクとレジリエンスの要因
> が父親の関与に重要な役割を果たすようになることを示唆する。さらに，
> われわれの知見は，リスク，レジリエンス，そして関わりの相互関係のパ
> ターン（直接効果と媒介効果）が，子どもが3歳のときも1歳のときも同
> じであることを明らかにした。分析から因果関係を推論することはできな
> いが，父親のリスクとレジリエンスを測定するわれわれのアプローチは，
> これまでの研究に対する改善だといえる。(p. 1399)

O'Neill et al.（2009）も，研究デザインに起因する内的妥当性に同様の弱点が
あることを認めています。

> 　本研究のデザインは，個人レベルの分析で因果関係を推論することを不
> 可能にしている。したがって，これらの関係については，特にPOSと怒
> りの間の潜在的な相互作用に照らして，より強力な検証が必要である。(p.
> 330)

　もし，研究デザインから因果関係を強く推論することができない場合は，結

第7章　結果の解釈

果の解釈で因果を示唆する言葉を使わないようにすることも重要です。たとえば，香水の名前に対するポジティブな反応と香り自体の評価を関連づける場合，研究がラベルと香りの評価の間に因果関係があることを明らかにしたようなことを示唆する，**引き起こした**（*caused*），**生み出した**（*produced*），**影響した**（*affected*）などの単語を使うことは避けてほしいと思います。われわれはそうであることを意識せずに，つい口が滑って日常会話で因果関係を示す言葉を使ってしまうのです。

　内的妥当性についての注意に加え，O'Neill et al.（2009）は，測定方法に関しても読者にいくつかの懸念を示しました。

> 　最後に挙げる限界は，怒りの測度が，組織やそのメンバーに向けられた怒りの感情を具体的に捉えていないことである。このように，われわれの概念モデルは，変数の運用上の定義とは，完全に一致しているわけではないのである。（p. 331）

6. 一般化可能性

> 　考察のセクションでは以下の点を考慮し，知見の一般化可能性（外的妥当性）について考察しましょう
> - 対象の集団（標本妥当性）
> - 設定，測定特性，時間，生態学的妥当性といったその他の文脈上の問題

　JARS は，内的妥当性，測定，統計に関する限界を一つのセクションで扱います。一方，知見の一般化に関する懸念については，別の扱いをします。研究の知見の一般化可能性を評価するためには，少なくとも三つの異なるアセスメントが必要です。

　第一に，研究に関わった人々やその他の単位を，代表させようと意図しているより大きな対象集団と比較する——つまり，標本の妥当性を検討する必要があります。第3章では，これらの境界を規定することの重要性について説明し

ました。ここでは，いよいよこの問題に正面から取り組み，設定したその問い
に答えようとするときが来ました。その研究に参加した人々は，何らかのかた
ちで対象集団の制約された部分的標本といえるでしょうか。もしそうなら，そ
の制約は，結果が対象集団の全員ではなく，一部に〔のみ〕関係していること
を示唆するでしょうか。

　第二に，対象者を超えた一般化は，考慮すべき一つの領域でしかないという
ことです。JARS で指摘しているように，他の文脈の変化も考慮する必要があ
ります。もし，あなたの研究に実験操作があるなら，あなたの研究で操作が行
われた方法が，自然な状況で経験されるものとどのように異なる可能性がある
のかを問う必要があります。他の設定でも類似もしくは類似しない結果が得ら
れる可能性があることを示唆するなにか特徴のある研究の設定はあるでしょう
か。心理学実験室でラベルの異なる二つの香水を選ぶという行為は，大きなデ
パートの何十種類もの香水が並ぶ売り場で同じ選択をする場合よりも，香水の
名前に集中することにつながるでしょうか。

　三つ目のアセスメントは，研究で使用した結果変数が，関心をもたれる可能
性のあるすべての結果をよく代表しているかどうかに関係します。たとえば，
参加者の香りの好みだけを測定した場合，その好みは購入の意図に一般化でき
るでしょうか。

　例として挙げている研究では，研究者がこれらの一般化についてそれぞれ取
り組んでいる事例を挙げています。Taylor & James（2009）は，研究結果の一
般化について，以下の注意を示しました。

　　本研究は，SD〔物質依存〕に関連する生物学的要因の研究を前進させる
　ために有望であるが，言及に値する限界もあった。第一に，PD（パーソナ
　リティ障害）と SD の高い併存率を考えると，PD だけのグループを満たす
　ことは難しく，この比較的小さなグループの結果は過大に解釈されるべき
　ではない。第二に，サンプルは大学生で構成されており，より極端に PD
　と SD を呈する臨床群では，異なる結果が得られる可能性があることであ
　る。（p. 497）

　ここで，Taylor と James は，対象者を超えた一般化について二つの懸念を

表明しています。第一に，著者たちは読者に，PD をもつが SD をもたない人は稀であり，サンプルも少ないので，これらの人々に関する結論を出すには注意が必要であることを知らせようとしました。第二に，この研究は大学生のみを対象としており，SD または PD をもつと同定された人々でさえ，臨床治療を求める人々よりもこれらの特性が極端なものではなかったと思われるため，より極端な人々への一般化は慎重に行うべきであると指摘しました。

Amir et al.（2009）は，社交恐怖（social phobia）と闘うための注意トレーニングの介入を，対象や設定を超えて一般化するという問題に取り組みました。

> 人口統計学的プロフィールが異なる〔参加者に対し〕別々の複数の場所で行われた本研究に加え，独立した実験室でも類似の治療結果が得られたという知見は，設定を超えて注意修正プログラムの一般化可能性を支持するものである。(p. 969)

しかしながら，その注意力トレーニングで使用された刺激は，結果の一般化可能性を評価することにも繋がりました。

> 本研究で用いたトレーニング刺激には嫌悪感を示す顔が含まれているが，嫌悪に関連する刺激は，恐怖といった他の情動刺激の処理にも関与する脳領域を活性化することを示唆する証拠もある。(Amir et al., 2009, p. 69)

反応条件づけと消去という基本的な処理に焦点を当て，ハトを被験体として使用した Killeen et al.（2009）でさえ，一般化の問題，この場合，行動を超えた一般化に取り組まなければなりませんでした。

> 今回の分析の限界は，よく準備された一つの反応である，ハトの食欲に伴うキー押しに焦点を当てたことである。オペラント制御とレスポンデント制御の相対的重要性は，研究する〔対象の〕反応系によって大きく異なるだろう。(p. 467)

最後の例として，Fagan et al.（2009）は，時間を超えた一般化に関する研究の限界を指摘しました。

7. 研究の意義

> この…データは，この集団の時間経過を最も包括的に見ることができるが，測定された測度は，測定時の父親のスナップショットであり，われわれは，〔そこから〕時間経過による父子関係の過程と発達を理解しようとしているのである。(p. 1403)

研究の限界の扱いに関する JARS の勧告についての議論から得られる全体的なメッセージは，これらの限界が何であるかを述べることを恐れてはいけないということです。ここでは，例として示した研究のみを取り上げましたが，再掲しなかった欠点や限界についての言及はもっとたくさんあります。それでも，これらの研究はすべて，その分野のトップジャーナルに掲載されています。繰り返しになりますが，自分の研究に対して批判的な姿勢をとることは，自身をよく表し，あなたが自分自身のしていることをよく理解しているという信頼を読者に植え付けることにもなります。なによりも知識の発展こそが最優先なのです。

7. 研究の意義

> 考察のセクションでは，知見の解釈について，今後の研究，プログラム開発・実施，政策立案への意義を考察しましょう

考察セクションでの最後の仕事は，理論，実践，政策，今後の研究に対して自身の知見の意義が何だと考えているかを詳述することです。これらのうち，どれを重視するかは研究の目的に依存します。しかしながら，四つすべてに言及するということも不可能ではありません。たとえば，Moller et al. (2008) には，考察セクションに理論的意義というサブセクションが含まれています。

> 今回の調査の知見は，年齢や能力の近い仲間との相互作用が最適な学習をもたらすと主張した Piaget (1932) などによってもたらされた理論に基づく予測を強く支持するものであった。同時に，これらの知見は，これらの文脈における若年者にとっての暗黙のメリットに基づいて，さまざまな

第7章　結果の解釈

> 年齢層での相互作用を主張した Vygotsky（1930/1978）などが提示した予
> 測と完全に矛盾するものでもない。(p. 749)

Moller et al.（2008）は，自分たちの研究の実践的意義について，同じあるい
はそれ以上に関心をもっていました。彼らは，教室での年齢別クラス編成のあ
り方について，自分たちの研究の強いメッセージを述べることから考察を始め
ました。

> 教室の年齢構成については，教室レベルで一貫して有意な主効果が観察
> され，教室内の子どもの年齢の幅が広い（年齢の標準偏差が大きい）ことが
> 発達と負の関係にあることが示唆された…この文脈において，今回の研究
> は，幼児教育におけるクラスの年齢構成の問題を再考することを強く示唆
> する。(Moller et al., 2008, p. 749)

O'Neill et al.（2009）は，自身の知見には，組織の方針と実践にとって重要
な教訓があると考えました。

> 良い知らせとして，もし，組織が従業員の組織的支援の知覚にうまく影
> 響を与えることができれば，怒り，離脱行動，事故，高リスクの行動は減
> 少する。怒りの軽減は，従業員の離職率や在庫の損失といったコスト面で
> 強調されるように，組織にとって特に重要である。(p. 331)

8. 今後の研究

研究者たちは，論文の最後にさらなる研究を要件として結論を締めくくるの
は，自分たちの研究の価値と研究者の雇用を維持する必要性を世間が見失わな
いための必須条件などとよく冗談を言います。実際，理論的であれ実践的であ
れ，問題を一挙に解決する研究というのは極めて稀なことです。新しい研究を
求めることは常に正当化されるもので，ここで，JARS がそのようにする許可
を与えていると引き合いに出してかまいません。

研究の限界は，〔研究〕デザインを改善した新たな研究への提案につながり
ます。だからこそ Moller et al.（2008）は，先に述べたように，教室の年齢ご

との群分けに関する彼らの研究が相関的研究であったため，今後の実験的研究を求めたのです。もしくは，研究の結果は，答えを必要とする新たな問いを示唆するものであるかもしれません。たとえば，Fagan et al.（2009）は，今後の研究と題された節の中で，疑問というかたちで今後の研究のアジェンダを述べています。

> この研究は，父親への移行期における父親の早期適応の重要性について疑問を生み出す。なぜ，男性の一部では，いざ父親になることが差し迫ると，リスクを減らし，発達資源を増やすことで，生活を改善しなければと考えるのか。一方で，別の男性では，より関与する父親となるための個人的資源を増やそうとするのを避けるようにみえるのか。困難な状況にある男性にとって，父親であることの具体的な意味は何なのか，そして，一部の男性が自分の人生を前向きなものと調整し，関与する父親になることを可能にする過程や条件は何なのであろうか。父親となる男性の移行を促すまた妨げる生みの母親の役割とは何か。さまざまな父親としての移行において，リスクを軽減し，レジリエンスを高める男性の割合を増やすような介入や政策はあるのだろうか。（pp. 1403-1404）

9. 結　論

　最後に，考察セクションを終わらせるのに，研究の総括を入れることを検討するとよいでしょう。たとえば，Tsaousides et al.（2009）は，結論のセクションで考察を終えており，その全文は次のように書かれています。

> 今回の知見は，QoL［生活の質］の知覚における領域特異的な自己効力感と一般的な自己効力感の重要性を明らかにした。雇用関連の自己効力感と一般的な自己効力感の両方が QoL や欲求充足の知覚と関連し，両者は収入や雇用といった従来からの重要な寄与因子よりも優れた予測因子であったため，二つの研究仮説は支持されたといえる。これらの知見は，幸福感における自己効力感の重要性という点では Cicerone & Azulay（2007）と，TBI（外傷性脳損傷）後の生活の質の評価における雇用に関する主観的

第7章 結果の解釈

> 自己評価の重要性という点では Levack et al（2004）や, Opperman（2004），Tsaousides et al（2008）と一致するものであった。リハビリテーションの分野で働く専門家にとっての臨床的意義は，TBI を負った人の仕事に関する能力への自信を増やし，自己効力感を高めることが，職場復帰を促進させ，幸福感の知覚に確実に影響を与えるということである。（pp. 304-305）

この記述は，JARS の推奨のほとんどを網羅しており，詳細を深く探求しようとしていない読者にとっては，研究の要約をよく補完するものとなっています。

10. 実験操作を伴う研究の考察

研究が実験操作を伴う場合には，考察のセクションには以下の内容を含めましょう
- 操作や介入が機能することを意図したメカニズム（因果の道筋）または代替のメカニズムを考慮した結果の要約
- 実験操作の実施の成否とその障壁
- 操作がどのように実施されたかの忠実性
- 一般化可能性（以下の諸点を考慮した知見の外的妥当性）
  - 実験操作の特徴
  - どのような結果を，どのように測定したのか。
  - 追跡調査がある場合はその期間
  - 被験者に提供されたインセンティブ
  - 遵守率
- 結果の理論的・実践的な重要性とその解釈の根拠

もし，あなたの研究が実験操作を伴うものであれば，JARS は考察セクションで取り上げるべき問題について，他にもいくつかのことについて提言します。第一に，JARS は原因と結果の関係を媒介するメカニズムについて議論することを提案します。たとえば，同じ香りでもラベルの違いによってどのように評価が異なるでしょうか。ラベルはポジティブな記憶，ネガティブな記憶のどち

10. 実験操作を伴う研究の考察

らを引き起こすのでしょうか。被験者が〔香りを〕吸入する時間の長さは，ラベルによって変わるでしょうか。

Amir et al.（2009）は，彼らの注意力トレーニングの研究において，次のような因果メカニズムを示す証拠を見出しました。

> 蓄積されてきた証拠は，コンピュータを用いた注意力トレーニングの手続きが，治療を求めるサンプルにおける不安症状の軽減に有効であることを示唆するが，臨床的改善の基礎となる注意力のメカニズムについてはほとんど知られていない…。〔研究の〕結果は，AMP（attention modification program; 注意修正プログラム）が，トレーニング前後で，社会的脅威の手がかりから注意をそらす参加者の能力を促進することを示唆した。(p. 970)

つまり，彼らは AMP トレーニングによって，被験者が社会的脅威の手がかりを無視しやすくなり（媒介メカニズム），その結果，不安が軽減されたことを示唆したのです。しかしながら，彼らは，自分たちが提案した説明の限界を注意深く指摘しました。

> しかしながら，媒介分析の結果は，推定された媒介変数（注意の偏り）の変化と社会不安症状の変化は同時に評価されており，時間的な先行性が確立されていないことから，慎重に解釈する必要がある。つまり，AMPによる注意の変化について因果関係を推論することができるが，注意の変化と症状の変化との関係についてはそのような主張をすることはできない。(Amir et al., 2009, p. 970)

さらに，彼らは今後の研究を求めていくために，この限界を利用しました。

> 今後の研究では，これらの問題をよりよく取り扱うために，研究実施者は治療期間中の複数の時点で注意の評価を行う必要がある。(Amir et al., 2009, p. 970)

自身の研究が介入の評価を含む場合，考察のセクションで取り上げるべき結果の一般化可能性に関連する研究に独自な側面が存在することがあります。たとえば，Amir et al.（2009）は，4 カ月の追跡調査を実施したことを強調しまし

第 7 章 結果の解釈

た。

> 事後評価の終了から約 4 カ月後に行われた評価では，参加者はトレーニング完了後も症状の軽減を維持しており，AMP の有益な効果が持続していることを示唆している（Schmidt et al., 2009 も参照）。しかしながら，評価者と参加者は参加者の条件についてこの時点では盲検化されていないため，追跡調査のデータの解釈には注意が必要である。今後の研究では，注意の偏りに加え，症状の評価も含めて，注意トレーニングの手続きの長期的な影響を検討すべきである。(p. 969)

Vadasy & Sanders（2008）は，JARS の勧告とほぼ直接的に合致するように，彼女たちの研究の限界についての考察を提示しました。まず，以下がその概要です。

> 本研究では，流暢性の低い〔小学〕2 年生と 3 年生を対象に，教育補助員が実施する補助的な反復読書介入（Quick Reads）と付随する単語レベルの指導の直接効果および間接効果を評価した。その結果，児童はこの介入により，単語読解力と流暢性の向上という点で明らかに恩恵を受けたことを示した。具体的に，直接的な処遇効果を検証するために作成したモデルでは，指導を受けた児童は，テスト前後で単語読みの正確さと流暢さの向上が有意に高いことが示された。（Vadasy & Sanders, 2008, pp. 281, 286）

そして，彼女たちは自分たちの知見が他の研究者の研究とどのように関連しているかについて述べました。なお，この抜粋は，一般化の考察に関する JARS の勧告の一部（たとえば，複数の結果，処遇の忠実性を含む介入の特徴）にも対応していますが，ここではこの点に関して著者たちの研究の長所を指摘したことにも留意してほしいと思います。

> 本研究は，特に反復読書介入に関する先行研究の限界に対処するものである。第一に，児童は条件にランダムに割り当てられた。（Vadasy & Sanders, 2008, p. 287）

彼女たちは複数の結果〔変数〕を用いました。

194

10. 実験操作を伴う研究の考察

> 第二に，われわれは単語読みの正確さや効率に加え，流暢率や，理解度を含む，複数の結果〔変数〕を検討した。（Vadasy & Sanders, 2008, p. 287）

彼女たちが設定した処遇は，実際の生活やその状況で利用されうる専門家を用いて，高い忠実度で実施されました。

> 第三に，これは有効性試験であったため，典型的なエンドユーザーとなりうる教育補助者によって，日常的な実践状況を反映した学校環境において，高い忠実度で介入が実施された。（Vadasy & Sanders, 2008, p. 287）[*2]

彼女たちの処遇は〔論文内で〕よく明記されていました。

> 第四に，15週間の介入は，多くの先行研究で報告されている反復読書介入よりもかなり強力なものであった。第五に，Quick Readsという特定の反復読書介入は，しばしば流暢性の結果に影響を与えると仮定されるテキストの特徴や読みの手順という点について通常以上によく規定されている。（Vadasy & Sanders, 2008, p. 287）

最後に，彼女たちはいくつかの限界について議論しました。第一に，理論的な解釈として，介入は読みの指導だけでなかったかもしれないことを挙げています。

> 本研究で得られた知見は，いくつかの限界を踏まえて検討する必要がある。第一に，本研究で用いられた介入は主に反復読書として特徴づけられるが，それぞれの個別指導のセッションのごく一部（最大5分）には，付随的なアルファベット指導と単語レベルの土台づくりが含まれていた。（Vadasy & Sanders, 2008, p. 287）

---

*2　**有効性試験**（*efficacy trial*）とは，特定の介入が意図した効果を発揮できることを実証するために実施される実験です。これに続いて，現実の条件下で介入効果が得られることを示すための**有用性試験**（*effectiveness trial*）が行われるのが一般的です。

第7章　結果の解釈

児童の特徴も独特なものであったかもしれません。

> 第二に，教師の紹介パターンを反映して，児童は，試験前の流暢さのレベルはさまざまな状態で研究に参加したものの，PRF（passage reading fluency; 文章の読みの流暢性）の成績は，10 パーセンタイル台から 60 パーセンタイル台までと，反復読書プログラムの児童と類似したものであった。(Vadas & Sanders, 2008, p. 287)

Vadasy と Sanders は，ここで自身の研究の欠点と思われるものを挙げ，それに対する反論のための証拠を提示していることに注目してほしいと思います。これは，使える重要な方略になりえます。読者が考えうる懸念を考え，自身でそれらを提起し，それが正当なものかどうか，またそれがなぜなのかについての評価を提供するのです。

　教室の観察では，研究者が因果的な媒介メカニズムを記述することに限界があったかもしれません。

> 第三に，われわれは介入期間中に 2 回だけ教室での指導を観察した。他の研究者が実証しているように…個々の児童の取り組みや指導の質といった，われわれのコード化システムでは把握できなかった教室での指導の次元が…，児童の結果に影響を及ぼした可能性がある。(Vadasy & Sanders, 2008, p. 287)

一部の教員は参加を拒否したため，結果の一部はフルに参加することに前向きな教員にのみ当てはまるかもしれません。

> 第四に，教室での読み書き指導に関するわれわれの知見は，6 人の教員（とその生徒）を除いたデータに基づくものである。これらの教師が参加を拒否したのは，彼らの読み書き指導に系統的な違いがあることを反映している可能性がある。しかしながら，これらの教室の児童の結果は，教師が観察された〔条件の〕児童の結果との間に明確な差は見られなかった。(Vadasy & Sanders, 2008, p. 287)

最後に，いくつかの重要な変数が測定されていない可能性もあります。

11. 実験操作を伴わない研究の考察

> 本研究の最後の限界として，語彙力，方略の能力，一般的な言語能力など，理解力の向上に寄与すると予測される多くの変数が考慮されていないことが挙げられる。(Vadasy & Sanders, 2008 p. 287)

　介入の評価の結果を報告する際には，その知見の臨床的あるいは実践的な意義を掘り下げることが特に重要となります。Amir et al.（2009）の評価の場合，処遇の期間が短かったため，実践的な意義が最も明確でした。

> これらの知見は，介入の簡潔さ（4週間で8回，1回20分）とセラピストとの接触がないことを考慮すると，AMPの有用性を物語るものである。SP（social phobia; 社交恐怖）に対して経験的に支持されている治療法はすでに存在するが，多くの人はCBT（cognitive-behavioral therapy; 認知行動療法）の訓練を受けたセラピストにアクセスできず，また症状に対して薬物を服用しないことを選択する人もいる…今回の介入の提供のしやすさは，AMPが，既存の治療法を利用できない，あるいは利用しないことを選択したSP患者のために，可搬性が高く，広くアクセス可能な治療法として機能する可能性があることを示唆する。(p. 970)

同様に，Vadasy & Sanders（2008）は，読書指導のための明確な実践的意義をいくつか示しています。

> 知見は，教室での読書ブロックにおいて，児童が音読の練習をする機会があったことから明らかに恩恵を受けていることを支持する。児童が音読をすることで，教員は，韻律の悪さ，読み間違え，流暢でない読みに見られる理解度の低さなど，児童の問題を発見する機会を得ることができる。教員は，個々の児童への指導を調整するためにこの情報を使うことができ，効果的な修正と土台作りを行うことができる。(p. 287)

11. 実験操作を伴わない研究の考察

> 研究が実験操作を含まない場合には，考察セクションでは研究の潜在的な

第7章 結果の解釈

限界を説明しましょう。そして必要に応じて，以下の内容を説明しましょう

- 誤分類の可能性
- 測定していない交絡要因の可能性
- 時間経過に伴う適格基準の変更

非実験的デザインの研究報告のそれぞれの例には，結果の潜在的な限界についての考察が含まれます。実際，そのうちの三つは，考察のセクションに限界と題する節が設けられています。JARS で言及されている三つの潜在的な限界は，記述される可能性のある限界の例に過ぎませんが，それらは非実験的研究の結果を解釈する際に，一般的に考慮すべき広範な問題といえます。これらに加えて，非実験データの因果的解釈は，可能であるならば，常に慎重に行わなければならないという事実を考察で言及することは良い習慣だといえます。より完全なものとして，観察研究の考察セクションに関する STROBE ガイドラインがこの点をうまく説明しています。

考察のセクションの中心は研究結果の解釈である。過剰な解釈はよくある人間的なもので，客観的な評価をしようと努力しても，査読者から行き過ぎた点があると指摘されることもよくある。結果を解釈する際に，著者は発見から検証までの連続体における研究の性質と，追跡調査での損失や〔研究に〕参加しなかった者を含むバイアスの潜在的な原因を考慮する必要がある。交絡や…，関連する感度分析の結果，そして多重性およびサブグループの分析の問題…を十分に考慮する必要がある。また，著者たちは測定していない変数や交絡因子の測定が不正確なことによる残りの交絡も考慮する必要がある。(Vandenbroucke et al., 2014, p. 1519)

測定方法の報告について議論したところで触れたように，誤った群に人々を分類することは，慎重な注意が必要な非実験的デザインにおける問題であり，考察で触れるべきことといえます。条件への割り当てが，無作為割り当て以外の手続きで行われた場合，考察では，(a) 各条件の人々が，（方法のセクションで示した）分類変数以外のところで異なっていたかもしれない可能性，(b) 実

験期間中に参加者の群が代わらなかったか（**意図しない交差** *unintended crossover* と呼ぶ），（c）これらの違いが関心のある結果変数と関連していたかもしれない可能性を検討する必要があります。方法の議論で使用した職場サポートに関する仮想の例では，私〔著者〕が提案した JARS の勧告に従って，欠勤，離職，組織サポートの知覚が，そのままの二つのグループ（小売店）で同等の方法で測定されていることを確認するために特に注意を払う必要があると考えます。考察のセクションでは，方法のセクションで議論したあらゆる違いを再検討し，それらが，あなたが出したい結論に対し，もっともらしい対抗仮説になりうるかどうかを検討する必要があります。そうでないと，読者は測定値におけるバイアスの潜在的な原因の重要性を評価することができないのです。

　誤った分類の可能性について考察しているもう一つの例は，同居していない父親の子どもとの関わりにおけるリスクとレジリエンスに関する Fagan et al. (2009) の研究です。彼らの「限界」の節では，リスクとレジリエンスの測定方法の違いに言及しています。

> 　また，時間性と中心性を反映したリスク変数とレジリエンス変数に関して測定上の問題があることにも留意する必要がある。具体的に，リスク指標は，投獄，物質使用，精神衛生上の問題など，男性が父親として積極的に関与する能力に悪影響を及ぼす現在または過去の行動を反映する項目が挙げられている。これに対して，レジリエンス尺度の多くの項目は，男性が父親となることを肯定的に位置づける可能性のある要因を表している。(p. 1403)

　この研究者たちは明確には述べていませんが，二つの尺度の信用度が異なる可能性があり，このことが，一方の興味ある構成要素について，他方よりも父親の誤った分類が多くなることに繋がりうるのです。

　また，測定した変数が他の変数と交絡している，または混同している可能性についても考察する必要があります。たとえば，Fagan et al. (2009) はこのように書いています。

> 　出生前関与の指標は，父親の関与に関する非常に幅広い三つの指標につ

第7章 結果の解釈

> いて，母親と父親の報告をプールした重複する5項目に限定されている。
> 実際のところ，出生前指標は，父親と子どもの関わり，父親の役割，母親
> の関わり，あるいはこれらの組み合わせのどれを示す指標なのか，明確で
> はない。(p. 1403)

　このように，研究者たちは，自分たちの測度が，子育て（つまり，父親の関与，
父親の役割，母親の特徴）の複数の側面を一つの得点に混同している可能性が
あり，研究の他の変数と関連する子育ての特定の側面がどれであるのかは明ら
かではないと注意を促しました。

　最後に，JARSは，研究の適格性の基準が時間の経過とともに変化している
かどうかを取り上げることを提案します。たとえば，Taylor & James（2009）
の研究では，物質依存のある人とない人の回避刺激に対する皮膚電位反応の変
調の違いについて，2001年から2006年にかけて行われた2つの研究の参加者
を対象としました。物質障害の指標は両研究とも同じでしたが，パーソナリ
ティ障害の指標は異なっていました。

> 　訓練を受けた臨床系の大学院生が，アルコール，大麻，鎮静剤，覚せい
> 剤，コカイン，オピオイド，幻覚剤，および「その他」の物質（たとえば，
> 吸入剤）について，生涯にわたる物質使用障害の発生を評価するために，
> DSM-IV1軸障害用の構造化臨床面接（SCID-I; First, Spitzer, Gibbon, & Wil-
> liams, 1995）を実施した。反社会的PDと境界性PDは，先の研究では
> DSM-IVパーソナリティのための構造化面接（SIDP-IV; Pfohl, Blum, & Zim-
> merman, 1994），後の研究ではDSM-IV1軸パーソナリティ障害のための構
> 造化臨床面接（SCID-EI; First et al., 1997）で評価された。これらの面接は
> 機能的に同等であり，同じ基準を評価するものである。(Taylor & James,
> 2009, p. 494)

　このように，研究者たちは，参加者がパーソナリティ障害かどうかを評価する
ための基準（臨床面接）は2つの研究で異なっていたものの，それらは「機能
的に同等」であると断言しました。これは，診断基準（症状の持続期間，症状
の出現数など）が変われば，精神疾患と診断される人のタイプも変わる可能性

200

があることから重要なことです。実験的研究では，参加者はそのときに別々の群に割り当てられます。その後の診断基準の変更は，外的妥当性（一般化可能性）には影響しますが，内的妥当性（つまり，バイアス）には影響しない可能性があります。〔一方で，〕非実験的研究では，時間による違いが外的妥当性と内的妥当性の両方に影響する可能性があります。Taylor & James（2009）はこの問題を方法のセクションで扱いましたが，考察で扱うことも可能です。

　非実験的デザインの報告書に記載すべき全項目の例に興味があるなら，それらは，STROBE ガイドラインの例と解説を含む Vandenbroucke et al.（2014）の論文に掲載されています。

12. 構造方程式モデリングを実施した研究の考察

構造方程式モデリングの使用を含む研究の場合には，考察のセクションでは以下の内容を説明しましょう
- 元のモデルから修正したのなら，その理論的または統計的な根拠の要約
- 保持したモデルと同様に同じデータに適合する等価モデル，または保持したモデルとほぼ同様にデータを説明する代替可能だが非等価なモデルの問題に言及する
- 等価またはほぼ等価なモデルよりも，保持したモデルを選好することの正当性を明らかにする

　もし，自身の研究で構造方程式モデリングを使用するのであれば，モデルの説明値や検証したモデル，各モデルをどのように比較したか，なぜ他のモデルより一つないしいくつかのモデルを選好したのかについて考察する必要があります。もし，データから明らかになったことによってモデルを変化させた場合には，そのことと，変更がもたらしうる意義について述べる必要があります。

13. 臨床試験の考察

> 臨床試験を報告する場合には，介入や臨床的問題，母集団に関する知識を
> どのように進展させるかを説明しましょう

　第6章で説明したように，**臨床試験**（*clinical trial*）は，健康に関する結果に
対する一つ以上の健康関連介入の効果を評価する研究です。この種の研究は，
個人やグループを異なる条件に割り当てることを伴います。したがって，
Vadasy & Sanders（2008）の読み指導に関する研究は，読み指導の異なるアプ
ローチを比較する統制された試験だと考えられますし，Amir et al.（2009）は，
注意トレーニングの統制された試験，Norman et al.（2008）の研究は，成人に
おける禁煙のプログラムの評価，そして，Vinnars et al.（2009）の研究は，パ
ーソナリティ障害に対するさまざまな心理療法の検証であるといえます。これ
らすべては臨床試験だと考えられるのです。
　たとえば，Norman et al.（2008）の喫煙介入は，全般的には成功しているこ
とを立証しました。

> 　本研究は，動機づけ要素が追加されたウェブサイトを中心にデザインさ
> れた介入を学校に組み込んで，魅力的な方法で禁煙と予防を支援できるこ
> とを実証する。複数の学習チャンネルを用いることで，タバコマガジン
> （Smoking Zine）は，青年が6カ月間に喫煙する可能性，特に大量の喫煙を
> 行うことに関して，対照群の学生と比較したときに，有意に減少させるこ
> とが可能であった。（p. 807）

　しかしながら，この研究者たちが選んだ介入の導入方法は，他の実施方法へ
の一般化に限界があるかもしれません。

> 　学校ベースの試験では，通常，クラスを無作為化する。われわれは，個
> 人ごとの介入への性質のために，参加者を個人レベルで無作為化すること
> を選択した。そうすることで，学生が学んだ教訓を仲間と共有するかもし
> れない…介入を通常の教室活動に組み込むことで，その新奇性や学外での

議論の可能性が低下した可能性がある。(Norman et al., 2008, p. 807)

Norman et al.（2008）の最初の懸念は，しばしば**処遇の拡散**（*treatment diffusion*）と呼ばれるもので，これは処遇条件の生徒が学んだことを統制条件の生徒と共有するため，介入の効果が減少するということを指します。彼らの第二の懸念は，処遇や治療の影響を制限するものにあります。さらに，Norman et al. は，〔介入の〕遵守率に関する懸念も指摘しています。

もう一つの考慮すべき事項は，非喫煙者に比べて喫煙者の方が 6 カ月間の臨床試験を完了した人数が少なかったという事実である。考えられる理由の一つとして，喫煙者のリスク行動の増加から生じる合併症に起因する可能性がある…これらの危険行動は，学校での欠席率を高め，追跡調査をより困難にしている可能性がある。(pp. 807-808)

おそらく，限界に関する最も興味深い議論の一つは，Vinnars et al.（2009）によるものです。彼らは，パーソナリティ障害をもつ人々に対する実験的な治療が，統制条件の治療を上回らないことを見出しました。

本研究では，DSM-IV（American Psychiatric Association, 1994）でパーソナリティ障害の診断を受けた患者において，マニュアル化された精神力動的心理療法が，北欧地域で行われている通常の臨床治療よりも，不適応的なパーソナリティ機能の改善にどの程度優れているかを探索した。われわれは二つの治療の間に有意な差は見出さず，おそらく，治療の形式（つまり，マニュアル化された精神力動的心理療法か通常の臨床的治療か）は，パーソナリティの変化にさほど影響しないことを示唆している。唯一の例外は神経症状で，追跡調査の間だけみられた。(p. 370)

では，この研究からは何が学べるでしょうか。

まとめると，これらの研究の結果は，対人関係上の問題の改善は可能であることを示す。しかし，どのような治療法，どのような治療期間，どのような患者サンプルに対して，これらの対人関係の問題が改善されるかを

第7章　結果の解釈

事前に予測することは難しい。（Vinnars et al., 2009, p. 372）

14. 考察の内容の順序

　この本を書くにあたって，より困難だった作業の一つは，JARS の項目を説明するために，報告書の例にある考察セクションを分解することでした。これは，それぞれの考察にはさまざまな要素が互いに絡み合っているため難しいものでした。目標の再掲と結果の要約をどこに置くかは別として，考察セクションのどの要素をどこに置くかは，個々の著者の好みと，テーマと結果の固有の要求の問題だといえます。したがって，私〔著者〕と同じ順序で考察を準備することにこだわる必要はありません。ただ，JARS で求められている要素についての考察は必ず入れてほしいと思います。考察セクションのどこで，どの程度の深さまでカバーするかは，読者にあなたの知見を理解させ，あなたのメッセージを明確にするためには，どのような順序が助けになるかによって決めるべきだといえます。〔ここでは，なによりも〕明確さと完全性が重要なのです。

　さて，ここで，もう一つ検討すべき表があります。この表は，リサーチ・シンセシスやメタ分析の報告に関するもので，第8章で議論していきます。

204

8

リサーチ・シンセシスとメタ分析の報告

　新たなデータ収集について報告基準をより詳細にするという取り組みは，他の種類の研究の報告基準を確立するための取り組みにつながりました。特に注目されているのは，リサーチ・シンセシスとメタ分析の報告です（Cooper, 2017）。**リサーチ・シンセシス**（*research synthesis*）とは，同じ問題や仮説を探求する一連の研究を要約・統合して，結論を導き出そうとするものです。〔そのなかでも〕**メタ分析**（*meta-analysis*）は，定量的な手法で研究結果を統合するリサーチ・シンセシスです。学術論文報告基準（JARS）を策定したアメリカ心理学会の作業部会は，量的なリサーチ・シンセシスのための**メタ分析報告基準**（*Meta-Analysis Reporting Standards: MARS*）も策定しました（Appelbaum et al., 2018, 表 A8.1 参照）。（質的なリサーチ・シンセシスの報告基準については Levitt, 2020 能智・柴山・鈴木・保坂・大橋・抱井訳，2023; Levitt et al., 2018 を参照）

　本章では，MARS の各項目を説明することはしません。そうなると別の本が必要となりますし，リサーチ・シンセシスやメタ分析の方法を学ぶための本もすでに多く存在しているからです（たとえば，Borenstein et al., 2009; Cooper, 2017; Cooper et al., 2009）。また，多くの項目は，これまでの章で読んできた項目と類似したものとなっています。そこで，ここでは MARS に特有の，最も重要な項目に注目していきます[*1]。

1. 序　論

　メタ分析の序論には，調査中の問題または関連について，以下を含めて記述しましょう

第 8 章　リサーチ・シンセシスとメタ分析の報告

- 問題やそれが関連する母集団
- 使用された予測測度と結果測度の種類とその心理測定学的特徴
- 研究デザインの種類

　メタ分析の序論では，検討中の問題に関連してくる三つの項目を取り上げることが重要です。これらの項目は，研究課題を明確に記述することを求めるものです。この記述には，(a) 問題に関連してくる母集団の説明，(b) 主に関心のある予測変数（独立変数）および結果変数（従属変数）の説明，(c) どの研究デザインを〔分析に〕含めるかの選択の根拠に加え，研究報告から収集するその他の研究の特徴を含める必要があります。これらの項目は，新しいデータに基づく報告の序論に含めることが重要であるものでもあります。MARS の項目は，科学的な取り組みにとって，明確な問題提起がいかに重要であるかを改めて示すものとなっています。

　本章のための実践例として，Grabe et al.（2008）によるリサーチ・シンセシスを参照していきます。この著者たちは，女性のボディイメージに関する懸念におけるマスメディアの役割についてのメタ分析の結果を報告しました。彼女たちは，研究課題をわかりやすくシンプルに述べています。

　なぜ，これほど多くの少女や若い女性たちが，体格に関係なく，自分の身体に不満を抱いているのだろうか。（Grabe et al., 2008, p. 460）

この記述は，どのような集団（平均年齢 7.5 歳から 32.7 歳の女性参加者を対象とした研究を含めたというように，方法のセクションで書かれた年齢で操作的に定義された少女と若い女性たち）が問題に関連するかを明確にしています。研究者が

---

*1　どの項目に注目すればよいかをどのように知ったのでしょうか？　Amy Dent と私〔著者〕（Cooper & Dent, 2011）は，この章を準備する過程で，リサーチ・シンセシス方法論学会（Society for Research Synthesis Methodology）の会員 74 名を対象に調査を実施しました。会員には，MARS の各項目の重要性を 1（一般的に，研究者がこの情報を報告することは回答者の分野では不要）から 10（一般的に，この情報を報告に含めないことは回答者の分野では非倫理的と見なされる）の尺度で評価するよう求めました。会員のうち，42 名（57％）から回答がありました。ここでは，50％以上の会員から 10 点の評価を得た項目について議論します。

206

1. 序　論

概念的な独立変数としたメディア〔という変数〕は，「映画，雑誌，テレビ」と定義されました（Grabe et al., 2008, p. 460）。〔しかし，〕彼女たちの結果変数の概念的定義は，それほど単純なものではありませんでした。

> この膨大な数の文献から確かな結論を導き出すための最大の難関は，測定されているボディイメージや関連する食行動の特定の次元によって結果が異なる可能性があることであろう。（Grabe et al., 2008, p. 462）

　Grabe et al.（2008）の問題は，メタ分析と一次研究の重要な違い，そしてなぜこれらの概念定義が非常に重要であるのかを浮き彫りにしています。新しいデータを収集する研究者は，通常，同じ構成要素の一つか二つの操作上の定義だけを集めたり操作したりします。たとえば，映画の中で痩せている人の画像を女性に見せ，その後，自身の身体にどの程度満足しているかを尋ねることがあるでしょう。これは，概念的変数──すなわちメディア──の操作と，ボディイメージの懸念の測定が一つずつ行われたことになります。しかし，メタ分析では，対象となる変数の操作的定義が多数出てくる可能性があります。満足度の測定に加えて，Grabe et al. は，身体へのこだわり，痩せの理想の内面化，食事に関する行動などに基づくボディイメージの測度を発見しました。彼女たちは，ボディイメージの測度に多次元的なスキームを提供し，四つの異なるボディイメージの懸念のクラスタに対するメディアの効果を検証する必要がありました。その意図と根拠は，序論で明確に打ち出されています。

　このように，あなた自身が興味をもつ問題のこれらの特徴に加え，リサーチ・シンセシスの序論には，一次データ収集の報告に見られるのと同じ背景の情報，つまり問題の歴史的背景，理論的裏づけ，そのテーマを興味深いものとしている政策や実践の問題点などを含める必要があります。特にメタ分析をしようとする場合，一次研究と同様に，仮説を述べ，データを分析する戦略の大まかな概要を説明する必要があります。

第8章 リサーチ・シンセシスとメタ分析の報告

2. 方 法

包含基準

> リサーチ・シンセシスやメタ分析を報告する場合，**包含基準**（*inclusion criteria*），つまりシンセシスに含める研究を決定するために使用した基準の報告には，以下の内容を含めましょう
> - 独立変数（予測変数）および従属変数（結果変数）の操作的特性
> - 適格な参加者集団
> - 適格な研究デザインの特徴（たとえば，無作為割り当てのみ，最小限のサンプルサイズ）
> - 研究を実施する必要があった期間
> - 研究が対象となるかどうかを決定するために使用された可能性のあるその他の研究特性（たとえば，地理的な場所）

　MARS では，研究を包含もしくは除外する基準として，(a) 独立変数（予測変数）の操作的定義，(b) 従属（結果）変数，(c) 対象となる参加者集団の記述，(d) 対象となる研究デザインの特徴の4項目が最も重要であるとされています[*2]。最も重要な包含基準および除外基準が，序論で述べた概念的な問題に対応していることは，驚くにはあたらないでしょう。

　ボディイメージの測度として，Grabe et al.（2008）は，女性の身体に対する不満を評価するために使用される 14 の標準化された尺度（と包括的なカテゴリ）を挙げました。各測度について，彼女たちは引用を示して，読者がより詳しい情報を見られるようにしています。

> 　身体に対する不満のカテゴリーでは，ボディイメージの評価要素，つまり身体に対する満足感や不満感を評価する測度に着目した。以下の尺度は，

[*2] これらは，調査において，対象期間の制限を含む必要があることに密接に従っています。たとえば，Grabe et al.（2008）は，1975 年から 2007 年 1 月までに公刊された研究を対象としたと報告しました。

2. 方　法

> 身体への不満を評価する測度として分類され，今回のレビューに含めたものである。具体的には，（a）Visual Analogue Scales（Heinberg & Thompson, 1995）…そして（n）Body Esteem Scale（Mendelson & White, 1985）であった。これらの尺度に加えて，標準化はされてはいないが，全般的な身体的な不満を測定すると明記されている複数の尺度を含めた。（Grabe et al., 2008, p. 463）

　このように引用文献を示すことは良い習慣であり，メタ分析に含まれる各測度，器具，手続きの説明に費やすスペースを少なくすることができます。Grabe et al.（2008）は，身体への執着，ボディイメージの理想の内面化，摂食行動の指標を報告するためにも同じ方法を用いました。メディア利用については，彼女たちはメディアの利用やメディアへの接触について女性に尋ねた相関研究は含めましたが，メディアからどの程度影響を受けたかを参加者に尋ねただけの研究は除外しました。

　メタ分析（や，あらゆるリサーチ・シンセシス）を行う際に，単一の新しい研究の報告よりも，データ収集の手順がはるかに多様であることがわかるでしょう。これが，包含基準を明示することが非常に重要であることの理由です。Grabe et al.（2008）は，彼女たちが〔文献から〕見つけたボディイメージの指標をすべて含めました。しかし，メディアへの接触については，間接的な測度〔かどうか〕で線引きをしています。

> 　われわれの目的は，メディアの利用と女性のボディイメージとそれに関連する悩みとの繋がりを直接検証することであったため，メディアの影響に関する自己報告（つまり，メディアから運動や食事のパターンを変えるよう圧力を感じたか）ではなく，メディアの利用やメディアへの接触を調査した研究のみを対象とした。（Grabe et al., 2008, p. 463）

　MARS の観点から重要なことは，著者がなぜ〔その〕研究を分析に含めたのかを読者に伝えたということです。この情報があれば，読者は彼女たちの判断に賛成することも反対することもできるのです。

　メタ分析の実施者は，研究課題に関連すると見なした参加者とそうでない参

第8章　リサーチ・シンセシスとメタ分析の報告

加者の特徴も読者に伝えなければなりません。Grabe et al.（2008）は，「少女
と若い女性」を明示的には定義していませんでしたが（p. 460），メタ分析に含
めた研究の特徴を示す表には，サンプルの年齢の中央値を示す列がありました。
また，ボディイメージの問題は文化的な背景があるため，英語圏四カ国で行わ
れた研究のみを対象としたと説明しました。これにより，リサーチ・シンセシ
スに含まれる研究に，地理的・文化的な制約をかけたことになります。

> 　検索条件は，1975 年から 2007 年 1 月までに英語で出版された論文に限
> 定し，英語圏（アメリカ，カナダ，イギリス，オーストラリア）で行われた
> 研究を対象とした。外見の理想は文化によって大きく異なる可能性がある
> が，他の文化で行われた研究はほとんどない。そこでわれわれは，相当数
> の研究が行われ，しばしば共有されるメディアもある，密接に関連する四
> つの文化圏に限定して調査した。（Grabe et al., 2008, p. 464）

　この情報がなければ，読者は結果が誰に適用されるものなのかを評価するこ
とができず，また，含まれるべきではない参加者や除外されるべきでない参加
者を議論することもできません。

　Grabe et al.（2008）は，彼女たちのメタ分析の序論で，最初に適格な研究デ
ザインの問題に言及しました。彼女たちは，ほぼ 1 ページを使い，メディアと
ボディイメージの研究において二つの研究デザインが使われてきたことを読者
に伝えました。実験的研究では，少女や若い女性がメディアに登場する痩身の
モデル（または他の画像）を見るかどうかを操作し，痩身の画像を見た被験者
が自分の身体を悪いものと感じるかどうかを検証していました。相関的研究で
は，メディアへの接触とボディイメージの関係を検証するために，自然主義的
なデータを用いていました。そして，Grabe et al. はメタ分析において，研究
デザインを調整変数として用いました。新しいデータ収集と同様に，方法を明
確に記述することで，読者は研究デザイン間の適合性，デザインの実施方法，
メタ分析の実施者によって導かれた推論を評価することができるのです。

210

2. 方　法

情報源

> リサーチ・シンセシスやメタ分析を報告する場合，情報源の説明には以下
> の内容を含めましょう
> - 検索した文献データベースと引用データベース
> - 未発表の研究の扱い

文献データベースと引用データベースの検索　メタ分析のテーマに関連する研究を見つけるための第一段階は，電子化された文献データベースと引用インデックスを検索することでしょう。MARS では，どのデータベースを検索したか，また，検索に使用したキーワードやキーワードの組み合わせをすべて記録することを求めています。これは，文献データベースが異なれば，雑誌やその他の文書ソースも異なることから重要なことだといえます。また，文献データベースには，出版された研究のみを含むものもあれば，出版された研究と未発表の研究の両方を含むものも，また，未発表の研究のみを含むものもあります。どのデータベースを使用したかを知らなければ，どのような研究を見落としたかを読者が検討することは難しくなります。同様に重要なのは，この情報がなければ，他の人があなたのメタ分析の結果を再現することが難しくなるということです。

　Grabe et al.（2008）では，文献データベースの検索について以下のように説明しています。

> 　候補となる論文リストを生成するために，PsycINFO と Web of Science によるデータベース検索を行った。メディア利用とボディイメージの悩みとの関連を調査したすべての論文を同定するため，文献検索のキーワードとして，ボディイメージ，メディア，テレビ，広告，雑誌という言葉を使用した。このような広範な用語は，これまで行われてきた幅広い研究を把握するために選択された。検索制限により，1975 年から 2007 年 1 月の間に英語で発表された論文に限定した。(p. 464)

　他にも多くの文献検索方略があります（Atkinson et al., 2015; Cooper, 2017 を

第 8 章　リサーチ・シンセシスとメタ分析の報告

参照）。そのうちいくつかは，他のものよりもあなたの〔研究の〕検索に適しているでしょう。MARS では，それらをすべてリストアップすることを推奨します。Grabe et al.（2008）は，データベースの検索に使用したキーワードと，検索に関する他の二つの制約を明示していることにも注意してください。

未公刊研究の扱い　未公刊の研究は，通常，公刊済みの研究よりも効果量が小さく，平均で約 3 分の 1 である（Lipsey & Wilson, 1993）ことから，文献検索において，未発表の研究を含めるか否かの判断は非常に重要となります。そのため，公刊済みの研究のみを含めると，すべての研究を含める場合よりも，その関係がより強くなってしまうかもしれません。

　未公刊の研究を除外するメタ分析の実施者は，未公刊の研究が査読プロセスを経ておらず，質が低い可能性があることから，そう〔除外〕していると述べていることが多いです。しかし，多くの研究は，その質にかかわらず，出版が最終目的ではないことが多いという証拠もあります（Cooper et al., 1997 を参照）。たとえば，香りのラベリング効果に関する架空の研究を修士論文や博士論文として完成させ，その後，香水会社に就職した場合，その研究が公刊のために投稿されることはないかもしれません。同様に，政府機関の報告書は，文献データベースに掲載されていても，公刊のために投稿されることはないかもしれません（たとえ，その機関が公開する前に査読を受けていたとしても）。また，雑誌側によって品質以外の理由で研究〔の掲載〕が断わられることもよくあります。研究雑誌では，投稿の新規性を掲載の基準としている場合がありますが，これはメタ分析の実施者が気にする必要はありません。最後に，統計的検定で帰無仮説が棄却されなかったために，出版を断念するということもあります。帰無仮説が棄却されなかった場合，出版を望む著者は報告を投稿すらしないということもあります。〔しかし〕メタ分析の実施者にとって，個々の知見の統計的有意性は重要ではなく，すべての証拠が必要となるのです。

要約統計量：効果量

　メタ分析を報告する場合，効果量に関する説明には以下の内容を含めまし

2. 方 法

よう

- 効果量の計算に使用した式（たとえば，平均値および標準偏差，一変量 *F* から *r* への変換の使用）
- 効果量に加えられた補正（たとえば，小標本バイアス，不釣り合いサンプルサイズの補正）
- 複数の効果量がある研究の扱い方を含む，効果量の平均化および重みづけ方法

効果量統計量　第5章では，効果量推定値とは何か，効果量**統計量**の違いについて議論しました。メタ分析では，効果量の計算にどのような数式を使用したのか，また何らかの補正を適用したのかを読者に伝えることが特に重要となります。いつの日か，すべての一次研究の研究者が効果量を報告するようになれば，これが問題となることは少なくなっていくでしょう。〔しかし〕現時点では，メタ分析の実施者は，効果量を自身で計算しなければならないことが多いです。その中でも最も多いのが，メタ分析の実施者が *d* 指標を計算できるように，平均値と標準偏差を入手する必要があるものです。しかしながら，多くの場合，推測検定の値（たとえば，*t* 検定や *F* 検定）とサンプルサイズや自由度から効果量を推定しなければなりません（効果量を推定する多くのアプローチについては，Borenstein, 2009; Fleiss & Berlin, 2009 を参照）。メタ分析の実施者は，これらの数値を，計算を行うソフトウェア・プログラムに投入することもあります。メタ分析で効果量を推定しないといけない場合，その数式または使用したプログラムの名前を記述することが重要となります。Grabe et al.（2008）は，効果量の計算を次のように説明しました。

　効果量のための計算式は Hedges & Becker（1986）を参照した。平均値と標準偏差が利用可能な場合，効果量は，統制群のボディイメージ得点の平均値から実験群のボディイメージ得点の平均値を引いたものを，プールした群内標準偏差で割ったものとして計算した。したがって，負の効果量は，統制条件の女性よりも，痩身を理想化するメディアに触れた女性の方が，より負の結果である（たとえば，より多くの身体不満をもっている）こ

第8章 リサーチ・シンセシスとメタ分析の報告

とを表わす。平均値と標準偏差は，実験的研究の74件（93%）で利用可能であった。実験的研究の平均値と標準偏差が利用可能でない場合は，報告されたt検定またはF検定から効果量を算出した。(p. 468)

効果量に対する補正　ときに，推定における何らかのバイアスを除去するために，効果量を調整することもあります。最もよくあるのは，小標本バイアスですが，尺度の信頼性や標本内の得点範囲の制約など，アーティファクトに起因するバイアスを除去することも可能です。Grabe et al.（2008）は以下のように書きました。

> 小さなサンプルサイズの場合，効果量は過剰になるというバイアスがあることから，効果量は，Hedges（1981）によって提供された式を用いて，母集団の効果量の推定におけるバイアスが補正された。(p. 468)

効果量の平均化と重みづけの方法　各効果量が計算されると，次にメタ分析の実施者は，同じ関係を推定する効果量を平均化します。Grabe et al.（2008）は，メディアへの接触と摂食障害症状に関する20の効果量を平均化しました。一般的には，平均化する前に個々の効果量を（それぞれの標本の参加者数に基づいて）分散の逆数で重みづけすべきです。しかし，場合によっては，重みづけしない効果量が提示されることもあります。重みづけされた効果量と重みづけされていない効果量は大きさが異なることがあり，時には大きな差が出ることもあります[3]。このため，MARSでは効果量の平均化に使用した手順をメタ分析の報告に記載することを推奨します。Grabe et al.（2008）は，これを以下のように報告しました。

> 効果量分析はすべて重みづけされた分析であった（つまり，各効果量は分散の逆数で重みづけされた）。(p. 468)

---

[3]　加重平均効果量と非加重平均効果量の差は，効果量とサンプルサイズの間の関係の強さに依存します。したがって，大きな効果量が小さなサンプルサイズと関連している場合（帰無仮説に対する報告バイアスのため，メタ分析では珍しくありません），非加重平均効果量は加重平均〔効果量〕よりも大きくなります。

2. 方 法

複数の効果量がある研究の扱い方　研究の重みづけに関連する問題として，研究者が同じ参加者のサンプルに対し，同じ構成要素について複数の測度を用いて複数の効果量推定値を報告した場合にどうするかというものがあります。たとえば，メディアへの接触度（映画，テレビ，雑誌）と三つの身体的満足度尺度を用いた相関研究を見つけたとしましょう。そこには，効果はすべて同じ基礎構成に関連し，同じ人々から収集されたにもかかわらず，報告には九つの効果量が示されていることに気づくでしょう。これらの効果量は統計的に独立していないことから，メタ分析ですべての研究の効果量を統合するときに，そのように〔独立したものとして〕扱うことはできません（研究のなかには，効果量を一つだけ報告しているものもあるかもしれず，そうした研究は複数の測度を持つ研究の9分の1の重みしか得られないため）。これを考慮しない限り，多くの測度を持つ研究は，より平均効果量に影響を与え，平均効果量の信頼区間を計算するときに，効果量の推定値が独立であるという仮定に違反することになってしまいます。

　メタ分析では，従属〔変数の〕効果量を扱うためにいくつかのアプローチを使用することがあります。メタ分析の実施者の中には，研究を代表させるために効果量の平均値や中央値を取ることで，研究を分析単位として使用する人もいます。また別の実施者には，分析単位をずらして使用する人もいます（Cooper, 2017）[*4]。さらに，従属〔変数の〕効果量推定値の問題を解決するために，平均効果量を算出する際に重みづけをする高度な統計的アプローチもあります（Tanner-Smith & Tipton, 2014）。

　どの手法を用いるかによって，(a) 効果量の推定平均値，(b) 効果量の推

---

*4　ここで，単一の研究に関連する効果量は，独立したものであるかのようにコード化されています。これらは，全体の効果量を推定する分析の前に平均化されています。この方法では，各研究が1つの値に寄与することになります。しかしながら，調整変数を検討する分析では，それぞれの研究は，各調整変数のグループごとの平均効果量の推定に1つの効果量が寄与する可能性があります。したがって，メディアと摂食障害の例では，全体の関連強度の推定に入る前に，9つの相関をすべて平均化することになります。その〔メディアと摂食障害の〕関係におけるメディアの種類の影響を調べる場合は，3つのメディアで3つの相関が平均化され（摂食障害の症状の測定値全体で），摂食障害の症状を検討する場合はメディアの種類全体で平均化されることになります。

定分散，（c）効果の調整変数を明らかにするための検定力に大きな影響を与える可能性があります。このため，独立的でない効果量推定値がどのように扱われたかについて明確かつ完全な説明を，重みづけの手続きの説明の一部とすべきであるといえます。

効果量のばらつき　効果量のばらつきの原因についてメタ分析の実施者が行う仮定は，いくつかのかなり複雑な問題に取り組むことを必要とします。簡単に言うと，固定効果モデル，ランダム効果モデル，または混合効果モデルの3つの選択肢が出てきます。**固定効果モデル**（*fixed-effect model*）は，効果量の分散が，参加者のサンプリング誤差，つまり参加者の違いにのみ起因する誤差を反映していると仮定するものです。**ランダム効果モデル**（*random-effect model*）では，場所，測度，実験者などの他の特徴も同様にサンプリングされると仮定し，さらなるランダムな影響を受けていると想定するものです。Hedges & Vevea（1998）は，「観察された研究（または参加者のサンプリングに関連する不確実性を除いて観察された研究と同一の研究の集合）における効果量パラメータについてのみ推論する」ことを目的とする場合，固定効果モデルを使用すべきであると述べています（p. 487）。より広く人々や研究の集団について推論を行いたい場合は，ランダム効果モデルを使用します。

　ランダム効果モデルによって生み出される結果は，一般的に固定効果モデルの結果よりも保守的になります。ランダム効果モデルは，通常，平均効果量周辺の変動をより大きく推定するため，統計的に有意な効果となる可能性が低くなります。最後に，2つのモデルは，効果の大きさとサンプルの大きさの関係によって，異なる平均効果量を生成することがあります。**混合効果モデル**（*mixed-effect model*）では，いくつかの分散は系統的なもの（調整変数に関連する）であり，〔別の〕いくつかはランダム（本当に偶然の要因に起因するもの）であると仮定されます。

　これらの理由から，MARS では，（a）効果量を平均化し，（b）分散を計算し，（c）調整分析を行う際に，固定効果モデル，ランダム効果モデル（またはその親戚であるロバスト分散推定；Tanner-Smith & Tipton, 2014），混合効果モデルのいずれを用いたかを報告することが不可欠であるとしています。この情報を知

らなければ，読者が（そしてメタ分析の実施者自身も！）結果を解釈することは不可能になってしまいます。たとえば，Grabe et al.（2008）は次のように書いています。

> われわれは，効果量の分散が，系統的な成分とランダムな成分の両方で説明できると仮定する混合効果モデルを用いた…。混合効果モデルは，研究間の変数の効果は系統的であるが，効果量の分布にはサンプリング誤差に加えて測定されないランダム効果が残っていると仮定している。ランダム効果モデルで行われるように，（調整変数を考慮した後の残差同質性の値から得られる）ランダム効果の分散成分が推定され，各効果量に関連する標準誤差に加え，逆分散の重みを計算した。（pp. 468-469）

この記述は非常に専門的で，解読するにはメタ分析に関する十分な知識が必要になりますが，何がなぜ行われたかを完全に説明しています。

3. 結　果

研究選択のフローチャート

結果セクションの最初の部分では，文献検索の結果と包含基準の適用の仕方を報告します。除外を検討する研究をどのように見つけ，最終的にレビューに含める研究をどのように絞り込んでいったかがわかるようにします。これは，新しいデータ収集を伴う研究でいえば，参加者の〔除外の〕流れに相当するリサーチ・シンセシスです。これを簡潔かつ視覚的に行えるのが，フローチャートの使用です。Grabe et al.（2008）はこの工夫を使用しませんでしたが，Ottaviani et al.（2016）はこの工夫を使用しています。彼女たちのフローチャートを図8.1 に示します。彼女たちの図を読んでいくと，最初の列の一番上の「データベースから特定されたレコード」から始まっています。続いて 2 列目には，スクリーニングの各段階で除外された論文が示されています。除外されたボックス内の研究の数とメタ分析内の研究数を足すと，検索された研究の総数になることに注意してください（つまり，一番上のボックスから 3,616＋213＝2,116＋1,548＋105＋60 となっています）。

第8章 リサーチ・シンセシスとメタ分析の報告

図8.1 リサーチ・シンセシスに含めるべき研究の検索結果を説明するフローチャートの例

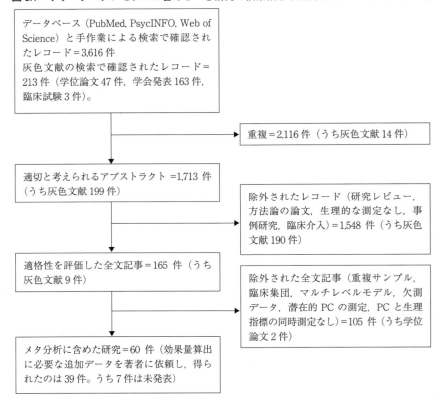

検索結果と研究選択を説明するPRISMAフローチャート。C. Ottaviani, J. F. Thayer, B. Verkuil, A. Lonigro, B. Medea, A. Couyoumdjian, and J. F. Brosschotによる「固執的認知の生理学的随伴性：系統的レビューとメタ分析」(2016, *Psychological Bulletin*, 142, p. 234) から再録。Copyright 2016 American Psychological Association.

表

メタ分析を報告する場合には以下の内容を含めましょう
- データベースの全体的な特徴（たとえば、研究デザインが異なる研究の数）
- 不確実性の測度（たとえば、信頼区間や信用区間）を含む、全体の効果

3. 結　果

量の推定値
- 以下の内容を含む，調整分析と媒介分析（研究のサブセットの分析）の結果
  - それぞれの調整分析の研究数と総サンプルサイズ
  - 調整分析と媒介分析に使用した変数間の相互関係の評価
- 効果量やサンプルサイズなど，含まれる各研究の特徴の説明

　メタ分析の結果を要約した表が必要不可欠だというのは驚きではありません。ほとんどの場合，分析に使用した個々の研究の結果を列挙した表も必要となるでしょう。また，調整変数の検証をするための情報に関する表も必要です。この表には，少なくとも，各調整変数カテゴリの研究数，各カテゴリの効果量と信頼区間が含まれます。しかし，スペースの限界から，これらの表を公刊版の論文に含めないこともあるかもしれません。

　Grabe et al.（2008）は，各研究の特徴を一覧にした表を提示しました。それは二段組で 3.5 ページにわたっています。ここでは，それを再掲はしません。表の列は次のようなものだと紹介するだけで十分でしょう。

- 研究の第一著者と発表年
- 効果量
- サンプルサイズ（実験群と統制群を別々に，または相関研究の場合は全サンプル）
- 標本の平均年齢
- 研究デザイン
- メディアの種類
- 統制群の種類
- 測定器具

　表 8.1 は Grabe et al. の全体的な知見の表，そして表 8.2 は調整分析を報告する表の一つです。原稿でこれらの表を作成するための方法の詳細は，『APA 論文作成マニュアル』（APA, 2020, pp. 199-224, Section 7.8-7.21, Tables, 訳書 pp. 211-222, セクション 7.8-7.21, 表）に記載されています。

219

第8章　リサーチ・シンセシスとメタ分析の報告

表 8.1　メタ分析の全体的な知見を報告する表の例

Table X
混合効果分析の平均効果量の概要

測度の種類	研究の数	d	95% CI	Q_T
ボディイメージの不満	90	−.28	−.21 to −.35	100.34
内面化	23	−.39	−.33 to −.44	66.15 *
食行動と信念	20	−.30	−.24 to −.36	46.30 ***

注　負の d は，否定的なボディイメージにおいて，統制群が実験群よりも
高い値であったことを示す。CI＝信頼区間，Q_T＝全異質性。S. Grabe, L. M.
Ward, and J. S. Hyde による「女性間のボディイメージ懸念におけるメディ
アの役割：実験研究と相関研究のメタ分析」（2008, *Psychological Bulletin,
134*, p. 469）より再掲。Copyright 2008 by the American Psychological As-
sociation.
* $p<.05.$ *** $p<.001.$

表 8.2　メタ分析における調整分析を報告する表の例

Table X
メディアへの露出と摂食行動・信念との関連を調整する可能性のあ
る変数

変　数	集団間 Q	研究数	d	集団内 Q
研究デザイン	0.94			
実験的		8	−.36	21.91 **
相関的		12	−.28	28.46 **
年齢層（歳）	6.43 *			
青年（10-18 歳）		4	−.20	4.38
若年成人／成人（19-32 歳）		16	−.35	40.40
メディアの種類	4.00 *			
テレビ		7	−.29	22.42
雑誌		11	−.26	24.70 **
一般的なメディア		2	−.50	0.09
公刊状態	11.42 **			
公刊済み		17	−.27	37.72 **
未公刊		3	−.99	2.07
出版年	0.09			
1990-1999		8	−.30	25.81
2000-2005		12	−.28	25.31 **

注　Q＝異質性。S. Grabe, L. M. Ward, and J. S. Hyde による「女性間のボデ
ィイメージ懸念におけるメディアの役割：実験研究と相関研究のメタ分析」
（2008, *Psychological Bulletin, 134*, p. 470）より再掲。Copyright 2008 by the
American Psychological Association.
* $p<.05.$ ** $p<.001.$

4. 考　察

> リサーチ・シンセシスやメタ分析を報告する場合には，結果の解釈（つまり，考察セクション）には以下の内容を含めましょう
> - 事前に計画したすべての分析結果を含む，主要な結果の記述
> - エビデンスの質とメタ分析の長所と限界の評価
> - 観察された結果に対する代替説明の検討
> - 結論の一般化可能性（たとえば，関連する集団，処遇の違い，従属［結果］変数，研究デザインへの適用）
> - 理論，政策，実践への意義
> - 今後の研究のための指針

　序論の要素と同様に，MARS の考察で必要なことを記した項目は，新しい〔データを収集する〕一次研究の報告に推奨される項目とよく似ています。Grabe et al.（2008）は，考察の冒頭で次のように述べています。

> 　このメタ分析は，痩身理想的なメディアへの接触と，女性のボディイメージおよび関連する悩みの 3 つの主要な領域との全体的な関連について系統的に調査したものである。その結果，実験的デザインと相関的デザインの両方において，そして女性のボディイメージと食行動・信念の複数の尺度において，一貫した関連性が示された。したがって，これらの知見は，痩身理想的な身体を描写するマスメディアへの接触が，女性のボディイメージに関連する障害に対する脆弱性に関連するという考え方を強く支持するものである。(p. 470)

　代替説明の検討について，Grabe et al.（2008）は，この知見が実験的証拠と相関的証拠の両方で一貫しているという事実をアピールしています。このことは，代替説明が多くないことを示唆します。

> 　今回のレビューにおける実験的研究（研究の 57%）から得られた知見は，女性の痩身理想的なメディア画像への接触と身体への不満の間に関連があ

> ることを示す証拠となるものである。相関的研究で同じように見出された
> 結果は，この知見を支持し，この現象が実験室文脈以外の場所でも作用す
> ることを示唆する。ボディイメージに関連する障害に対する女性の脆弱性
> におけるメディアの役割を十分に評価するためには，前向き研究が重要で
> あろう。(Grabe et al., 2008, p. 470)

　この最後の文は，Grabe et al. が，今後の研究では，過去の研究でほとんど
用いられなかった縦断的な測定方法を取り入れると，最も価値のある研究にな
ると考えていたことを示しています。暗黙のうちに，彼女たちは実験的研究が
短期間であること，そしてそのことが，メディアイメージが女性に与える影響
に作用するかもしれないことを認めていたのです。
　われわれは，その知見をどのように解釈すべきでしょうか。

> 　今回の知見は，メディア研究の，より確立された他の分野との関連で解
> 釈することができる。たとえば，研究者たちは，青少年の攻撃的行動に対
> する暴力的メディアの影響に広く注目してきた…。実験的研究では，暴力
> 的なビデオゲームに短時間接触すると，攻撃的行動が即座に増加すること
> が示されているが，相関的研究では，暴力的なビデオゲームに繰り返し接
> 触すると，現実世界でのさまざまな攻撃的行動に結びつくことが示されて
> いる…。痩身を理想化するメディアの研究はそれよりもずっと新しいこと
> から〔その影響に関する〕推論はより控えめでなければならないが，メデ
> ィア暴力研究は，研究を進めるうえでのロードマップを提供する。(Grabe
> et al., 2008, p. 471)

これはどういったことを意味するのでしょうか。

> 　本研究で得られた知見は，特に教育と広告の分野における予防と介入の
> 取り組みに役立てることができる。教育に関しては，少女や女性が外見に
> 関するメディアをより積極的かつ批判的に消費するように指導するために
> メディア・リテラシーを使うことができる…。おそらく，より大きなメリ
> ットは，メディアにおける女性の身体の客観化を通じて永続する，非現実

4. 考　察

的なほどに痩せた身体を理想化することへの強調を減らすことだろう。
(Grabe et al., 2008, pp. 471-472)

しかし，Grabe et al. は主張しすぎないように注意しています。

　本研究の貢献はあるものの，将来の研究に取り組む必要性を感じさせる
限界もある。第一に，女性の身体的不満について知られていることの多く
は，主に白人サンプルに基づいているということである…。第二に，相関
データは，実際のメディアの食事に関するデータを提供することで，実験
結果の妥当性を高めたと考えるが，相関データの性質から，ネガティブな
ボディイメージの発達に対するメディアの展望的な寄与を特定することは
できない…。第三に，痩身理想的なメディアの潜在的な影響に関する研究
は，肥満や身体的自己意識といった他の結果も含めて拡張する必要がある
…。最後に，ごく一部の研究では，女性のボディイメージに対してメディ
アの効果が肯定的であったことを指摘することは興味深く，メディアのイ
メージを見た後に，実際に自分自身について良く感じる女性がいることを
示唆している…。意識的に自分のボディイメージを意識している（たとえ
ば，カロリー制限をしている）女性や，すでに自分の身体に満足している女
性は，メディアが提供する外見に関する手がかりがあると満足度が高まる
と感じる可能性がある。しかしながら，この分野の研究数は少なく，この
知見の解釈は暫定的なものである。(p. 472)

最後に，方策的な意義はなんでしょうか。

　スペインとイタリアで採用され，さらにアメリカファッションデザイナ
ー協議会が暫定的に採用した，痩せすぎの女性をモデルから排除するとい
う新しい方針は，モデル自身だけでなく，こうしたイメージを目にする何
百万人もの少女や女性にとっても有益かもしれない。(Grabe et al., 2008, p.
472)

　まとめると，MARS はメタ分析の序論と考察のセクションに，一次的研究
の報告と同じような情報を含めることを推奨しているのです。二つの研究形態

223

が異なるのは，方法と結果の説明という「〔論文の〕中間部分」であり，方法論が特にユニークなものであるといえます。

付録 8.1　メタ分析報告基準（MARS）

付録 8.1
メタ分析報告基準（MARS）

表 A8.1　メタ分析報告基準（MARS）：リサーチ・シンセシスおよびメタ分析を報告する原稿に含めることが推奨される情報

論文セクションとトピック	記載内容
タイトル	研究目的とリサーチ・シンセシスの種類（たとえば，ナラティブシンセシス，メタ分析など）を記述する。
著者注記	金銭的および現物的な援助元をすべて列挙する。シンセシスの実施と結果の公表の決定において，資金提供者の役割がある場合は，その内容を記述する。 金銭的，その他の非金銭的利益を含む，起こりうる利益相反を説明する。 シンセシスが事前登録されている場合は，その所在と登録番号を記入する。 責任著者の氏名，所属，電子メールアドレスを記述する。
アブストラクト	
目　的	調査中の研究課題，目的，仮説を記述する。
適格基準	独立変数（処遇，介入），従属変数（結果，基準），適格な研究デザインを含む，分析に含めるための研究の特性を説明する。
シンセシスの方法	研究結果を統合するための方法について以下の内容を含めて説明する。 ・研究の要約および比較に使用される統計およびその他の手法 ・メタ分析を実施した場合，研究を統合するために使用した具体的な方法（たとえば，効果量，平均化の方法，均質性分析で使用したモデル）
結　果	統合の結果を以下の内容を含めて記述する。 ・対象とした研究および参加者の数，およびその重要な特徴 ・主要な結果と調整分析の結果 ・メタ分析を実施した場合，各分析に関連する効果量と信頼区間
結　論	知見の強みと限界について，分析に含めた研究における不整合，不正確さ，偏りのリスク，報告バイアスのリスクなどを含めて説明する。
序　論	
問　題	検討中の問題もしくは関係を記述する。 ・トピックに関連する過去のシンセシスやメタ分析を含む歴史的背景 ・関心のある課題，関連についての理論的，政策的，実践的な問題点 ・課題や関連が関係してくる集団および設定 ・研究デザインの選択，結果の選択とコード化，結果の潜在的な調整変数または媒介変数の選択とコード化の根拠 ・測定指標や他の変数の心理測定的特性
目　的	検討した仮説を述べ，以下の内容を含め，どの仮説が事前に特定されていたかを記述する。 ・関連する参加者の特徴（動物を含む），独立変数（実験操作，処遇，介入），

付録 8.1　メタ分析報告基準（MARS）

論文セクションと トピック	記載内容
	交絡の可能性のある変数の除外，従属変数（結果，基準），研究デザインの他の特徴の観点からの問題 • シンセシスの方法，そしてメタ分析を実施した場合，研究を統合するために使用した具体的な方法（たとえば，効果量，平均化の方法，均質性分析で使用したモデル）
プロトコル	プロトコルの全文が掲載されている場所（たとえば，補足資料）を列挙するか，プロトコルがなかったことを記載する。プロトコルの全文が公開されている（または公的な登録場所に保存されている）のか，または査読実施前には公開されていないのかを記述する。

方　法
　包含基準と除外
　基準
研究の選択に関する基準を，以下の内容を含めて説明する。
• 独立変数（たとえば，実験操作，処遇や介入の種類，予測変数）
• 従属変数（たとえば，メリット・デメリットの両方の可能性を含む臨床研究のリサーチ・シンセシスにおける結果）
• 適格な研究デザイン（たとえば，サンプリングや処遇の割り当て方法）
• 同一研究または同一サンプルに関する複数の報告の取り扱い，どれが一次的報告であるかの記述，そして同じ参加者に使用された複数の測度の取り扱い
• 研究の包含における制約（たとえば，研究の実施時期，言語，場所，報告の種類）
• 事前に指定された包含基準および除外基準の変更〔の有無〕と，いつその変更が行われたか
• 適格性を判断するのに十分な情報が含まれていない（たとえば，研究デザインに関する情報が不足している）報告と，分析に必要な情報が十分に含まれていない（たとえば，結果に関する数値データが報告されていない）報告の取り扱い

　情報源
以下の内容を含む，すべての情報源を説明する。
• 電子的な検索を再度実施できるような検索方法（たとえば，使用した検索語，ブール接続子，検索した分野，用語の組み合わせ）
• 検索したデータベース（たとえば，PsycINFO，ClinicalTrials.gov），対象期間（つまり，検索に含まれる最も古いレコードと最新のレコード），使用したソフトウェアと検索プラットフォーム
• 検索した具体的な雑誌名と確認した巻数
• 引用文献リストを調査した場合，その選択の根拠の説明（たとえば，他の関連論文，過去のリサーチ・シンセシス）
• 逆引き（引用）検索を行ったドキュメントとそのドキュメントを選んだ理由を記載する
• 研究を探すため，あるいは包含する研究についての詳細情報を得るために研究の著者あるいは個別の研究者に連絡した場合，連絡した研究者の数と，連絡するための基準（たとえば，以前の関連論文），および回答率
• その他，直接的な連絡手段で検索を行った場合の連絡日（たとえば，企業

付録 8.1　メタ分析報告基準（MARS）

論文セクションと トピック	記載内容
	スポンサーや配布リストへの郵送） • 上記以外の検索方法とその検索の結果
研究の選択	どの研究をシンセシス，メタ分析に含めるかを決定するプロセスを，以下の内容を含めて説明する。 • スクリーニングの各段階において，シンセシスに含めるか除外するかの判断に使用したドキュメントの要素（たとえば，タイトル，概要，全文） • 研究の選択の各段階を実施した者の資格（たとえば，訓練，教育・職業上の地位）について，各段階は一人で実施されたか，複数人で実施されたかを記載し，スクリーニング担当者が一人の場合は信頼性を，複数の場合は不一致をどのように解決したかを説明する
データ収集	報告からデータを抽出する方法について，以下の内容を含めて説明する。 • データ収集の対象とした変数とその変数のカテゴリ • データ抽出の各段階を実施した者の資格について，各段階は一人で実施されたか，複数人で実施されたかを記載し，スクリーニング担当者が一人の場合は信頼性を，複数の場合は不一致をどのように解決したかを説明する • データコーディングの形式，記入の教示方法，データ（メタデータを含む）がある場合はその場所（たとえば，公的な登録，付録資料）
内的妥当性に対するリスクを評価する方法	個々の研究結果の内的妥当性に対するリスクを評価するために使用した方法について，以下の内容を含めて説明する。 • 評価したリスクと，リスクが存在するか否かの判断基準 • データを統合する決定や結果の解釈における内的妥当性へのリスクを含めるための方法
要約統計量 　シンセシスの方法	指標（たとえば，相関係数，平均値差，リスク比）や使用した公式を含め，効果量算出のための統計手法を説明する。 研究の比較に使用したナラティヴ的・統計的手法を記述する。メタ分析が行われた場合，研究間の効果を統合するために用いた方法と，効果量の異質性を推定するために用いたモデル（たとえば，固定効果モデルまたはランダム効果モデル，ロバスト分散推定）について，以下を含めて説明する。 • シンセシスの手法の根拠 • 研究結果の重みづけの方法 • 研究内および研究間の不正確さの推定方法（信頼区間や信用区間） • データに対して行われたすべての変換または補正（たとえば，小さいサンプルサイズまたは不等分のグループ数を考慮するため）および調整（たとえば，クラスタリング，欠損データ，測定アーティファクト，構成レベルの関係）と，これらの正当性を説明する • 追加分析（たとえば，下位分析，メタ回帰）について，各分析は事前に特定していたものか，事後的なものなのかを含めて • ベイズ分析を実施した場合には，事前分布やモデルフィットの評価の選択 • 分析に使用したコンピュータ・プログラムの名称とバージョン • 統計のコードと，それをどこで見られるか（たとえば，付録資料）

付録 8.1　メタ分析報告基準（MARS）

論文セクションと トピック	記載内容
公刊バイアスと 選択的報告	未発表の研究および未報告のデータを特定するために用いた方法（たとえば，未報告の結果に関する著者への問い合わせ）の妥当性に言及する。 公刊バイアスや選択的報告を検証するために用いた統計的手法を説明する。そのような手法を用いなかった場合は，統合の結果の潜在的な限界を言及する。
結　果	
研究の選択	研究の選択について，理想的にはフローチャートを用いて以下の内容を含めて説明する。 　• 適格性を評価した文献の数 　• シンセシスにおける文献の数と個別の研究の数 　• スクリーニングの各段階で研究を除外した理由 包含基準の多くを満たしたが，すべては満たせなかった研究の文献リストの完全な表と，その除外理由（たとえば，効果量が算出できない）を含める。
研究の特徴	包含した研究の特徴を要約する。包含した各研究について，データを求めた主要な変数を示す表を，以下を含めて提示する。 　• 独立変数，結果変数・従属変数，主要な調整変数の特徴 　• 参加者の重要な特性（たとえば，年齢，性別，出自） 　• 重要な文脈的変数（たとえば，設定，日時） 　• 研究デザイン（たとえば，サンプリングの方法や処遇の割り当て） 全データセットが入手可能な場所を報告する（たとえば，著者，付録資料，登録から）。
個別の研究の結果	各研究または比較の結果を報告する（たとえば，各独立変数の信頼区間付き効果量）。可能であれば，この情報を図（たとえば，フォレストプロット）で提示する
結果のシンセシス	各研究結果のシンセシス（メタ分析など）を報告する（たとえば，加重平均効果量，信頼区間，結果の異質性の推定値）。 異なるデザインの特徴によってシンセシスの結果に生じるバイアスのリスクを説明する。
個別の研究の内的妥当性の評価	
公刊バイアスや報告バイアス	研究ごとのバイアスのリスクについて，以下の内容を含めて説明する。 　• シンセシスに（a）未公刊の研究，未報告のデータを含めたかどうかや，（b）公刊されたデータのみ含めたかどうかと，もし公刊されたデータのみ使用した場合にはその根拠に関する言及 　• 公刊バイアスの大きさに関する評価（たとえば，データ打ち切りのモデル化，Trim-and-Fill 分析） 　• 研究内の結果の選択的報告を探すためのすべての統計的分析の結果
有害事象	個々の効果研究において特定された有害事象や有害な影響を報告する。
考　察	
証拠の要約	主要な知見について，以下の内容を含めて要約する 　• シンセシスの主要な結果について，事前に特定した分析のすべての結果を含めて要約する

付録 8.1　メタ分析報告基準（MARS）

論文セクションと トピック	記載内容
	● 証拠の全体的な質 ● 知見の長所と限界（たとえば，非一貫性，不正確性，バイアスのリスク，公刊バイアス，選択的な結果報告） ● 観察された結果に対する代替説明 ● 過去のシンセシスとの類似点と相違点
一般化可能性	結論の一般化可能性（外的妥当性）について，以下の内容を含めて説明する。 ● 関連するサンプル，介入の違い，従属（結果）変数に対する意義
意　義	既存の証拠に照らして結果を解釈する。 今後の研究，理論，施策，実践に対する意義に言及する。

注　M. Appelbaum, H. Cooper, R. B. Kline, E. Mayo-Wilson, A. M. Nezu, & S. M. Rao による「心理学における量的研究のための論文報告基準：APA 出版およびコミュニケーション会議タスクフォース報告」（2018, *American Psychologist, 73*, pp. 21-23）から再録。Copyright 2018 by the American Psychological Association

学術論文報告基準とメタ分析報告基準の
成り立ちと今後の活用

ここまでの章では，研究者が学術論文報告基準（JARS; Appelbaum et al., 2018）を必要とする理由，JARS の表の使い方，完全な報告と字数制限の間の緊張関係に対処する方法について議論してきました。各章では，ほとんどの項目を定義，議論し，その項目を包含すべき根拠を示してきました。また，JARS やメタ分析報告基準（MARS; Appelbaum et al., 2018）で推奨されている情報の提示方法について，良い例とそうでない例の両方を紹介しています。この最終章では，JARS と MARS の成り立ちをより詳しく説明し，JARS が今後どのように活用できるかを検討していきます[*1]。

われわれ学術論文報告基準作業部会（JARS 作業部会）は，過去 20 年の間に，社会科学，行動科学，医学の発展が，研究者が調査結果を報告する際に，より多くの詳細を提供する動機づけとなったことを見出しました。また，公衆衛生政策や実践の分野では，エビデンスに基づく意思決定を求める声が高まっていることも明らかになりました。この要請は，研究がどのように行われ，何を見出したのかを理解することを新たな重要性と位置づけるようになりました。社会科学の証拠に基づいて意思決定を行っている政策立案者や実践家は，少なくとも部分的には情報がどの程度信頼できるのか，データがどのような背景で収集されたかを知りたいと考えていました。2006 年に，アメリカ心理学会（APA）のエビデンスベースの実践に関する会長委嘱タスクフォースは，「エビデンス

[*1] これ以降の文章やフレーズを含む多くの部分は，JARS 作業部会の報告（APA P&C Board Working Group on Journal Article Reporting Standards, 2008）から引用しています。その資料は，APA P&C 委員会と JARS 作業部会のメンバーの許可を得て使用しています。

ベースの実践には，心理学者がさまざまなタイプの研究から得られたエビデンスの長所と限界を認識することが必要である（p. 275)」と述べています。

JARS作業部会のメンバーは，医学分野でエビデンスに基づく実践に向けた動きが浸透していることに気づきました（Sackett et al., 1996を参照）。われわれは二つの出来事に最も感銘を受けました。一つは，1993年に医学研究者の国際的なコンソーシアムであるコクラン共同計画（Cochrane Collaboration; http://www.cochrane.org）が設立されたことです。この組織は，リサーチ・シンセシスの実施と報告のためのガイドラインを制定し，公衆衛生上の取り組みから外科的処置まで，あらゆるものについての累積的な証拠を検証する数千のレビューを作成してきました。その文書は，報告基準について多くの議論がなされていることを明らかにしています。もう一つの出来事は，一次研究において，International Committee of Medical Journal Editors（国際医学雑誌編集者委員会）(2007) が，出版を検討する条件として，すべての医療試験を公的な試験登録機関に登録することを求める方針を採択したことです。これは，医学研究における新たなレベルの報告責任を示すものでした。

その他の発展も，報告に対する要件の厳格化を動機づけました。教育分野では，2001年の「どの子も置き去りにしない法（No Child Left Behind Act, 2002)」と，それに代わって2015年に制定された「どの子どもも成功する法（Every Student Succeeds Act)」が，学校や学区が採用する政策や実践を科学的根拠に基づくものにするよう求めました。公共政策では，コクラン共同計画と同様のコンソーシアムが形成されました。キャンベル・コラボレーション（http://www.campbellcollaboration.org）は，質の高いリサーチ・シンセシスの推進を目的とし，他の組織（たとえば，Laura and John Arnold Foundation Initiation in Evidence-Based Policy and Innovation; http://www.arnoldfoundation.org/initiative/evidence-based-policy-innovation/）とともに，プログラムの有効性に関する厳格な証拠に基づく政府の政策決定を促すためのものでした。これまでの報告基準（本章で後述）の開発者は，これらの組織の設立に貢献したのと同じ人物であることが多いです。彼らは，これらをまとめ，報告における新たな透明性が必要であり，それによって研究結果から導き出される適切な推論と応用について正確な判断ができると考えました。

社会科学，行動科学分野の中の基礎研究領域では，そのようなアクションが求められなかったわけではありませんでした。これは，著者自身の関心に近い領域での展開でした。〔しかし〕特定の仮説や理論に関する証拠が蓄積されるにつれ，研究のシンセシス，特にメタ分析に大きな信頼が置かれるようになってきました（Cooper et al., 2009）。第8章で説明したように，リサーチ・シンセシスは，蓄積された知識を要約しようとするものです。新しい統合技術，特にメタ分析は，研究者が特定の問題に関連するさまざまな知見を統合することを可能にします。しかし，計画的または自然発生的な状況により，研究デザインや文脈は研究ごとに異なるものです。メタ分析は，この多様性を利用して，個々の研究で明らかになった基本的な心理的，行動的，社会的プロセスの媒介に関する手がかりを見いだそうとするものです。メタ分析では，これらの手がかりは，方法と設定の違いに基づいて研究をグループ化し，その結果を比較することによって生まれてくるものです。このシンセシスに基づく証拠は，新たなデータ収集で検討される次世代の問題や仮説の指針として利用されています。メタ分析では，一次研究を実施する者たちが何を行ったのかについての詳細な記述が必要となります。JARS作業部会は，方法と結果の完全な報告なしには，リサーチ・シンセシスとメタ分析の目的での研究の有用性は減少してしまうと考えています。

　〔そこで〕われわれJARS作業部会は，これらのアクションが心理科学にとって好ましいことであると考えました。われわれはこのように書いています。

> 　第一［証拠の利用］は，心理学研究が公共政策や健康政策において重要な役割を果たすための前例のない機会を提供する。第二［基礎研究のメタ分析］は，心理学的現象の説明のためのより確かなエビデンスベースと，重要な問題の解決により焦点を当てた次世代の研究を約束する。（APA Publication and Communication Board［P&C Board］Working Group on Journal Article Reporting Standards, 2008, p. 840）

1. JARS 以前の状況

　最初のJARSの開発は，2007年に他の社会科学や保健分野の組織が開発し

第9章 学術論文報告基準とメタ分析報告基準の成り立ちと今後の活用

た報告基準を収集することから始まりました。その後，JARS 作業部会では，すぐに3つの取り組みが注目されるようになりました。

一つ目は，臨床試験報告に関する統合基準（Consolidated Standards of Reporting Trials: CONSORT; http://www.consort-statement.org）と呼ばれるものでした。CONSORT は，主に生物統計学者と医学研究者からなる特別グループによって作成されたものです。CONSORT 基準は，参加者を条件に無作為割り当てする研究の報告に特化したものです。また，これらの基準は，医学研究者に最もなじみのあることばを使用しています。CONSORT は，研究報告に記載すべき研究特性のチェックリストと，研究の進行に伴う参加者数の説明，〔研究に〕参加するのが的確とみなされた時点から調査終了までの脱落者数を示すフローチャートから構成されています。CONSORT の使用は，現在，一流の医学雑誌をはじめ，多くの生物医学雑誌で要件とされています。JARS 作業部会は，いくつかの APA ジャーナルも CONSORT ガイドラインを採用していることに気づきました。

二つ目の取り組みは，アメリカ疾病対策予防センター（Centers for Disease Control and Prevention: CDC）の主導で開発された，非無作為化研究の透明性の高い報告基準（Transparent Reporting of Evaluations with Nonrandomized Designs: TREND; CDC, 2016; Des Jarlais et al., 2004）と呼ばれるものです。CDC は，心理学のいくつかの雑誌を含む，公衆衛生に関連する雑誌の編集者たちを集めました。TREND には 22 項目のチェックリストがあり，CONSORT のチェックリストと似ていますが，準実験計画，すなわち，参加者を条件に配置するために無作為割り当て以外の手続きによって確立した群間比較を用いる研究の報告に特に重点を置いています。

社会科学では，アメリカ教育学会（American Educational Research Association: AERA, 2006）が「AERA の刊行物における経験的社会科学研究の報告のための基準（Standards for Reporting on Empirical Social Science Research in AERA Publications）」を公刊しました。これらの基準は，定量的アプローチと定性的アプローチの両方を含む，幅広い研究デザインを包含しています。AERA はこの基準を8つの全般的領域に分けました。ここには問題設定，研究の計画と論理，証拠となる資料，測定と分類，分析と解釈，一般化，報告における倫理，

234

1. JARS 以前の状況

タイトル・要旨・見出しが含まれています。これらの基準は，研究の報告に関する約 24 の全般的な規定と，量的研究と質的研究に対する個別の規定が含まれています。

　JARS 作業部会でも，『APA 論文作成マニュアル』の過去の版を検証しました。その結果，過去半世紀にわたり，『APA 論文作成マニュアル』が報告基準の確立に重要な役割を担ってきていることが明らかになりました。初版は 1952 年に *Psychological Bulletin* の付録として公刊されました（APA, Council of Editors, 1952）。これは 9 インチ×6 インチの用紙で 61 ページのものでした（値段は 1 ドルだったのです。なんと古き良き日々でしょうか）。原稿の主な区分は，問題，方法，結果，考察，要約となっていました。

　『APA 論文作成マニュアル』の初版が示した各セクションの内容は以下の通りです。問題のセクションには以下の内容が含まれていました。

- 問題とそれらを問う理由
- 実験が理論駆動的であった場合は，仮説を生み出した理論的命題とその導出の論理

方法のセクションには以下の内容が含まれていました。

- 実験の一部が引用可能な他の報告に記載されている場合を除き，読者が実験を繰り返すことができる十分な詳細（APA, Council of Editors, 1952, p. 9）
- 経験的データを理論的命題に関連づける計画と論理，被験者，サンプリングおよび制御装置，測定技法，使用したすべての装置

結果のセクションには以下の内容が含まれていました。

- 統計的有意性の検証，推論と一般化の論理に特に注意を払いながら，結論を正当化するための十分なデータ

考察のセクションには以下の内容が含まれていました。

- 結論の限界
- 結論と他の知見や広く認められた見解との関連性

第9章　学術論文報告基準とメタ分析報告基準の成り立ちと今後の活用

• 理論や実践への意義

　また，〔次のように〕論文の著者は良い文法表現を用い，専門用語を避けるよう奨励されました。「心理学では，長い単語や不明瞭な表現が科学的地位の証拠とみなされるような印象を与える文章もある」（APA, Council of Editors, 1952, pp. 11-12,〔これを見ると〕古き良き日々はそれほど良いものではなかったのかもしれませんね）。

　これらの記述は，心理学雑誌の論文の基本的な構成と機能が，過去半世紀にわたってほとんど変化していないことを示します。興味深いことに，『APA論文作成マニュアル』の最初の立案者によってなされた他の2つの方針決定が，今日特に反響があることがわかりました。第一に，APA Council of Editors (1952) は，否定的な結果や予想外の結果には，長い議論を伴わないようにと次のように勧告しました。「証拠や理論に裏打ちされない長い"アリバイ"は，報告の有用性に何のプラスにもならない (p. 9)」。第二に，この版の『APA論文作成マニュアル』には，「スペースの制約から，雑誌内では方法を簡潔に説明し，より詳細な説明は補助的な出版物で行うよう指示されることがある (APA, Council of Editors, 1952, p. 9)」とも記されていました。このような実践は，これまで学術雑誌ではほとんど使われてきませんでしたが，本書の第1章で議論したように，現在では再び注目されつつあります。

　それ以降の『APA論文作成マニュアル』の版では，報告に対してAPAスタイルが推奨する内容がより詳細かつ具体的になりました。特に注目すべきなのは，Wilkinson and the Task Force on Statistical Inference (1999) の報告書で，APAの雑誌における統計報告のガイドラインが提示されていました。この報告書は，『APA論文作成マニュアル』の第5版 (APA, 2001) の内容に影響を与えました。第5版にはまとめとしての報告基準は含まれていませんでしたが，これは基準がなかったという意味ではありません。むしろ，報告に関する規定が本文のさまざまなセクションに埋め込まれていたのでした。JARS作業部会のメンバーは，『APA論文作成マニュアル』の原稿の各部分に関する記述の中で，研究の方法と結果のセクションで，どのように報告し，何を報告すべきかに関する記述があることを見出しました (APA, 2001, pp. 10-29)。たと

えば，誰が研究に参加したかを論じるとき，第5版では「ヒトが研究の被験者として参加した場合，被験者の選択と割り当ての手続き，および同意と〔謝礼の〕支払いについて報告すること」（APA, 2001, p. 18）と述べられていました。結果のセクションについて，第5版には，「仮説に反する結果を含め，関連するすべての結果に言及すること」（APA, 2001, p. 20）と述べられ，報告すべき「十分な統計量」（p. 23）についての記述も提示されていました。

　したがって，JARS 作業部会のメンバーは，過去の版の『APA 論文作成マニュアル』では報告基準や要件が強調されていなかったにもかかわらず，マニュアルの中には示されていることを見出したのでした。このような背景から，われわれの提案は，心理学研究報告に新たな基盤を築いているというよりも，すでに存在する基準を体系化し，明確化し，いくらか拡張したものと見なすことができると結論づけています。われわれの取り組みが意図する貢献というのは，内容を充実させるのと同じくらい重視されたものの一つとなりました。

2. JARS の原案作成，審査，改良

　既存の報告基準を調査した後，JARS グループのメンバーは，CONSORT と TREND の基準が APA の雑誌でどの程度使用されているのかと，また他の報告基準について知るために，APA 編集者協議会に照会しました。次に，CONSORT，TREND，AERA の各基準の内容を相互に比較し，3つの基準のいずれか，あるいはすべてに含まれる要素を統合したリストを作成しました。最後に，その統合したリストを検討し，いくつかの項目を心理学者の研究に適用しやすいように書き直し，われわれ自身の提案も加えました。

　その後，この統合したリストは，APA 編集者協議会，論文出版マニュアル改訂タスクフォース，APA P&C 委員会と共有されました。これらのグループには，このリストに対する反応を求めました。彼らのコメントと *American Psychologist* が選んだ査読者の匿名のコメントを受け取った後，われわれは報告書を修正し，表 A1.1，表 A4.1，表 A4.2a，表 A4.2b，図 5.1 に含めた勧告のリスト〔の完成〕にたどり着いたのです。続いてその報告書は P&C 委員会により再度承認されました。最終的に，JARS グループの報告書全文は，2008年に *American Psychologist* に掲載されました（APA Publications and Communi-

第9章　学術論文報告基準とメタ分析報告基準の成り立ちと今後の活用

cations Board Working Group on Journal Article Reporting Standards, 2008）。

3. MARS の開発

　JARS 作業部会のメンバーは，JARS の開発とほぼ同じ方法で MARS の開発の作業を進めました。まず，リサーチ・シンセシス方法論学会（Society for Research Synthesis Methodology）のメンバーに連絡を取ることから始めました。メタ分析の実施に際し，報告されるべき重要な側面について，彼らが考えるところを教えてもらうことで，導き出された推論に対して用いた方法の適切性について，読者が情報を得たうえで批判的な判断を下すことができるようにしました。この問い合わせにより，メタ分析の報告基準を確立するための他の四つの取り組みを見つけるに至りました。具体的には，メタ分析報告の質に関する声明（Moher et al., 1999）とその改訂版であるシステマティック・レビューとメタ分析のための優先報告項目（Preferred Reporting Items for Systematic Reviews and Meta-Analyses: PRISMA; Moher et al., 2009），疫学における観察研究のメタ分析（The Meta-Analysis of Observational Studies in Epidemiology; Stroup et al., 2000），そしてメタ分析に関するポツダム協議（Potsdam Consultation on Meta-Analysis; Cook et al., 1995）でした。

　次に，JARS 作業部会のメンバーは，四つの基準の内容を相互に比較し，重複しない要素を統合したリストを作成しました。続いて，この統合したリストを検討して，心理学，社会科学，行動科学の分野に最大限適用できるようにいくつかの項目を書き直し，われわれ自身の提案を加えました。そして，結果として得られた勧告事項を心理学の分野でリサーチ・シンセシスの執筆や査読の経験があるリサーチ・シンセシス方法論学会の会員がいるサブグループと共有しました。そして彼らの提案をリストに組み込んだ後，APA P&C 委員会のメンバーにもそれらの項目を共有しました。その結果，表 A8.1 に示す勧告のリスト〔の完成〕にたどり着いたのです。最終的に，これらの勧告は，出版・コミュニケーション（P&C）委員会により承認されました。

4. 改訂：量的研究のための JARS

　改訂のための JARS 作業部会は，質的研究のガイドラインに取り組むグルー

238

プと区別するために JARS-Quant 作業部会と呼ばれ，2015 年に作業を開始しました。JARS-Quant 作業部会は，JARS を更新し，追加の研究デザインのためのモジュールを加える作業を課されました。われわれは，少なくとも一つの点で，報告基準を巡る状況が劇的に変化していることに気がつきました。それは，報告における透明性を高める必要性が再認識されつつあったことです。〔その過程で〕われわれは文字通り何十もの研究報告基準のライブラリを編集している EQUATOR Network（健康研究の質と透明性を強化するネットワーク；Enhancing the Quality and Transparency of Health Research, http://www.equator-network.org/）という組織があることを知りました。これらの基準は，実験，観察研究，リサーチ・シンセシス，症例報告，質的研究，診断と予後，経済学など，多様な研究デザインに関連しています。しかし，これらのほとんどに医学的な要素があるため，心理学に特化した JARS を作成することで，われわれ独自の問題や分析課題を強調し，専門用語もわれわれの分野で使われているものと一致させることができるだろうと感じました。

　そこで JARS-Quant グループは，当初の JARS 作業部会が実施したのと同じステップに従いました。すなわち，(a) 関連する報告基準を集め，(b) 当初の JARS に含まれていない心理学の研究に関連する項目を検討し，(c) APA 編集者協議会や P&C 委員会，特定の種類の研究計画に特に関心のある他の専門グループ（たとえば，縦断的データ収集に関する JARS モジュールのための児童発達研究学会；Society for Research in Child Development for the JARS module）と共に成果物を審査しました。最終的に JARS-Quant グループの完成版の報告書は，2018 年に *American Psychologist* に掲載されました（Appelbaum et al., 2018）。

5. 報告基準に関連するその他の問題

報告基準の定義

　JARS グループは，われわれの取り組みがどの程度規範的であるべきかという問題に苦心してきました。われわれは，基準が，少なくとも三つの見方，すなわち，勧告，基準，要件としてとらえられると認識していました。われわれは，確かに研究成果物の中で特定の情報を報告することを推奨していました。

また，これらの勧告は基準として，あるいは少なくとも基準開発の第一歩として捉えることができるとも考えました。これは，基準に忠実に従う研究者は，より価値や品質の高い文書を作成すると考えたからです。この勧告は，権威ある研究者や編集者たちの努力の統合に基づいた基準を定めたものなのです。

　しかしながら，われわれは提案した基準を要件として捉えてほしくありませんでした。心理学の各領域で使用される手法は非常に多様です。研究の質を評価し，他の関連研究とうまく統合するために必要となる重要な情報は，方法によって，また検討中のトピックの文脈によって異なります。われわれは，これらのガイドラインを**要件**（*requirements*）ではなく**基準**（*standards*）と呼ぶことで，権威を与えつつ，著者や編集者が最も効果的な方法で使用できるよう柔軟性をもたせることができると考えました。

報告基準の利点と欠点

　JARS と MARS の開発の指針となった一般原則は，〔論文の著者に〕研究のデザイン，実施，知見について，十分かつ透明性のある記述を促すことでした。完全な報告により，読者は研究の長所と短所をより明確に評価することができます。これにより，知見の利用者が，研究知見から導かれる適切な推論や応用をより正確に判断することが可能となります。

　さらに，報告基準の存在は，研究の実施の仕方にプラスの影響を与えうるものとなります。たとえば，損耗率を報告すべきという基準（図 5.1 および 5.2 参照）を設定することで，研究者は，許容できる損耗率とはどの程度かをより具体的に検討し始め，研究を完了する参加者の数を最大化するための手続きを実施しなければならないと感じるかもしれません。

　最後に，報告基準によって，他の研究者が追試や関連する研究をデザインし，実施することを容易にすることができます。基準は，先行研究のレシピをより完全に記述することで有用なものとなります。研究デザインと結果で重要となる部分を完全に報告することで，新たな研究が過去の研究の結果を再現できなかった場合，研究者は結果の違いの原因を突き止めることが可能となるのです。

　また，JARS 作業部会は，報告基準にもマイナス面があることを指摘することも重要であると考えています。〔JARS-Quant と JARS-Qual の〕両グループと

5. 報告基準に関連するその他の問題

も，基準と標準化の関係を強調し，なぜわれわれの努力を「要件」と呼ぶことに興味がないのかを説明しようとしています。たとえば，標準化された報告は，解釈するうえで重要でない方法や結果の詳細で論文を埋め尽くす可能性が出てきてしまいます。研究についての重要な事実が，過度に瑣末な事柄のために失われてしまう可能性があるのです。また，一貫性を強制されてしまうと，研究者が重要な独自性を無視することに繋がりかねません。包括的に見える報告基準は，研究者に，求められていないあるいは指定された基準に適合していない内容は，報告する必要がないと思わせる可能性があると考えました。〔しかし，〕これはわれわれが意図するところではありません。本書でみてきた基準は，網羅的に見えるかもしれませんが，ある研究で何が行われ，何が見出されたのかを理解するために重要と考える情報は省略すべきではありません。

　改めて，JARS 作業部会は，さまざまな心理現象を研究するためには，多様な方法が必要であることを指摘します。手法と推論の対応関係を評価するために何を報告する必要があるかは，研究課題とアプローチ，および研究が実施されている状況に大きく依存します。たとえば，テキスト処理の神経科学に関する推論は，同調への影響に関する推論とは異なる研究デザインと分析の側面があることに注意を払う必要があります。このような文脈依存性は，トピック固有の検討事項だけでなく，研究デザインにも関係してきます。したがって，分散分析で分析した幸福の決定要因に関する実験的研究は，同じテーマで新しい幸福に関する尺度の作成を伴う研究とは異なる報告の必要性を提起するものとなるのです。

基準開発の障害となるもの

　JARS の開発で最初にぶつかった壁は，研究アプローチの分類方法が異なること，そして同じ研究手続きを記述するのに学問領域ごとに別の用語が使われていることでした。たとえば，健康心理学の研究者は，一般的に自然主義的な状況で行われる処遇の実験操作を用いた研究を**無作為化臨床試験**（*randomized clinical trial*）と呼びますが，教育心理学では同様のデザインを**無作為化フィールド試験**（*randomized field trial*）と呼びます。別の例として，**マルチレベル・モデリング**（*multilevel modeling*），**階層的線形モデリング**（*hierarchical linear* *modeling*)，**混合効果モデリング**（*mixed-effects modeling*）という用語はすべて，同じアプローチのデータ分析を示すために使用されています。社会科学，行動科学の分野や心理学の下位分野間での用語の違いの問題に対処するため，JARS の表ではできるだけシンプルな記述を使用し，ジャーゴンを避けるようにしました。

　われわれが遭遇した第二の障害は，研究テーマや研究方法によって，何を報告する，もしくは報告しないことが重要なのかについて，コンセンサスのレベルが異なることです。一般的に，方法が新しく複雑であればあるほど，報告基準に関する合意は少なくなるでしょう。たとえば，効果量を報告することには多くの利点がありますが，効果量をどのように概念化し，計算するのが最善かについて明確なコンセンサスが存在しない状況（たとえば，マルチレベルデザイン）もあります。これに関連して，効果量とともに信頼区間を報告するというのは正しいアドバイスです。しかし，効果量の信頼区間を計算することは，ソフトウェアの現状を考えると難しいことも多いでしょう。このため，JARS 作業部会では，専門家のコンセンサスが得られていない研究デザインの報告基準を作成することは避けています。コンセンサスが得られれば，JARS の表は新しいモジュールで拡張することができるでしょう。

　最後に，方法論は急速に発展し続けるため，どのような基準も適切であり続けるために頻繁に更新しなければなりません。たとえば，様々な分析手法の報告に関する最先端のものは，常に流動的な状態にあるといえます。一般化された原則（たとえば，構造方程式モデルで使用される推定方法の報告）のなかには，新しい発展を容易に取り入れることができるものもありますが，基準のほうが必要に応じて進化しなければならないような根本的に新しい種類のデータを含むような発展もあります。機能的神経画像法や分子遺伝学など，心理学研究で使用される新たに出現した手法は，その分野の研究者が重要だと考えるものを現在の基準がカバーしていることを確認するために，基準を頻繁に改訂することを求めるでしょう。

6. JARS の今後の活用

　JARS-Quant 作業部会のメンバーは，〔JARS が〕何種類かの研究デザインし

6. JARS の今後の活用

か含められていないため，作業がまだ完了していないと考えています。将来的には，表 A.1.1 と組み合わせて使用できる他の研究デザイン用の新しいモジュールを追加する予定です。また，報告書のどの部分にも適用することができる追加の基準や，新しい研究分野，おそらく，アーカイブ記録を使用するような研究や，新しい心理検査の開発などのための基準を追加することも可能です。これらは，今後の JARS（および本書）の改訂で追加されることになるでしょう。

訳者解説

　本書はハリス・クーパー（Harris Cooper）著 *Reporting Quantitative Research in Psychology: How to Meet APA Style Journal Article Reporting Standards, Second Edition, Revised.* American Psychological Association. の全訳です。著者のハリス・クーパー博士はデューク大学のヒューゴ・L・ブロムクヴィスト特別教授で，教育政策に関する社会心理学的，発達心理学的な研究を精力的に行ってきました。また，リサーチ・シンセシスや研究方法論に関する著書を多数出版しています。特に，リサーチ・シンセシスとメタ分析に関する教科書である『*Research Synthesis and Meta-Analysis: A Step-by-Step Approach*』は第5版まで版を重ねており，世界中の研究者が参照しています。

　そのクーパー博士が学術論文報告基準（Journal Article Reporting Standards: JARS）の量的研究に関する各項目について詳細に解説した著作が本書に当たります（質的研究に関する項目についてはハイディ・M・レヴィット（Heidi M. Levitt）著 *Reporting Qualitative Research in Psychology: How to Meet APA Style Article Report Standards, Revised Edition.* American Psychological Association が出版されており，すでに邦訳が能智正弘先生他により『心理学における質的研究の論文作法——APA スタイルの基準を満たすには——』として新曜社から出版されています）。JARS は，アメリカ心理学会（APA）が学術論文に最低限含めるべき情報のガイドラインとしてまとめたものです。JARS そのものについては，論文の執筆方法についてまとめた APA のサイト（APA Style; https://apastyle.apa.org/jars）や『APA 論文作成マニュアル 第3版』（American Psychological Association, 2020 前田・江藤訳 2023）にも掲載されています。しかし，箇条書きと表を中心に簡潔にまとめられた JARS の項目だけでは，具体的に何を書けばよいのか迷う方

245

も少なくないのではないでしょうか。また，『APA 論文作成マニュアル』は基本的には書式についての指針であり，それだけで相当なボリュームのある書籍です。そのため，どのような内容を報告すべきか，なぜそれが必要かといったことを詳細に述べる余裕はありません。そこで，本書の出番となるわけです。JARS について，どのような理由で各項目が設けられ，どのように記述すればよいかを実際の論文の文章例と照らし合わせて説明する本書は，他の論文執筆の指南書とは一線を画す実践的な虎の巻といえるでしょう。

1. JARS-Quant の背景と新しい "スタンダード"

　JARS 成立の経緯やその後の改訂作業については，本書の第 9 章を参照していただくこととして，ここでは，現行の JARS-Quant（量的研究についての JARS）の特徴について簡単にみていきたいと思います。初代の JARS には量的研究と質的研究の区別はありませんでした。現行の JARS は 2015 年から改訂作業が始められ，内容の充実に伴い，量的研究の JARS-Quant と質的研究の JARS-Qual に分けるかたちとなり 2018 年に公開されました（JARS-Quant は Appelbaum et al., 2018 を参照）。改訂の意図として，心理学の研究報告において「透明性を高める必要性が再認識され（本書 p. 239）」たことが挙げられるでしょう。心理学では 2010 年頃以降，研究の再現性に関する議論が大きく増えました。改訂に着手された 2015 年には，大規模追試によって心理学の研究の再現性の低さを明らかにした論文が *Science* で発行され（Open Science Collaboration, 2015），大きな注目を集めました。それまでは何か新しいこと，目立つことをやりさえすれば，後でその成果について深く追及されることのない「言った者勝ち」の雰囲気があった心理学の研究界隈にとって強く反省を促す出来事であったと思います。現行の JARS-Quant では，論文の執筆において，研究の新規性を強調するだけでなく，手続きや実施における透明性と公正性が強調されています。

　具体的には，これまでの論文執筆の常識から何が改められたのでしょうか。初代の JARS から現行の JARS-Quant で新たに設けられたり一層の充実が図られた内容や，日本の研究者の間ではまだ十分に浸透していないと思われる内容をいくつか挙げてみます。まずは「方法」セクションにおいて，初代の JARS では「測度と共変量」の項目にまとめられていた「測定の質」や「測定装置」，

1. JARS-Quant の背景と新しい "スタンダード"

「心理測定」などの内容がそれぞれ独立した項目となり，記述も追加されています。加えて，「データの収集方法」，「マスキング」といった項目が新たに追加されています。これらはいずれも研究で使用された測度や測定装置，およびそれらを用いて得られたデータについてどのように信頼性・妥当性を担保したかに関連する項目であり，まさに研究の透明性や公正性に直結する部分です。JARS は当初より，研究を再現するために必要な情報を提供するためのガイドラインを目指しています。このことは，研究全体を通じた参加者フローの記述（本書 p. 92 および図 5.1）や，実験操作を伴う研究における操作方法と操作チェックの記述の充実（本書 p. 114 および付録 4.1）などにも現れています。改訂に伴い，こうした JARS の特徴がさらに拡充されたといえるでしょう。

　現行の JARS-Quant では「方法」セクションにおいて「データの診断」と「分析方針」について報告することが求められています。特に「分析方針」については，研究の仮説を主要な目的に対応した一次仮説，副次的な目的に対応した二次仮説，および探索的仮説に区別し，それぞれの分析計画を記載することが推奨されています。こうした変更は，再現性問題とも関連の深い "問題のある研究実践（Questionable Research Practices: QRPs）" を防止することを意図したものであると思われます。一次仮説，二次仮説，探索的仮説の区別については，「序論」や「結果」，「考察」といった他のセクションにおいても強調されています。

　「結果」セクションに関しては，最尤法などを用いた場合の推定値の収束状況や収束しなかった場合の対応について詳しく報告することが求められています。この問題が重要であることは統計学のテキストでもソフトウェアの警告メッセージでもたびたびくり返されているはずですが，多くの研究報告では未だ見過ごされがちであるように思います。また，JARS-Quant への改訂に伴い，初代 JARS ではカバーされていなかった多様な研究手法や統計手法の報告基準が追加されています。中でも，構造方程式モデリングとベイズ統計の報告基準（本書 p. 119 および付録 5.1）が整理されている点は特筆に値します。これらの比較的新しい統計手法は，研究報告に記載すべき内容に関して十分なコンセンサスが形成されていませんでしたが，今後は JARS-Quant が良い指針となることが期待されます。

訳者解説

　このように見てくると，本書の内容は新しい"スタンダード"に対応しているということだけでなく，これらの内容を実際に研究報告に盛り込むためには，研究を終えた"後"に知ったのでは遅いということに気がつくと思います。いくつかの内容は研究遂行時点で詳細に記録を取っておくことを求めます（装置の詳細や参加者のフローの推移，分析の実際の進展やモデル改訂の流れなど）。さらに，一部の内容は研究計画の段階で組み込んでおく必要があります（一次仮説と二次仮説の区別，操作チェックを測る方法など）。そうすると，本書の内容はその準備の段階，すなわち，研究を行う"前"に知っていただく必要があることになります。本書を解説から読まれているという方は，さっそく本文を読み始めていただくのがよいでしょう。

2. 多様性と手を携えて

　本書の範囲を超える話題になりますが，JARS を巡る最近の動向として，人種，民族，文化に関する学術論文報告基準（Journal Article Reporting Standards for Race, Ethnicity, and Culture: JARS-REC, Wang & Leath, 2023）について紹介しておきます。これは，2021 年に APA が公開した「アメリカにおける人種主義，人種差別，人間ヒエラルキーを促進，蔓延させ，それに立ち向かわなかった APA の役割に対する有色人種の方々への謝罪（2021 Apology to People of Color for APA's Role in Promoting, Perpetuating, and Failing to Challenge Racism, Racial Discrimination, and Human Hierarchy in U.S.）」から生まれた取り組みです。作成に当たり APA は心理科学における公平性，多様性，包摂，正義のための学術論文報告ガイドライン作業部会を招集し，心理科学における人種，民族，文化に関する分析における研究の透明性と方法論の厳密性を促進するための包括的な基準を制定しました。

　これらの基準は，データの収集や論文原稿の執筆といった一連の研究の段階や方法論などに関わらず，その研究において人種，民族，文化が持つ意味合いをどのように思慮深く考慮すべきかについて，具体的な指針を著者に提示しています。具体的には，世界各国で人種の定義が異なることを考慮し，調査研究に関連する国や文化の背景を明確にすべきであるといったことや，参加者の共感を得られるような人種や民族に対するラベルやカテゴリーを使用すべきであ

るといった指摘があります。紙面の都合上，全体を紹介することはできないため，アメリカ心理学会の Web ページ（https://apastyle.apa.org/jars/race-ethnicity-culture）を参照して詳細を確認していただければと思います。

　日本において「日本人」を対象に研究を実施して日本語で論文を書く際には，人種や民族などはあまり関係がないと思う方もいるかもしれません。しかし，人種や民族に限らず，ジェンダーや性的指向，神経多様性，さらには経済状況や年齢，体型など，人を対象とした研究であれば必ず多様性との関わりが生まれます。APA は JARS-REC に加え，2021 年に包摂的な言語表現ガイド（Inclusive Language Guide）を公表し，論文においてさまざまな用語が特定のコミュニティを傷つける可能性やその理由，そして論文でそれらをどのように表現すべきかについて説明しています。現在は第 2 版が公開されており，体格や体重，妊娠に関わる用語の説明などが追加されています（American Psychological Association, 2023）。日本でも，公益社団法人日本心理学会が「心理学における多様性尊重のガイドライン」を作成しています（日本心理学会，2023）。このガイドラインは 2021 年度後半に行われたパブリックコメントの募集とその対応を経て比較的早期に公開されており，世界情勢を踏まえた素早い対応は高く評価できるでしょう。このガイドラインにおいても，論文執筆における配慮の仕方などに関する言及もあるので，研究実施から論文執筆まで，JARS-REC や包摂的な言語表現ガイドとともに参照するとよいでしょう。

3. 謝辞

　本書の翻訳を提案くださり，担当していただいた勁草書房の永田悠一さんに心よりお礼申し上げます。また，新曜社の塩浦暲さんには，先に翻訳が出版されていた『心理学における質的研究の論文作法——APA スタイルの基準を満たすには——』と同様のタイトルを使わせていただいたことに深く感謝いたします。姉妹本に当たるこの本との関係がわかりやすくなることは日本の読者にとって少なからぬ益をもたらすものと思います。幡地祐哉先生には，ご専門の立場から訳者一同の手に余ったハト研究に関する記述の翻訳をチェックしていただきました。ご助言をいただいたことによって不見識を大きく補うことができました。もちろん，最終的な訳文の責任は訳者一同にあることを明記してお

きます。なお，本書の第1章から第3章と付録は山根嵩史，第4章から第6章
は井関龍太，第7章から第9章は望月正哉が主な翻訳を担当し，相互に訳を検
討した結果として訳稿を完成させました。

　本書の翻訳のきっかけとなったのは，日本認知心理学会・研究法研究部会の
第4回研究会において本書の輪読会を行ったことでした。輪読会に参加してく
ださった皆様，この会に気がついて訳者の一人に日本心理学会の大会シンポジ
ウムへの登壇をお声がけくださった河原純一郎先生に深く感謝の意を表したい
と思います。本書の翻訳は研究法研究部会の活動の一環として行われました。
本書が読者の皆様の研究活動の一助となりましたら幸いです。

訳者一同

引用文献

American Psychological Association (2020). *Publication manual of the American Psychological Association* (7th ed.). American Psychological Association. https://doi.org/10.1037/0000165-000（American Psychological Association 前田 樹海・江藤 裕之（訳）. (2023). APA論文作成マニュアル 第3版 医学書院）

American Psychological Association (2023). *Inclusive language guide* (2nd ed.). https://www.apa.org/about/apa/equity-diversity-inclusion/language-guidelines.pdf

Appelbaum, M., Cooper, H., Kline, R. B., Mayo-Wilson, E., Nezu, A. M., & Rao, S. M. (2018). Journal article reporting standards for quantitative research in psychology: The APA Publications and Communications Board task force report. *American Psychologist, 73*(1), 3-25. https://doi.org/10.1037/amp0000191

日本心理学会 (2023, March 31). 心理学における多様性尊重のガイドライン　日本心理学会　Retrieved May 27, 2024 from https://psych.or.jp/jpamember/diversity/

Open Science Collaboration. (2015). Estimating the reproducibility of psychological science. *Science, 349*(6251), aac4716. https://doi.org/10.1126/science.aac4716

Wang, M., & Leath, S. (2023, November 1). Introducing APA Style Journal Article Reporting Standards for Race, Ethnicity, and Culture. APA Style. Retrieved May 27, 2024 from https://apastyle.apa.org/blog/race-ethnicity-culture-reporting-standards

付　録
本書で例示された 16 の論文のアブストラクト

付　録　本書で例示された16の論文のアブストラクト

Journal of Experimental Psychology:
Human Perception and Performance,
2009, Vol. 35, No. 2, 520-529

聴き取りづらい聴取条件のもとでのなじみのある母語アクセントと
なじみのない母語アクセントの理解

Patti Adank
Radboud University Nijmegen

Bronwen G. Evans
University College London

Jane Stuart-Smith
University of Glasgow

Sophie K. Scott
University College London

　本研究は，聴き取りづらい聴取条件における，聞き慣れない母語アクセントの
理解に関連する相対的な処理コストを明らかにすることを目的とした。2つの
文判断実験が行われ，聞き手は様々なシグナル‐ノイズ比で文を音声呈示され
た。実験1では，これらの文はなじみのある母語アクセント，なじみのない母
語アクセント，または2つのなじみのある母語アクセントで呈示された。実験
2では，なじみのある母語アクセント，なじみのない母語アクセント，または
非母語アクセントで呈示された。その結果，母語アクセントの違いは，悪条件
下でのリスニングの言語処理速度に影響し，この処理速度は，聞き手の母語ア
クセントに対する相対的ななじみによって調整されることが示された。さらに，
非母語アクセントに関連する処理コストは，なじみのない母語アクセントの処
理コストよりも大きいことが示された。

　キーワード：発話理解，母語アクセント，非母語アクセント，悪条件下でのリ
スニング

付　録　本書で例示された 16 の論文のアブストラクト

Journal of Consulting and Clinical Psychology,
2009, Vol. 77, No. 5, 961-973

全般性社交恐怖患者における注意トレーニング：
無作為化比較試験

Nader Amir
San Diego State University

Courtney Beard
Brown University

Charles T. Taylor
San Diego State University

Heide Klumpp
University of Michigan

Jason Elias
McLean Hospital

Michelle Burns
University of Georgia

Xi Chen
San Diego State University

著者らは，全般性社交恐怖（GSP）と診断された 44 名を対象に，社交不安の
症状を軽減する注意トレーニングの有効性を検討する無作為化二重盲検プラセ
ボ対照試験を行った。注意の訓練は，脅威的または中立的な情動表出を伴う顔
の写真がコンピュータ画面上の異なる位置への手がかりとなるプローブ検出課
題で構成された。注意修正プログラム条件（AMP）では，参加者は，脅威的
な顔と対にされたときには常に中立的な顔の現れた位置に現れるプローブに反
応することによって，注意を脅威から遠ざけた。注意制御条件（ACC）では，
プローブは脅迫顔と中立顔の位置に同じ頻度で出現した。その結果，AMP は
評価前後で脅威からの注意の離脱を促進し，ACC と比較して，臨床医の診断
および自己報告による社交不安の症状の軽減が見られた。評価後において，
『精神障害の診断と統計マニュアル』（第 4 版：American Psychiatric Associa-
tion, 1994 年）の GSP の基準を満たさなくなった参加者の割合は，AMP では
50％，ACC では 14％であった。AMP 群における症状の軽減は，4 カ月間の
追跡評価においても維持された。これらの結果は，コンピュータによる注意訓
練法が社交恐怖の治療に有益である可能性を示唆している。

キーワード：社交恐怖，注意，治療，情報処理

付　録　本書で例示された 16 の論文のアブストラクト

The Behavior Analyst Today,
2003, Vol. 4, No. 3, 367-377

ビデオモデリング：自閉症の世界を覗く窓

Blythe A. Corbett. Ph.D.
M.I.N.D. Institute
Department of Psychiatry and Behavioral Sciences

ビデオモデリングは行動科学においてよく検討される行動介入法である。この方法は自閉症の子どもにとって特に有益であるように思われる。その基礎となる理論的説明を提唱し議論する。ここに示す単一事例研究は，ビデオモデリングを用いて，自閉症と軽度の知的障害を持つ子どもの情動の知覚の改善を試みた。被験者には，様々な遊びや社会的シナリオに取り組む定型発達児の一連のビデオテープを見せ，4 つの基本的な情動（幸福，悲しみ，怒り，恐怖）を提示した。行動的および神経心理学的データに基づく予備的な結果は，ビデオモデリングが情動知覚の達成と汎化のための有効な介入であることを示した。ビデオモデリングを用いたスキルの獲得は，他の介入方法と比較して非常に迅速であることが多く，実施には限られた時間と人的資源しか必要としない。その後，スキルは安定した習熟と生得的な般化の条件（例：複数の事例）を含む慎重な行動プログラミングによって維持される。さらに，ビデオモデリングは行動や刺激にまたがる汎化された反応を引き出すのに特に有用であり，このことは，神経心理学的指標の改善によって裏付けられる。最後に，現在および将来の研究への示唆を論じる。

キーワード：自閉症，ビデオモデリング，行動療法

付　録　本書で例示された 16 の論文のアブストラクト

Consulting Psychology Journal:
Practice and Research,
2006, Vol. 58, No. 3, 174-182.

マネジメント・コーチングの効果に関する準実験的研究

Will J. G. Evers, André Brouwers, and Welko Tomic
The Open University

コーチングは援助の重要な管理手段となりつつある。しかし，その有効性に関する研究は不足している。著者らは，コーチングが本当に想定された個人目標につながるかどうかを明らかにするため，準実験的研究を行った。連邦政府の管理職 60 名を，コーチングプログラムに従事するグループと従事しないグループの 2 つに分けた。コーチングプログラムが始まる前（Time 1）に，自己効力感の信念と結果期待が測定され，機能の 3 つの中心領域（自分の目標の設定，バランスのとれたしかたでの行動，マインドフルな生活と仕事）に関連づけられた。4 カ月後（Time 2），同じ変数を再度測定した。その結果，コーチングを受けたグループは，2 つの変数（バランスのとれたしかたで行動することへの結果期待，自分で目標を設定するという自己効力感の信念）において，対照群よりも有意に高い得点を示した。コーチングがマネジメントレベルの異なる管理者にも有効かどうか，見出された効果が長期的に持続するかどうか，コーチングの前後で部下が管理者の働きの違いを経験するかどうかについては，今後の検討が必要である。

キーワード：マネジメント・コーチング，準実験，結果期待，自己効力感

付　録　本書で例示された 16 の論文のアブストラクト

Developmental Psychology,
2009, Vol. 45, No. 5, 1389-1405

父親関与への道筋：
非同居の父親に及ぼすリスクとレジリエンスの縦断的効果

Jay Fagan
Temple University

Rob Palkovitz
University of Delaware

Kevin Roy
University of Maryland

Danielle Farrie
Temple University

　本論文は，未婚の非同居の父親の，生後 3 年間にわたる子どもへの関与に対するリスクとレジリエンスの縦断的効果を評価したものである。著者らは，脆弱な家庭と子どものウェルビーイング研究（Fragile Families and Child Wellbeing Study）から，子どもの出生時に未婚で非同居であった男性 549 人の下位集団を使用した。結果として，リスク因子とレジリエンス因子が父親の関与に直接的な影響を与えるだけでなく，これらの因子と関与との結びつきは，父親の非同居の継続と父母の関係の質によって媒介されることが見出された。父親になる移行期に高いリスクの軌道を離れた男性やレジリエンス因子を特徴づける軌道を示した男性は，子どもの母親とより良い関係を経験する可能性が高く，その後の子どもとの同居を確立する可能性が高く，子どもの生活に日常的に関わり続ける可能性が高い。父親と家族を支援する政策やプログラムへの示唆を論じた。

　キーワード：脆弱な家庭，非同居の父親，父親の関与，レジリエンス，リスク

付　録　本書で例示された16の論文のアブストラクト

Journal of Experimental Psychology:
Learning, Memory, and Cognition,
2009, Vol. 35, No. 5, 1105-1122

異人種間の顔学習における困難：
眼球運動と瞳孔計測からの洞察

Stephen D. Goldinger
Arizona State University

Yi He
Yale University

Megan H. Papesh
Arizona State University

　自人種バイアス（ORB: own-race bias）は，人は異人種の顔に比べ，自人種の顔をよりよく認識・弁別できるという有名な知見である。2つの実験において，参加者は再認記憶テストに備えてアジア人と白人の顔を記憶し，その際の眼球運動と瞳孔径が連続的にモニターされた。実験1（白人参加者）では，描写された人種の関数として，両方の測度に系統的な違いが見られた。異人種の顔を符号化している間，参加者は固視が少なく（そしてより長く），異なる特徴集合に優先的に注意を向け，瞳孔はより散大した。また，いずれの測度でも，一部の参加者において，試行が進むにつれて異人種顔に対して明らかに符号化の努力をなくしたかのようなパターンが出現した。実験2（アジア人参加者）では，ORBは逆の顔刺激に対して生じたが，同様のパターンが観察された。これらの結果を総合すると，ORBは早期の知覚符号化時に生じることが示唆される。異人種の顔の符号化は，自人種間の顔の符号化と比較して，より大きな努力を必要とするため，参加者によってはビジランスが低下する可能性がある。

　キーワード：顔記憶，自人種バイアス，眼球運動，瞳孔散大

付　録　本書で例示された 16 の論文のアブストラクト

Psychological Bulletin,
2008, Vol. 134, No. 3, 460-476

女性間のボディイメージ懸念におけるメディアの役割：
実験研究と相関研究のメタ分析

Shelly Grabe
University of Wisconsin-Madison

L. Monique Ward
University of Michigan

Janet Shibley Hyde
University of Wisconsin-Madison

　痩身を理想とする身体を描写するマスメディアへの接触が，女性におけるボディイメージの障害と関連することを示唆する研究がある。本メタ分析は，メディアへの接触と女性の身体への不満，痩身願望の内面化，摂食行動や信念との関連を検証した実験的研究および相関研究を検討した（77 の研究をサンプルとし 141 の効果量を得た）。平均効果量は小から中程度であった（それぞれ $ds =$ −.28，−.39，−.30）。いくつかの結果変数の効果は，公刊年と研究デザインによって調整された。この知見は，痩身を理想とする身体を描写するメディアイメージへの接触が，女性のボディイメージ懸念に関連しているという考えを支持するものである。

　キーワード：ボディイメージ，メディア，広告，女性，メタ分析

付　録　本書で例示された 16 の論文のアブストラクト

Journal of Experimental Psychology:
Animal Behavior Processes,
2009, Vol. 35, No. 4, 447-472

条件づけと消去の力学

Peter R. Killeen, Federico Sanabria, and Igor Dolgov
Arizona State University

断続的に強化された古典的条件づけ試行において，ハトは条件刺激に対し不規則な反応のまとまりを示す。ハトの反応は，前の試行がつつき行動であるか，給餌であるか，またはその両方を含んでいたかどうかに依存した。線形持続学習モデルによって，ハトの反応状態の開始と終了を切り替え，反応状態におけるつつき行動は試行内反応数のワイブル分布によって予測された。一試行の時間と試行間隔を変化させると，反応頻度と反応確率，およびモデルのパラメータに相関的な変化が生じた。餌がない状態が長く続くと，反応率はゼロ以上で停滞するという，新たな予測が検証された。このモデルは，給餌の確率でインスタンス化した場合には滑らかな獲得関数を予測したが，試行ごとの強化記録でインスタンス化した場合には，より正確な角ばった学習曲線を予測した。スキナーパラメータによる予測が可能であったのは，つつき行動によって給餌を早めたり遅らせたりできる場合だけであった。これらの実験は，条件づけと消去に関する試行ごとの説明のための枠組みを提供し，データから得られる情報を増加させ，行動モメンタムと条件づけに関する複雑な現代のモデルについて，より明確な提言を可能にする。

キーワード：自動反応形成，行動モメンタム，古典的条件づけ，動的分析，道具的条件づけ

付　録　本書で例示された 16 の論文のアブストラクト

Journal of Educational Psychology,
2008, Vol. 100, No. 4, 741–753

都市部の 70 の幼児教室における学級の年齢構成と発達的変化

Arlen C. Moller
Children's Institute, Inc., and
Gettysburg College

Emma Forbes-Jones and A. Dirk Hightower
Children's Institute, Inc., and
University of Rochester

　マルチレベルモデルによるアプローチを用いて，都市部の 70 の就学前教室にお
いて年齢構成の影響を調べた。一連の階層線形モデルにより，教室の年齢構成
のばらつきが大きいことが，児童観察記録（Child Observation Record; COR）
における認知，運動，および社会の下位尺度の発達に負の方向で関連すること
が明らかにされた。このことは，教室レベルでは教室の大きさ，一般的な教室
の質，社会経済的地位について，児童レベルでは年齢，性別，基礎的能力につ
いて統制した場合でも同様であった。さらに，教室への無作為でない割り当て
への懸念に対処するために，教室レベルおよび児童レベルでの発達年齢（基礎
的能力）の分散を含む一連の分析を実行した。その結果，教室レベルでは実年
齢構成と発達年齢構成の結果は一貫しており，教室の発達年齢構成のばらつき
は，COR の認知，運動，社会の下位尺度の第 2 時点の得点に負の方向で関連
した。さらに，教室の発達年齢構成のばらつきが大きいことによる負の影響は，
発達年齢が高い子どもほど強いことが，レベル間交互作用によって示された。
早期教育政策への示唆を論じた。

　キーワード：就学前，混合年齢，単一年齢，年齢構成，児童観察記録（Child
Observation Record）

260

付　録　本書で例示された16の論文のアブストラクト

Health Psychology,
2008, Vol. 27, No. 6, 799–810

学校における喫煙予防と禁煙を支援するためのインターネットの利用：
無作為化比較試験による検討

Cameron D. Norman, Oonagh Maley,
and Xiaoqiang Li
University of Toronto

Harvey A. Skinner
York University

目的：青少年の喫煙予防と禁煙に取り組むための，ウェブを介した教室ベースでの介入の効果を評価することであった。**研究デザイン**：カナダのトロントにある14の中等学校の9年生から11年生の男女1,402人を対象とした，2群の無作為化比較試験を行った。参加者は，個別対応のウェブ支援による喫煙行動への介入を行う条件と，電子メールによるフォローアップを伴う教室での1回の対話的セッションを行う対照条件に無作為に割り付けられた。介入の基礎となったのは，Smoking Zine（http://www.smokingzine.org）と呼ばれる5段階の双方向ウェブサイトであり，紙ベースの雑誌，少人数での動機づけ面接，および個別対応の電子メールを含むプログラムにまとまっていた。**主要な結果測度**：ベースライン期，介入後，3カ月後および6カ月後の追跡時に，喫煙に対する抵抗感，喫煙行動意図，およびタバコの使用を評価した。多段階ロジスティック成長モデルを用いて，経時的変化に対する介入の効果を評価した。**結果**：統合されたSmoking Zineプログラムにより，喫煙者は6カ月後の時点で高い喫煙行動意図をもつ傾向が有意に低下し，タバコの継続使用に対する抵抗が増加した。また，この介入により，研究期間中に非喫煙者がタバコを大量に使用する傾向が有意に減少した。**結論**：Smoking Zineによる介入は，ベースライン期には禁煙に最も抵抗のある喫煙者に禁煙の動機を与え，6カ月後には非喫煙者の青少年がヘビースモーカーになるのを予防した。若者を喫煙予防と禁煙に関与させるための，利用しやすく魅力的な方法を提供することにより，この双方向的で統合的なプログラムは，学校レベルおよび母集団レベルの健康増進における新たな手段となり得る。

キーワード：インターネット，喫煙予防，禁煙，青少年，学校ベースの介入

付　録　本書で例示された 16 の論文のアブストラクト

Journal of Occupational Psychology,
2009, Vol. 14, No. 3, 318-333

怒り，知覚された組織的支援，および職場成果の関係の検討

Olivia A. O'Neill, Robert J. Vandenberg, David M. DeJoy, and Mark G. Wilson
University of Georgia

本研究では，知覚された組織的支援（POS）理論の枠組みの中で怒りについて
検討した。構造方程式モデリングを用いてアメリカの小売企業の 21 店舗に勤
務する 1,136 人の従業員を対象に，POS，怒り，職場成果の関係を調査した。
個人レベルにおいても店舗レベルにおいても，POS の低さは怒りの大きさと
直接関連していた。個人レベルでは，怒りは低い POS と離職意向，欠勤，仕
事中の事故との関係を部分的に媒介した。怒りはアルコール消費と健康関連リ
スクテイキングに直接的および間接的効果も示した。店舗レベルでは，怒りは
在庫の損失と離職率に直接的な負の効果を示した。これらの知見を社会的交換
理論と情動制御理論の観点から解釈した。

キーワード：怒り，組織的支援の知覚，離職率，健康，マルチレベルモデル

付　録　本書で例示された 16 の論文のアブストラクト

Journal of Personality and Social Psychology,
2008, Vol. 95, No. 2, 293-307

人はなぜ神意に背きたがらないのか

Jane L. Risen
University of Chicago

Thomas Gilovich
Cornell University

本研究では，"神意に背く"ことは不運をもたらすという信念について調べた。
研究 1 と 2 は，人は神意に背く行動をとると悪い結果を招く可能性が高まる，
という直感を実際に持っていることを示した。研究 3 ～ 6 で検討したわれわれ
の主張は，この直感は，否定的な見通しに自動的に注意を向ける傾向と，尤度
判断の際の手がかりとしてアクセス容易性を用いる傾向の組み合わせに依存す
るところが大きいというものであった。研究 3 は，神意に背く行為の後には，
神意に背かない行為の後よりも否定的な結果にアクセスしやすくなることを実
証した。研究 4 と 5 は，否定的な結果へのアクセス容易性の高まりが，尤度の
知覚の上昇を媒介することを示した。最後に，研究 6 は根底にあるプロセスの
自動性が検討された。神意に背くと考えられる行動の種類とともに，この魔術
的な信念の形成における社会と文化の役割について論じる。

キーワード：運命の誘惑，魔術的思考，アクセス容易性，否定性

付　録　本書で例示された16の論文のアブストラクト

Psychology of Addictive Behaviors,
2009, Vol. 23, No. 3, 491-499

物質依存のバイオマーカー候補についての証拠

Jeanette Taylor and Lisa M. James
Florida State University

皮膚電位反応調節（ERM）は，時間的に予測可能な嫌悪刺激に対する皮膚コンダクタンス反応が，予測不可能な刺激に比べて低下することを反映している。ERMの低下は物質依存（SD）と関連している。本研究では，ERMは一般的な外在化障害のバイオマーカーというよりも，むしろSDのバイオマーカーになりうるという仮説を検証する。参加者は，対照群83人（SD，反社会性パーソナリティ障害［PD］，境界性PDのいずれもなし），SD単独群52人（SDであるがPDなし），PD単独群12人（反社会性PDおよび／または境界性PDであるがSDなし），合併群35人（SDとPDあり）であった。病状の診断には確定診断と見込みレベルの診断が用いられ，半構造化臨床面接によって決定された。ERMは，予測可能および予測不可能な2秒間の110dBのホワイトノイズブラストに対する皮膚コンダクタンス反応から算出した。予想された通り，SD単独群と合併群は，対照群よりERM得点が有意に低かったが，PD単独群との間では有意には異ならなかった。この結果は，ERMがSDのバイオマーカー候補であることを示す予備的証拠である。今後の研究では，ERMがなぜSDに関係するのかを理解するため，ERMの認知的測度との相関の検討が期待される。

キーワード：電位反応，物質依存，反社会性人格障害，境界性人格障害，抑制解除

264

付　録　本書で例示された 16 の論文のアブストラクト

Rehabilitation Psychology,
2009, Vol. 54, No. 3, 299-305

外傷性脳損傷後の雇用関連自己効力感と生活の質の関係

Theodore Tsaousides, Adam Warshowsky, Teresa A. Ashman,
Josua B. Cantor, Lisa Spielman, and Wayne A. Gordon
Mount Sinai School of Medicine

目的：本研究では，外傷性脳損傷（TBI）患者の生活の質（QoL）の知覚に対する，雇用関連自己効力感と一般的な自己効力感の相対的な寄与を検討する。**研究デザイン**：相関的研究であった。**環境**：地域ベースの研究および研修センターであった。**参加者**：65 歳未満の自己申告による TBI 患者 427 人が解析の対象となった。**主要な結果変数**：雇用関連自己効力感，一般的自己効力感，生活の質の知覚（PQoL），および満たされていない重要なニーズ（UIN）であった。**結果**：所得，損傷の重症度，受傷時の年齢，雇用と QoL 変数の間に有意な相関が認められた。さらに，雇用関連および一般的自己効力感は，PQoL および UIN の両方と正の相関を示した。雇用関連および一般的自己効力感は，PQoL の分散の 16％，UIN の分散の 9.5％を占め，QoL と伝統的に関連する他の変数を上回った。**結論**：これらの知見は，TBI 後の QoL および職場復帰の成功の評価において，職場での自己効力感の知覚のような雇用に関する主観的評価を含めることの重要性を強調するものである。

キーワード：外傷性脳損傷，雇用，自己効力感，生活の質

付　録　本書で例示された 16 の論文のアブストラクト

Journal of Educational Psychology,
2008, Vol. 100, No. 2, 272-290

反復的な読解介入：
結果および読者のスキルと教室での指導の交互作用

Patricia F. Vadasy and Elizabeth A. Sanders
Washington Research Institute

本研究では，反復的読解介入である Quick Reads と偶発的な単語レベルの足場づくり指導の効果を検討した。文章の読みの流暢さの成績が 10 ～ 60 パーセンタイルの小学 2 年生と 3 年生を無作為に 2 人組に割り付け，その 2 人組を介入群（ペアでの指導，$n=82$）と対照群（指導なし，$n=80$）の条件に無作為に割り当てた。教員補佐は，15 週間（11 月～ 3 月）にわたり，週 4 日，1 日 30 分のペア指導を行った。介入中盤に，研究に参加したほとんどの教師と児童は，国語の授業中に公式に観察を受けた。マルチレベルモデリングを用いて，テスト前後にかけての成績の増加に対する直接的な処遇効果を検証するとともに，教室でのテキスト音読時間，2 回の事前テスト，および対応する交互作用を統制した状態での独自の処遇効果を検証した。分析の結果，単語の読みと流暢さの向上に対する直接的な処遇効果と独自の処遇効果の両方が明らかになった。さらに，群，テキスト音読時間，および事前テスト間の複雑な交互作用も検出され，文章の読みの流暢さが「低い」から「平均的」である小学 2，3 年生に対する反復的読解指導の際には，事前テストの成績を考慮に入れるべきであることが示唆された。

キーワード：マルチレベルモデリング，流暢性，反復的読解，言語効率，教員補佐

付　録　本書で例示された 16 の論文のアブストラクト

Psychotherapy Theory, Research, Practice, Training,
2009, Vol. 46, No. 3, 362–375

心理力動的支持 – 表出心理療法時にパーソナリティの問題は改善するか
パーソナリティ障害を有する精神科外来患者を対象とした
無作為化比較試験による副次的結果

Bo Vinnars and Barbro Thormählen
Karolinska Institutet

Robert Gallop
West Chester University

Kristina Norén
Karolinska Institutet

Jacques P. Barber
University of Pennsylvania School
of Medicine

パーソナリティ障害（PD）患者に関する研究は，PD の中核的側面の改善には
焦点を当ててこなかった。著者らは，『精神障害の診断と統計マニュアル』（第
4 版；American Psychiatric Association, 1994）において PD と診断され，マ
ニュアル化された力動的心理療法とマニュアル化されていない力動的療法に無
作為に割り付けられた 156 人の患者サンプルにおいて，対象関係の質，対人関
係の問題，心理的マインディッドネス，およびパーソナリティ特性の変化を検
討した。症状の変化と信頼できる変化指標で調整された効果量を算出した。著
者らは，どちらの治療法もパーソナリティの病理を軽減するのに等しく効果的
であることを見出した。神経症傾向においてのみ，マニュアル化されていない
群の方が追跡期間中に良好であった。最も改善が見られたのは対象関係の質で
あった。残りの変数については，小さく臨床的に重要でない程度の変化しかみ
られなかった。

キーワード：パーソナリティ障害，心理力動的心理療法，心理療法結果，パー
ソナリティの問題

引用文献

Adank, P., Evans, B. G., Stuart-Smith, J., & Scott, S. K. (2009). Comprehension of familiar and unfamiliar native accents under adverse listening conditions. *Journal of Experimental Psychology: Human Perception and Performance, 35*(2), 520–529. https://doi.org/10.1037/a0013552

Altman, D. G., Schulz, K. F., Moher, D., Egger, M., Davidoff, F., Elbourne, D., Gotzsche, P. C., Lang, T. (2001). The revised CONSORT statement for reporting randomized trials: Explanation and elaboration. *Annals of Internal Medicine, 134*(8), 663–694. https://doi.org/10.7326/0003-4819-134-8-200104170-00012

American Educational Research Association. (2006). Standards for reporting on empirical social science research in AERA publications. *Educational Researcher, 35*(6), 33–40. https://doi.org/10.3102/0013189X035006033

American Psychological Association. (2001). *Publication manual of the American Psychological Association* (5th ed.). (American Psychological Association 江藤 裕之・前田 樹海・田中 建彦(訳). (2004). APA論文作成マニュアル 医学書院)

American Psychological Association. (2010). *Publication manual of the American Psychological Association* (6th ed.). (American Psychological Association 前田 樹海・江藤 裕之・田中 建彦(訳). (2011). APA論文作成マニュアル 第2版 医学書院)

American Psychological Association. (2020). *Publication manual of the American Psychological Association* (7th ed.). https://doi.org/10.1037/0000165-000 (American Psychological Association 前田 樹海・江藤 裕之(訳). (2023). APA論文作成マニュアル 第3版 医学書院)

American Psychological Association. (2017). *Ethical principles of psychologists and code of conduct* (2002, Amended June 1, 2010 and January 1, 2017). http://www.apa.org/ethics/code/index.aspx

American Psychological Association, Council of Editors. (1952). Publication manual of the American Psychological Association. *Psychological Bulletin, 49*(Suppl., Pt. 2), 389–449.

American Psychological Association, Presidential Task Force on Evidence-Based Practice. (2006). Evidence-based practice in psychology. *American Psychologist, 61*(4), 271–285. https://doi.org/10.1037/0003-066X.61.4.271

引用文献

American Psychological Association Publications and Communications Board Working Group on Journal Article Reporting Standards. (2008). Reporting standards for research in psychology: Why do we need them? What might they be? *American Psychologist, 63*(9), 839–851. https://doi.org/10.1037/0003-066X.63.9.839

Amir, N., Beard, C., Taylor, C. T., Klumpp, H., Elias, J., Burns, M., & Chen, X. (2009). Attention training in individuals with generalized social phobia: A randomized controlled trial. *Journal of Consulting and Clinical Psychology, 77*(5), 961–973. https://doi.org/10.1037/a0016685

Appelbaum, M., Cooper, H., Kline, R. B., Mayo-Wilson, E., Nezu, A. M., & Rao, S. M. (2018). Journal article reporting standards for quantitative research in psychology: The APA Publications and Communications Board task force report. *American Psychologist, 73*(1), 3–25. https://doi.org/10.1037/amp0000191

Atkinson, K. M., Koenka, A. C., Sanchez, C. E., Moshontz, H., & Cooper, H. (2015). Reporting standards for literature searches and report inclusion criteria: Making research syntheses more transparent and easy to replicate. *Research Synthesis Methods, 6*(1), 87–95. https://doi.org/10.1002/jrsm.1127

Barlow, D. H., Nock, M. K., & Hersen, M. (2008). *Single case research design: Strategies for studying behavior change*. Pearson.

Borenstein, M. (2009). Effect sizes for studies with continuous data. In H. Cooper, L. V. Hedges, & J. C. Valentine (Eds.), *The handbook of research synthesis and meta-analysis* (2nd ed., pp. 221–236). Russell Sage Foundation.

Borenstein, M., Hedges, L. V., Higgins, J. P. T., & Rothstein, H. R. (2009). *Introduction to meta-analysis*. Wiley. https://doi.org/10.1002/9780470743386

Bowden, V. K., & Loft, S. (2016). Using memory for prior aircraft events to detect conflicts under conditions of proactive air traffic control and with concurrent task requirements. *Journal of Experimental Psychology: Applied, 22*(2), 211–224. https://doi.org/10.1037/xap0000085

Bricker, J. B., Rajan, K. B., Zalewski, M., Andersen, M. R., Ramey, M., & Peterson, A. V. (2009). Psychological and social risk factors in adolescent smoking transitions: A population-based longitudinal study. *Health Psychology, 28*(4), 439–447. https://doi.org/10.1037/a0014568

Burgmans, S., van Boxtel, M. P., Vuurman, E. F., Smeets, F., Gronenschild, E. H., Uylings, H. B., & Jolles, J. (2009). The prevalence of cortical gray matter atrophy may be overestimated in the healthy aging brain. *Neuropsychology, 23*(5), 541–550. https://doi.org/10.1037/a0016161

Centers for Disease Control and Prevention. (2016). Transparent Reporting of Evaluations with Nonrandomized Designs (TREND). https://www.cdc.gov/trendstatement/index.html

Christensen, L. (2012). Types of designs using random assignment. In H. Cooper (Ed.), *APA*

引用文献

handbook of research methods in psychology (pp. 469–488). American Psychological Association. https://doi.org/10.1037/13620-025

Cohen, J. (1988). *Statistical power analysis for the behavioral sciences* (2nd ed.). Academic Press.

Collins, L. (1977). A name to conjure with. *European Journal of Marketing, 11*, 340–363.

Consolidated Standards of Reporting Trials. (2007). *CONSORT: Transparent reporting of trials.* http://www.consort-statement.org/

Cook, D. J., Sackett, D. L., & Spitzer, W. O. (1995). Methodologic guidelines for systematic reviews of randomized control trials in health care from the Potsdam Consultation on Meta-Analysis. *Journal of Clinical Epidemiology, 48*(1), 167–171. https://doi.org/10.1016/08954356 (94) 00172-M

Cooper, H. (2006). Research questions and research designs. In P. A. Alexander, P. H. Winne, & G. Phye (Eds.), *Handbook of research in educational psychology* (2nd ed., pp. 849–877). Erlbaum.

Cooper, H. (2016). *Ethical choices in research: Managing data, writing reports, and publishing results in the social sciences.* American Psychological Association. https://doi.org/10.1037/14859-000

Cooper, H. (2017). *Research synthesis and meta-analysis: A step-by-step approach* (5th ed.). Sage.

Cooper, H., DeNeve, K., & Charlton, K. (1997). Finding the missing science: The fate of studies submitted for review by a human subjects committee. *Psychological Methods, 2*(4), 447–452. https://doi.org/10.1037/1082-989X.2.4.447

Cooper, H., & Dent, A. (2011). Ethical issues in the conduct and reporting of meta-analysis. In A. T. Panter & S. Sterba (Eds.), *Handbook of ethics in quantitative methodology* (pp. 417–444). Routledge.

Cooper, H., Hedges, L. V., & Valentine, J. C. (Eds.). (2009). *The handbook of research synthesis and meta-analysis* (2nd ed.). Russell Sage Foundation.

Corbett, B. A. (2003). Video modeling: A window into the world of autism. *The Behavior Analyst Today, 4*(3), 367–377. https://doi.org/10.1037/h0100025

Cummings, G. (2012). *Understanding the new statistics: Effect sizes, confidence intervals, and meta-analysis.* Routledge.

Davidson, K. W., Goldstein, M., Kaplan, R. M., Kaufmann, P. G., Knatterud, G. L., Orleans, C. T., Spring, B., Trudeau, K. J., & Whitlock, E. P. (2003). Evidence-based behavioral medicine: What is it and how do we achieve it? *Annals of Behavioral Medicine, 26*(3), 161–171. https://doi.org/10.1207/S15324796ABM260301

Des Jarlais, D. C., Lyles, C., Crepaz, N., & the TREND Group. (2004). Improving the reporting quality of nonrandomized evaluations of behavioral and public health interventions: TREND statement. *American Journal of Public Health, 94*(3), 361–366. https://doi.org/10.2105/AJPH.94.3.361

引用文献

Dienes, Z. (2011). Bayesian versus orthodox statistics: Which side are you on? *Perspectives on Psychological Science, 6*(3), 274–290. https://doi.org/10.1177/1745691611406920

Evers, W. J. G., Brouwers, A., & Tomic, W. (2006). A quasi-experimental study on management coaching effectiveness. *Consulting Psychology Journal: Practice and Research, 58* (3), 174–182. https://doi.org/10.1037/1065-9293.58.3.174

Every Student Succeeds Act, 20 U.S.C. § 6301 (2015). https://www.congress.gov/114/plaws/publ95/PLAW-114publ95.pdf

Fagan, J., Palkovitz, R., Roy, K., & Farrie, D. (2009). Pathways to paternal engagement: Longitudinal effects of risk and resilience on nonresident fathers. *Developmental Psychology, 45*(5), 1389–1405. https://doi.org/10.1037/a0015210

Fleiss, J. L., & Berlin, J. A. (2009). Measures of effect size for categorical data. In H. Cooper, L. V. Hedges, & J. C. Valentine (Eds.), *The handbook of research synthesis and meta-analysis* (2nd ed., pp. 237–253). Russell Sage Foundation.

Geary, D. C., & van Marle, K. (2016). Young children's core symbolic and nonsymbolic quantitative knowledge in the prediction of later mathematics achievement. *Developmental Psychology, 52*(12), 2130–2144. https://doi.org/10.1037/dev0000214

Goldinger, S. D., He, Y., & Papesh, M. H. (2009). Deficits in cross-race face learning: Insights from eye movements and pupillometry. *Journal of Experimental Psychology: Learning, Memory, and Cognition, 35*(5), 1105–1122. https:// doi.org/10.1037/a0016548

Grabe, S., Ward, L. M., & Hyde, J. S. (2008). The role of the media in body image concerns among women: A meta-analysis of experimental and correlational studies. *Psychological Bulletin, 134*(3), 460–476. https:// doi.org/10.1037/0033-2909.134.3.460

Gurven, M., von Rueden, C., Massenkoff, M., Kaplan, H., & Lero Vie, M. (2013). How universal is the Big Five? Testing the five-factor model of personality variation among forager-farmers in the Bolivian Amazon. *Journal of Personality and Social Psychology, 104*(2), 354–370. https://doi.org/10.1037/a0030841

Hedges, L. V., & Vevea, J. L. (1998). Fixed and random effects models in meta-analysis. *Psychological Methods, 3*(4), 486–504. https://doi.org/10.1037/1082-989X.3.4486

Hoyle, R. H. (2012). *Handbook of structural equation modeling.* Guilford Press.

International Committee of Medical Journal Editors. (2007). *ICMJE: International Committee of Medical Journal Editors.* http://www.iemje.org/#clin_trials

Jack, B. N., O'Shea, R. P., Cottrell, D., & Ritter, W. (2013). Does the ventriloquist illusion assist selective listening? *Journal of Experimental Psychology: Human Perception and Performance, 39*(5), 1496–1502. https://doi.org/10.1037/a0033594

Jackman, S. (2009). *Bayesian analysis for the social sciences.* Wiley. https://doi.org/10.1002/9780470686621

Kaplan, D. (2014). *Bayesian statistics for the social sciences.* Guilford Press.

Kazdin, A. E. (2011). *Single-case research design: Methods for clinical and applied setting.* Oxford University Press.

272

引用文献

Killeen, P. R., Sanabria, F., & Dolgov, I. (2009). The dynamics of conditioning and extinction. *Journal of Experimental Psychology: Animal Behavior Processes, 35*(4), 447–472. https://doi.org/10.1037/a0015626

Kline, R. B. (2012). *Beyond significance testing.* American Psychological Association.

Kline, R. B. (2016). *Principles and practice of structural equation modeling.* Guilford Press.

Kline, T. J. B. (2005). *Psychological testing: A practical approach to design and evaluation.* Sage.

Kohli, C. S., Harich, K. R., & Leuthesser, L. (2005). Creating brand identity: A study of evaluation of new brand names. *Journal of Business Research, 58*(11), 1506–1515. https://doi.org/10.1016/j.jbusres.2004.07.007

Kratochwill, T. R., & Levin, J. R. (Eds.). (2014). *Single case intervention research: Methodological and statistical advances.* American Psychological Association. https://doi.org/10.1037/14376-000

Lachin, J. M. (2005). A review of methods for futility stopping based on conditional power. *Statistics in Medicine, 24*(18), 2747–2764. https://doi.org/10.1002/sim.2151

Levitt, H. M. (2020). *Reporting qualitative research in psychology: How to meet APA Style Journal Article Reporting Standards, Revised Edition.* American Psychological Association. https://doi.org/10.1037/0000179-000 (Levitt, H. M. 能智 正博・柴山 真琴・鈴木 聡志・保坂 裕子・大橋 靖史・抱井 尚子 (訳). (2023). 心理学における質的研究の論文作法——APA スタイルの基準を満たすには　新曜社)

Levitt, H. M., Bamberg, M., Creswell, J. W., Frost, D. M., Josselson, R., & Suárez-Orozco, C. (2018). Journal article reporting standards for qualitative primary, qualitative meta-analytic, and mixed methods research in psychology: The APA Publications and Communications Board task force report. *American Psychologist, 73*(1), 26–46. https://doi.org/10.1037/amp0000151

Lipsey, M. W., & Wilson, D. B. (1993). The efficacy of psychological, educational, and behavioral treatment: Confirmation from meta-analysis. *American Psychologist, 48*(12), 1181–1209. https://doi.org/10.1037/0003-066X.48.12.1181

Little, R. J., Long, Q., & Lin, X. (2009). A comparison of methods for estimating the causal effect of a treatment in randomized clinical trials subject to noncompliance. *Biometrics, 65*(2), 640–649. https://doi.org/10.1111/j.1541-0420.2008.01066.x

Little, R. J., & Rubin, D. B. (2002). *Statistical analysis with missing data* (2nd ed.). Wiley. https://doi.org/10.1002/9781119013563

Luke, D. A. (2004). *Multilevel modeling.* Sage. https://doi.org/10.4135/9781412985147

McLanahan, S., & Garfinkel, I. (2000). *The Fragile Families and Child Wellbeing Study: Questions, design, and a few preliminary results* (Center for Research on Child Wellbeing Working Paper No. 00-07). http://crcw.princeton.edu/workingpapers/WP00-07-FF-McLanahan.pdf

Menard, S. (2002). *Applied logistic regression analysis.* Sage. https://doi.org/10.4135/9781412

引用文献

983433

Moher, D., Cook, D. J., Eastwood, S., Olkin, I., Rennie, D., & Stroup, D. (1999). Improving the quality of reporting of meta-analysis of randomised controlled trials: The QUOROM statement. *The Lancet, 354*(9193), 1896-1900. https://doi.org/10.1016/S0140-6736(99)04149-5

Moher, D., Liberati, A., Tetzlaff, J., & Altman, D. G., & the PRISMA Group. (2009). Preferred reporting items for systematic reviews and meta-analyses: The PRISMA statement. *PLoS Medicine, 6*(7), 1000097. https://doi.org/10.1371/journal.pmed.1000097

Moher, D., Schulz, K. F., & Altman, D. G. (2001). The CONSORT statement: Revised recommendations for improving the quality of reports of parallel-group randomized trials. *Annals of Internal Medicine, 134*(8), 657-662. https://doi.org/10.7326/0003-4819-134-8-200104170-00011

Moller, A. C., Forbes-Jones, E., & Hightower, A. D. (2008). Classroom age composition and developmental change in 70 urban preschool classrooms. *Journal of Educational Psychology, 100*(4), 741-753. https://doi.org/10.1037/a0013099

Muthén, L. K., & Muthén, B. O. (2007). *Mplus user's guide* (5th ed.). Author.

National Institutes of Health. (1998). *NIH policy for data and safety monitoring.* https://grants.nih.gov/grants/guide/notice-files/not98-084.html

No Child Left Behind Act of 2001, Pub. L. No. 107-110, 115 Stat. 1425 (2002). https://www.govinfo.gov/content/pkg/BILLS-107hr1enr/pdf/BILLS-107hr1enr.pdf

Norman, C. D., Maley, O., Li, X., & Skinner, H. A. (2008). Using the Internet to assist smoking prevention and cessation in schools: A randomized, controlled trial. *Health Psychology, 27*(6), 799-810. https://doi.org/10.1037/a0013105

O'Neill, O. A., Vandenberg, R. J., DeJoy, D. M., & Wilson, M. G. (2009). Exploring relationships among anger, perceived organizational support, and workplace outcomes. *Journal of Occupational Health Psychology, 14*(3), 318-333. https://doi.org/10.1037/a0015852

Open Science Collaboration. (2015, August 28). Estimating the reproducibility of psychological science. *Science, 348*(6251), aac4716. https://doi.org/10.1126/science.aac4716

Ottaviani, C., Thayer, J. F., Verkuil, B., Lonigro, A., Medea, B., Couyoumdjian, A., & Brosschot, J. F. (2016). Physiological concomitants of perseverative cognition: A systematic review and meta-analysis. *Psychological* Bulletin, *142*(3), 231-259. https://doi.org/10.1037/bul0000036

Pocock, S. J. (1993). Statistical and ethical issues in monitoring clinical trials. *Statistics in Medicine, 12*(15-16), 1459-1469. https://doi.org/10.1002/sim.4780121512

Risen, J. L., & Gilovich, T. (2008). Why people are reluctant to tempt fate. *Journal of Personality and Social Psychology, 95*(2), 293-307. https://doi.org/10.1037/0022-3514.95.2.293

Sackett, D. L., Rosenberg, W. M. C., Gray, J. A. M., Haynes, R. B., & Richardson, W. S. (1996). Evidence based medicine: What it is and what it isn't. *British Medical Journal, 312*, 71-72. https://doi.org/10.1136/bmj.312.7023.71

引用文献

Shadish, W. R., Cook, T. D., & Campbell, D. T. (2002). *Experimental and quasi-experimental designs for generalized causal inference*. Houghton Mifflin.

Spiegelhalter, D., & Rice, K. (2009). *Bayesian statistics. Scholarpedia, 4*(8), 5230., revision #91036. http://www.scholarpedia.org/article/Bayesian statistics

Stroup, D. F., Berlin, J. A., Morton, S. C., Olkin, I., Williamson, G. D., Rennie, D., Moher, D., Becker, B. J., Sipe, T. A., & Thacker, S. B. (2000). Meta-analysis of observational studies in epidemiology: A proposal for reporting. *JAMA, 283*(15), 2008–2012. https://doi.org/10.1001/jama.283.15.2008

Tanner-Smith, E. E., & Tipton, E. (2014). Robust variance estimation with dependent effect sizes: Practical considerations including a software tutorial in Stata and SPSS. *Research Synthesis Methods, 5*(1), 13–30. https://doi.org/10.1002/ jrsm.1091

Taylor, J., & James, L. M. (2009). Evidence for a putative biomarker for substance dependence. *Psychology of Addictive Behaviors, 23*(3), 491–499. https://doi.org/10.1037/a0016632

Tsaousides, T., Warshowsky, A., Ashman, T. A., Cantor, J. B., Spielman, L., & Gordon, W. A. (2009). The relationship between employment-related self-efficacy and quality of life following traumatic brain injury. *Rehabilitation Psychology, 54*(3), 299–305. https://doi.org/10.1037/a0016807

Vadasy, P. F., & Sanders, E. A. (2008). Repeated reading intervention: Outcomes and interactions with readers' skills and classroom instruction. *Journal of Educational Psychology, 100*(2), 272–290. https://doi.org/10.1037/0022-0663.100.2.272

Vandenbroucke, J. P., von Elm, E., Altman, D. G., Gotzsche, P. C., Mulrow, C. D., Pocock, S. J., Poole, C., Schlesselman, J. J., Egger, M. (2014). Strengthening the Reporting of Observational Studies in Epidemiology (STROBE): Explanation and elaboration. *International Journal of Surgery, 12*(12), 1500–1524. https://doi.org/10.1016/j.ijsu.2014.07.014

Verhagen, J., & Wagenmakers, E. J. (2014). Bayesian tests to quantify the result of a replication attempt. *Journal of Experimental Psychology: General, 143*(4), 1457–1475. https://doi.org/10.1037/a0036731

Vinnars, B., Thormählen, B., Gallop, R., Norén, K., & Barber, J. P. (2009). Do personality problems improve during psychodynamic supportive-expressive psychotherapy? Secondary outcome results from a randomized controlled trial for psychiatric outpatients with personality disorders. *Psychotherapy: Theory, Research, Practice, Training, 46*(3), 362–375. https://doi.org/10.1037/a0017002

Wheatley, K., & Clayton, D. (2003). Be skeptical about unexpected large apparent treatment effects: The case of an MRC AML12 randomization. *Controlled Clinical Trials, 24*(1), 66–70. https://doi.org/10.1016/S0197-2456(02)00273-8

Wilkinson, L., & the Task Force on Statistical Inference. (1999). Statistical methods in psychology journals: Guidelines and explanations. *American Psychologist, 54*(8), 594–604. https://doi.org/10.1037/0003-066X.54.8.594

索 引

アルファベット

APA 倫理規定　　20, 23
APA 論文作成マニュアル　　2, 235
CONSORT　　93, 234, 237
d 指標　　47, 81, 213
EQUATOR Network　　239
JARS　　2, 231
JARS-Qual　　3
JARS-Quant　　3, 12, 239
JARS-REC　　248
P&C 委員会　　2, 237
PRISMA　　238
PsyArXiv　　23
PsycINFO　　18
r 指標　　47
STROBE　　83, 198
TREND　　234, 237

あ 行

アブストラクト　　12, 26-30, 90, 128, 172, 225
アメリカ心理学会　　2, 231
一般化可能性　　16, 87, 96, 186-189, 229
意図しない交差（unintended crossover）　　199
オッズ比　　48

か 行

学術論文報告基準　　2, 231
仮説　　13, 31-34, 106, 177-181
共変量　　13, 51, 52
クレジット　　20
欠測　　100, 101, 105, 140, 141
研究デザイン　　12, 33, 57, 58, 167, 168
研究プロトコル　　22, 160, 172
検定力　　13, 45, 48, 49, 70, 129, 148
効果量　　12, 47, 48, 103, 105, 106, 148, 149, 212-219, 242
構造化アブストラクト（structured abstract）　　27
構造方程式モデリング　　119-121, 128, 129, 201
コクラン共同計画　　232
固定効果モデル（fixed-effect model）　　216
混合効果モデル（mixed-effect model）　　216
コンプライアンス　　68, 116, 166

さ 行

再検査信頼性　　54
参加者　　5, 12, 36-45, 83, 92, 158

索　引

参加者のフロー　　92, 94, 113
サンプリング　　13, 36-45, 83-85, 92,
　　158
サンプルサイズ　　13, 45, 50, 103-105
実験（experiment）　　5, 61, 72
実験条件　　14, 57
実験操作　　62, 69, 86, 113, 115, 187,
　　192
実験単位のエラー　　15, 32, 59
謝辞　　24, 25
収束的妥当性　　14, 54
準実験（quasi-experiment）　　5, 72, 74,
　　75
処遇忠実性（treatment fidelity）　　113,
　　114, 164, 173
処遇の拡散（treatment diffusion）　　203
人口統計学的特徴　　13, 36, 43
心理測定　　14, 53-57
生物測定学的属性（biometric properties）
　　14, 56
制約　　13, 36, 37, 187
操作チェック（manipulation check）
　　102, 114, 115
損耗（attrition）　　72, 93, 96, 97, 137-
　　139

た　行

ターゲット母集団　　16, 38
単一事例デザイン　　149-151, 156
探索的分析　　16, 32, 180
中間解析　　13, 47
著者注記　　12, 21-26, 225
停止規則（stopping rule）　　13, 45, 46,
　　163, 172
データの診断　　14, 58-60

は　行

標準化平均値差（standardized mean
　　difference）　　47
文献データベース　　211
分析　　15, 79-81, 90, 98, 106, 111,
　　119, 142, 148, 169-171
分析の単位　　69-71, 170
ベイズ統計　　123, 124, 149, 170
併存的妥当性　　54
包含基準（inclusion criteria）　　36, 208
包摂的な言語表現ガイド（Inclusive
　　Language Guide）　　249
補足資料　　10

ま　行

マスキング（masking）　　14, 52, 53,
　　76-79, 88, 89
マッチング　　74, 76, 83, 90
無作為化　　155, 157
無作為割り当て　　69, 71-73, 79, 88,
　　96, 117
メタ分析（meta-analysis）　　8, 205
メタ分析報告基準（MARS）　　8
盲検法（blinding）　　77
問題のある研究実践（QRPs）　　247

や　行

有効性試験（efficacy trial）　　195
有用性試験（effectiveness trial）　　195

ら　行

ランダム効果モデル（random-effect
　　model）　　216
利益相反　　12, 21, 22, 25
リサーチ・シンセシス（research

synthesis） 8, 205

リサーチクエスチョン 33, 57

臨床試験（clinical trials） 4, 7, 8, 157, 158, 202

論 文

聴き取りづらい聴取条件のもとでのなじみのある母語アクセントとなじみのない母語アクセントの理解（Adank et al., 2009）
　アブストラクト 252
　方法 61-69
　結果 99, 103
　考察 176, 180-182

全般性社交恐怖患者における注意トレーニング（Amir et al., 2009）
　アブストラクト 253
　方法 49, 50, 77-80
　結果 88, 102, 115-117
　考察 188, 193, 194

ビデオモデリング（Corbett, 2003）
　アブストラクト 254
　方法，結果 150-157

マネジメント・コーチングの効果に関する準実験的研究（Evers et al., 2006）
　アブストラクト 255
　方法 74-76
　考察 179, 180

父親関与への道筋（Fagan et al., 2009）
　アブストラクト 256
　方法 40-43, 54, 101, 136-138, 140-142
　考察 178, 185, 188, 189, 191, 199, 200

異人種間の顔学習における困難（Goldinger et al., 2009）
　アブストラクト 257
　方法 38-40
　考察 178, 179

女性間のボディイメージ懸念におけるメディアの役割（Grabe et al., 2008）
　アブストラクト 258
　序論 206, 207
　方法 208-211
　結果 213, 214, 217, 219, 220
　考察 221-223

条件づけと消去の力学（Killeen et al., 2009）
　アブストラクト 259
　方法 44
　考察 188

都市部の 70 の幼児教室における学級の年齢構成と発達的変化（Moller et al., 2008）
　アブストラクト 260
　方法 55, 56
　考察 184, 185, 189, 190

学校における喫煙予防と禁煙を支援するためのインターネットの利用（Norman et al., 2008）
　アブストラクト 261
　結果 93-95, 101, 137, 141, 142
　考察 202, 203

怒り，知覚された組織的支援，および職場成果の関係の検討（O'Neill et al., 2009）
　アブストラクト 262
　方法 50
　結果 108, 109, 111, 120-122
　考察 176, 177, 185, 186, 190

人はなぜ神意に背きたがらないのか（Risen and Gilovich, 2008）
　アブストラクト 263
　結果 99, 114, 115
　考察 178, 182

物質依存のバイオマーカー候補についての証拠（Taylor and James, 2009）
　アブストラクト 264
　方法 56
　結果 111, 112
　考察 184, 187, 200

索　引

外傷性脳損傷後の雇用関連自己効力感と生
活の質の関係（Tsaousides et al., 2009）
　アブストラクト　　265
　方法　　52
　結果　　80, 106-108
　考察　　191, 192
反復的な読解介入（Vadasy and Sanders,
2008）
　アブストラクト　　266
　方法　　54, 55, 71
　結果　　97, 104, 114

　考察　　194-197
心理力動的支持‐表出心理療法時にパーソ
ナリティの問題は改善するか　パーソナリ
ティ障害を有する精神科外来患者を対象と
した無作為化比較試験による副次的結果
（Vinnars et al., 2009）
　アブストラクト　　267
　方法　　158-161, 164-168
　結果　　112, 116, 117
　考察　　203-204

著者・訳者紹介

ハリス・クーパー(Cooper, Harris)博士はデューク大学のヒューゴ・L・ブロムクヴィスト特別教授(心理学・神経科学)。著書に『Research Synthesis and Meta-Analysis: A Step-by-Step Approach』,『Ethical Choices in Research: Managing Data, Writing Reports, and Publishing Results in the Social Sciences』『Publishing Results in the Social Sciences; and Critical Thinking About Research: Psychology and Related Fields(ジュリアン・メルツォフに続く第2著者)』などがある。*Psychological Bulletin* および *Archives of Scientific Psychology* の元編集者。デューク大学とミズーリ大学コロンビア校の心理学科長,デューク大学の社会科学部長を歴任(2017-2018年)。

井関龍太(いせき りゅうた)
大正大学人間学部准教授,博士(心理学)。筑波大学大学院一貫制博士課程心理学研究科博士課程修了。著書に『心理学,認知・行動科学のための反応時間ハンドブック』(編著,2019,勁草書房),『記憶の心理学』(分担訳,2021,誠信書房)ほか。

望月正哉(もちづき まさや)
日本大学文理学部教授,博士(心理学)。日本大学大学院文学研究科心理学専攻博士後期課程修了。著書に『ポテンシャル心理学実験』(共編,2019,サイエンス社),『知識は身体からできている』(共訳,2021,新曜社)ほか。

山根嵩史(やまね たかし)
川崎医療福祉大学医療福祉学部講師,博士(心理学)。広島大学大学院教育学研究科教育人間科学専攻博士課程後期修了。著書に『MplusとRによる構造方程式モデリング入門』(分担執筆,2014,北大路書房),『たのしいベイズモデリング2』(分担執筆,2019,北大路書房)がある。

心理学における量的研究の論文作法
APAスタイルの基準を満たすには

2024年9月25日　第1版第1刷発行

著　者　ハリス・クーパー
訳　者　井関龍太
　　　　望月正哉
　　　　山根嵩史
発行者　井村寿人

発行所　株式会社　勁草書房
112-0005　東京都文京区水道2-1-1　振替　00150-2-175253
（編集）電話　03-3815-5277／FAX　03-3814-6968
（営業）電話　03-3814-6861／FAX　03-3814-6854
本文組版　プログレス・堀内印刷・中永製本

©ISEKI Ryuta, MOCHIZUKI Masaya,
　YAMANE Takashi　2024

ISBN978-4-326-25177-3　　Printed in Japan

JCOPY　＜出版者著作権管理機構　委託出版物＞
本書の無断複製は著作権法上での例外を除き禁じられています。
複製される場合は、そのつど事前に、出版者著作権管理機構
（電話 03-5244-5088, FAX 03-5244-5089, e-mail: info@jcopy.or.jp）
の許諾を得てください。

＊落丁本・乱丁本はお取替いたします。
　ご感想・お問い合わせは小社ホームページから
　お願いいたします。

https://www.keisoshobo.co.jp

綾部早穂・井関龍太・熊田孝恒 編

心理学，認知・行動科学のための 反応時間ハンドブック

3960 円

アレックス・ラインハート 著／西原史暁 訳

ダメな統計学

悲惨なほど完全なる手引書

2420 円

大久保街亜・岡田謙介

伝えるための心理統計

効果量・信頼区間・検定力

3080 円

B. F. スキナー 著　スキナー著作刊行会 編訳

B. F. スキナー重要論文集 I・II・III

I 心理主義を超えて

4400 円

II 行動の哲学と科学を樹てる

4400 円

III 社会と文化の随伴性を設計する

5280 円

山田憲政

スポーツ心理学

最高のパフォーマンスを発揮する「心」と「動き」の科学

3630 円

モシェ・バー 著／横澤一彦 訳

マインドワンダリング

さまよう心が育む創造性

3630 円

横澤一彦・藤崎和香・金谷翔子

感覚融合認知

多感覚統合による理解

3520 円

子安増生 編著

アカデミックナビ　心理学

2970 円

勁草書房刊

＊表示価格は 2024 年 9 月現在。消費税（10%）を含みます。